적정
코미디
기술

> 프롤로그

광대의
결심

왁자한 모임이 끝나고 돌아가는 길에 '아 오늘 말을 너무 많이 했네……'라는 생각에 우울해진 적이 있는가? 없다면 축하한다. 광대°들에게는 수시로, 거의 매번, 이제는 별 대수롭지도 않게 일어나는 일이다. 자기 전에 침대에 누웠을 때는 '내 말에 걔가 웃었지……' 하는 장면을 눈꺼풀 안쪽에 빔프로젝터로 쏘아 감상한다. 스포츠 경기의 하이라이트 영상처럼 반복되는 그때의 기억은 죽기 직전 주마등에도, 죽은 직후 장례식에도 자료화면으로 쓰일 예정이다. 웃겼다는 만족감, 이를 가능하게 했던 경솔함, 너무 많이 말했다는 자책이 광대의 몸에는 언제나 비슷한 비율로 찰랑거리고 있다. '이제 진짜 입조심해야지'라는 결심은 술꾼의 금주 다짐과 같다. 겨울날 얼큰한 국물 앞에서 애주가의 손이 자연스레 소주로 향하듯 깔깔이의 근육 기억은 언제나 입을 나불거리도록 발달되어왔다.

 망신당할 위험과 귀갓길의 자책을 무릅쓰고도 기어이 웃기려는 사람들과 함께 있으면 기운이 빠진다. 너무 웃어서일 수도, 자꾸 시도하는 모습에 공감성 수치를 느껴서일 수도 있다. 아무쪼록 열심인 광대들을 만나면 너무나도 묻고

° 인종으로서의 광대는 '웃기 vs. 웃기기'의 밸런스 게임에서 조금의 망설임도 없이 웃기기를 선택하며, 인류 전체의 약 4분의 1 정도를 구성하고 있다.

싶어진다. 대체 무엇이 당신을 광대로 만들었나요. 실패를 감수하고 결국 말하게 되는 이유가 뭔가요. 더 잘 웃기기 위해서 어떤 노력을 했나요. 무엇에 웃고 무엇에 웃지 않나요.

어떻게 웃기고 무엇에 웃는지는 그 사람에 대해 꽤나 복잡하고 다양한 정보를 알려준다. '유머감각'이라는 단어에서부터 드러나듯 이는 아무래도 감각의 영역이다. 유머감각과 코미디에 대해 말로 풀어 쓰려는 노력을 할수록 재미있는 사람과는 거리가 멀어질 뿐이라는 걸 알고 있다.

이름부터 상당히 백인적인 미국의 작가 E. B. 화이트는 유머를 분석하는 행위를 개구리 해부에 비유한 적 있다. 유머에 대한 분석이란 건 관심을 가지는 사람도 별로 없고 결과적으로 개구리가 죽기 때문이다. 이 책을 읽고 당신이 무리하면 할수록 재밌는 사람과는 멀어질 확률이 높다.

'코미디 기술'에 대해 단행본 한 권 분량으로 구구절절 말하는 것 역시 웃긴 사람이 되는 데 별 도움이 되지는 않을 것이다. 그래도 나는 사람들이 서로를 웃기고 웃고 농담을 만들어내는 과정에 관심이 많다. 끝내주게 웃기는 사람들(과 그 정도는 아니지만 웃기려고 지나치게 애쓰는 사람들)은 너무 매력적이다. 그런 사람들과 함께 일하며 우정을 쌓을 수 있다면 얼마나 좋을까? 코미디에 대한 책을 쓰는 건 그럴듯한 시작이 될 수도 있다.

때로 웃기는 능력은 천부적인 재능의 영역으로 여겨진다. 사람이 하는 일이 대부분 그렇듯 코미디도 타고난 재능이 상당 부분을 결정하는지도 모른다. 하지만 나는 늘 재능보다는 태도와 기술에 매료된다. 웃기기 위해 부단히 노력하는, '왜 저렇게까지 하는 거지……'를 자아내는 진지하고도 비장한 태도 말이다. 웃긴 누군가의 결과물에서 재능과 노력 부분을 칼로 자르듯 구획해 한쪽만 쳐다보겠다는 이야기는 아니다. 그럴 수도 없고…….

발표를 준비하며 밤을 새우는 학생들, 학원 발표회 무대를 만들기 위해 퇴근 후 시간과 돈을 들여 관절이 닳도록 연습하는 케이팝 커버 댄스 수강생들과 함께 몇 년을 보냈다. 그들과 함께 교실이나 연습실에 있을 때면 그 맹목적인 열심에 울고 싶어질 때가 있다. 그 애쓰는 마음은 웃기려는 사람들의 마음과 닮았다. 웃기겠다는 집요하고도 무모한 마음, 조용하고 치열하게 연마된 기술. 그건 도대체 뭘까. 굳이 코미디를 하려는 사람들을 지켜보고 뜯어보고 물어보고 싶다. 그렇게 하고 나면 나를 좀 더 이해할 수 있게 될지두 모른다. 대체 왜 이렇게까지 광대들이 좋은지, 왜 이렇게 여자들을 웃기고 싶은지.

왜 자기계발서인가?

책의 형식에 대해서도 이야기해야겠다. 먼저, 이 책의 제목이 될 뻔했던 후보들을 보자.

- 웃기는 아빠, 못 웃기는 아빠
- 적을 만드는 대화법
- 웃기니까 코미디다
- 웃겨야 비로소 보이는 것들
- 웃기는 사람들의 6가지 습관
- 천 번을 실패해야 코미디언이 된다
- 못 웃길 용기
- 유머는 도끼다
- 광대의 말 그릇
- 결국 웃기는 사람들의 원칙

이로써 내가 자기계발서를 패러디하려 했다는 사실은 충분히 전달되었을 것이다. 자기계발서를 놀리고 싶은 마음에 '허무개그' 수준의 말장난 제목을 100개 정도 일필휘지로 써냈으나 편집 과정에서 타협하고 말았다. 눈치 빠른 독자들은 알아챘겠지만, 나는 자기계발서를 별로 좋아하지 않는다. 게다가 독자들이 눈치껏 행간을 알아채주기를 기대한다.

왜 하필 자기계발서 콘셉트를 빌리려고 했을까? 그야 웃기다고 생각했기 때문이다. 진지함을 회피하기 위해 농담 따먹기를 일삼는 입장에서 자기계발서의 진중한 태도에 웃지 않기란 여간 어려운 일이 아니다. 어떤 백인 아저씨가 아래위로 정장을 빼입고 "저는 대단히 성공한 사람입니다. 님들도 몇 가지 간단한 원칙만 따라 하면 대단히 성공할 수 있습니다"라고 한다면? 근데 그 정장 자체가 지독하게 못생겼을뿐더러 돈을 줘도 입고 싶지 않다면? 어떻게 웃지 않을 수 있는지? 날 믿어라. 자기계발 같은 건 아무도 안 해도 된다. 당신은…… 태어난 사람. 그 뭐냐…… 그거니까.

게다가 난 정말 아무것도 아니다. 애초에 첫 책으로 자기계발서를 쓴다는 것 자체가 말이 안 된다. 자기계발서란 자고로 위대한 업적을 이룬 대단한 사람이 자기 자랑을 줄줄이 하면서 독자가 은은한 열패감을 느끼게 해야 마땅한 장르이지 않은가! 하지만 나는 사회적으로 성공이라는 걸 단 한 번도 한 적이 없다. 이 책이 뭔가 대단한 이력의 시작이 되도록 힘내주길 바랄 뿐이다. '자기계발 자체를 부정하는 입장이니까 자기계발서를 쉽게 비웃을 수 있겠지?', '아무것도 아닌 내가 어설프게 이래라저래라 하는 게 웃기겠지?'라고 생각했다. '뭐 해라'식의 제목으로 한 권의 책을 쓰고 보니, 자기계발서의 형식만 가볍게 패러디하려던 의도는 거의 실패로 돌아간 듯하다. 그냥 놀리기만 하기에는 내가 웃기는 일과 웃긴 뭔가를 만들어내는 사람들에 진심이라는 사실을 알게 됐기 때문이다.

그나저나 코미디를 가르친다고 진짜로 배울 수 있다고 생각하나? 그것도 '책'을 읽어서? 그게 당신이 재미없는 사람인 이유일지도 모른다. 갑자기 공격성을 보여서 죄송하다. 하지만 자기계발서 콘셉트는 무리수이긴 했다. 아니, 애초에 책 쓰는 일은 나한테 무리였다. 계약이라는 한순간의 실수로 집필과 출간이라는 기나긴 책임을 져야 한다니, 말도 안 된다. 그래도 어쩌겠는가. 하겠다고 했으니까 해야지…….

여러분이 좀 도와주셔야 한다. 에세이도 아니거니와 제대로 된 자기계발서도 아니고 '웃기지도 않는군!' 하는 생각이 들더라도 조용히 하셔라. 그리고 이왕 책을 펼친 김에 아무 도서 판매 사이트에 들어가 별점 5점을 주시길 바란다. 지금 시간을 드리겠다.

다 하셨는지? 그렇다면 책을 덮고 영원히 펼치지 않아도 좋다. 버리거나 중고서점에 올리거나 베개 혹은 무언가의 받침으로 사용해도 좋다. 여기까지 읽었어도 다 읽은 것으로 저자가 공식 인정을 해드릴 테니 마음 놓아도 된다. 진짜다. 그런 인정 같은 건 필요 없는, 남의 구구절절한 이야기가 정 궁금한 독자들만 다음으로 함께 넘어가도록 하자.

코미디란 무엇인가?

나에게 코미디의 가장 중요한 요소는 '코미디=웃김' 도식의 바깥에 있다. 코미디의 의도성을 들여다봐야 진짜 내가 좋아하는 부분에 대해 제대로 설명할 수 있다. 그건 치열하게 고민하고 기획하는 과정, 실패를 무릅쓰고 내놓는 시도 자체이다. 어쩌다가 웃겨버린 게 아니라 웃기려는 작정을 하고 웃기는 것이 코미디라면, 코미디언이 감수하는 위험은 무엇인가? 그는 뭘 재미있어하는가? 누구를 웃기고 싶어 하나? 어떤 방법을 선택했는가? 의도와 결과를 가깝게 만들기 위해 어떤 훈련을 했나? 그 과정에서 예측할 수 있었던 일과 일어나버린 일은 무엇인가? 어떻게 기지를 발휘해서 대처했나? 왜 그렇게까지 하나? 그래서 좋았나?

코미디는 주관적이다. 웃음이 터지는 일은 선택할 겨를 없이 일어나지만 웃기는 사람 입장에서는 기획이 필요하다. 기획에는 선택이, 선택에는 주관이 필요하다. 코미디언은 자기가 웃기다고 생각하는 것으로 남을 웃길 수 있다. 물론 본인의 주관을 빼고 트렌드만을 좇아 웃음을 만들어낼 수도 있겠지만 그것은 내 관심 밖의 일이다. 일단 본인이 재미없는 걸로 남을 웃긴다는 건 좀 그렇다…… 마치 본인은 성적인 만족감을 전혀 못 느끼면서 상대방만 만족시키며 팔의 통증만 얻는 어떤 섹스처럼…… 다소 행복하지가 않을 것 같다.

누구도 그런 고난을 겪지 않았으면 한다. 내 애인 빼고는.

　코미디는 그 주관성과 의도성 때문에, 실패하는 경우 비극이 된다. 유머러스한 사람이 농담에 실패한다면 그는 개인적으로 잠깐 불행할 것이다. "방금 뭐라고 한 거야?"라는 말을 들을지도 모르고 주변 사람들도 약간 떨떠름하겠지만 곧 다음 이야깃거리로 넘어갈 것이다. 하지만 조명, 음향, 공간, 그곳에 모인 사람들의 시간 등 여러 자원을 등에 짊어지고 무대에 선 공연자를 생각해보자. '웃겨보겠습니다!' 하고 진짜 웃겨야 하는 상황은 너무도 부담스럽다. 게다가 그 많은 노력과 빌드업, 정면승부에도 불구하고 웃기는 데 실패했다면? 슬픔이나 절망에 가까운 감정이 든다. 그렇다면 어떻게 성공할 수 있을까. 많이 시도해봐야 한다. 열에 아홉은 실패할지도 모른다. 그래도 '굳이' 하는 것, 한 번, 한 명이라도 웃기기 위해 불행과 슬픔을 감수하는 것이 코미디다.

　그러니까 나에게 코미디는 예술 장르라기보다는 인생의 태도이다. 우리를 둘러싼 세상을 얼마나 희극적으로 바라볼 것인가, 거리낌 없이 말을 내뱉기 위해 혼자 고민하는 시간을 어떻게 확보할 것인가. 천박하고 바보 같고 우스운 광대처럼 보여도 상관없을 정도로 스스로의 마음을 단련하는 일, 남을 웃기는 순수한 기쁨을 만끽하기 위해 사랑하는 마음을 언제나 남겨두는 일.

이왕이면 나와 여러분이 유머러스한 사람보다는 코미디언이 되었으면 한다. 당신들이 더 처절하게 시도하고 실패하는 걸 보고 싶다. 온라인 커뮤니티의 익명 게시판 같은 곳에서 누군가를 비웃으며 낄낄대는 웃음과는 거리를 두고 싶다. 물론 이런 종류의 웃음도 즐겁다는 것을 잘 알고 있지만, 더 정정당당하고 솔직한 웃음이면 좋겠다. 가능하면 무대 위에서, 혹은 지면이나 화면이나 하여튼 어떤 창작물에서. 아니면 애인과의 통화에서, 친구들과의 술자리에서, 회사 탕비실에서 홀로 올림픽에 참여한 운동선수처럼 비장한 마음을 가지고 도전하는 광대들을 더 보고 싶다. 그러면 뭐가 좋냐고? 딱히 없다. 내가 좀 덜 외로울 것 같다. 그리고 조금은 재밌을지도 모른다.

이 책을 끝까지 다 읽고 실제로 적용한다고 해도 여러분은 반드시 실패할 것이다. 하지만 여태까지 꽤나 평탄한 인생을 살았으면서(또다시 공격성을 보여 죄송하다) 웃기고 싶기까지 하다면 그 정도 각오는 있어야 한다고 본다. 행운을 빈다.

차례

프롤로그 광대의 결심 ──────────── 4

1부 일상의 기술

1장 지각하지 마라 ──────────── 18
2장 위험을 감수할 이유를 찾아라 ──────── 30
  익힘책 1 샤펠 농담 다시 써보기 ──────── 42
3장 클럽 대신 카페에 가라 ──────────── 46
  익힘책 2 웃음 카페 창업 디자인 ──────── 60

2부 관계의 기술

4장   팟캐스트 하자고 해라 ──────────── 64
4.5장 아장맨의 답장 ──────────────── 76
  익힘책 3 먼저 제안하는 연습 ──────────── 87
5장   읽고 굽고 놀려라 ───────────── 92
  익힘책 4 로스팅 실전 가이드 ────────── 104
6장   가짜라서 더 좋은 친구를 사귀어라 ──── 110
  익힘책 5 시트콤 연습 ─────────────── 124

3부 창작의 기술

- 7장 **뭐가 되려고 해라** — **128**
- 8장 **자기 목소리로 말하라** — **140**
  - 익힘책 6 **코미디언 강점 테스트** — **155**
- 9장 **관객을 그리로 데려가라** — **160**
  - 익힘책 7 **셋업-펀치라인 예제** — **173**

4부 코미디언들의 기술

- 10장 **단순한 목표로 싸워라** 스탠드업 코미디언 원소윤 — **178**
  - 익힘책 8 **원라이너 연습** — **196**
- 11장 **새로운 전제를 만들어라** 스탠드업 코미디언 김서연 — **202**
  - 익힘책 9 **퀴어한 논리 구조 만들기** — **222**
- 12장 **모두 잊고 반복하라** 유튜버 예지주 — **226**
- 13장 **웃음의 범주를 넓혀라** 1인 극장 김은한 — **246**
- 14장 **관객을 당황시켜라** 벌레스크 퍼포머 불잠지 — **268**
- 15장 **무대에서 자아를 실험하라** 크리에이터, 회사원 세레나 — **288**

- 에필로그 **우리만의 농담을 발명하자** — **316**

1부 일상의 기술

지각하지 마라

사람들로 가득 찬 방에 혼자 들어가 뭔가를 가르친다는 발상은 인류 최악의 아이디어다. 학교라는 시설을 처음 고안해낸 작자는 누굴까? 수사적 질문이니 안 가르쳐줘도 된다. 가르침이라는 개념 자체가 말도 안 되는 거니까. 교육이라는 업의 속성을 알면 알수록 나는 경악했다. 충분한 마음의 준비 없이 덜컥 교사가 되어버려서 더 그랬다. 대안학교 교사는 내가 충분히 감당할 만한 일이라고 생각했다. 4년을 근무하고 퇴사한 지금에야 고백한다. 내가 참 경솔했다. 이거라도 배운 게 어디인가? 나는 블랙코미디를 좋아하지만 교육이라는 장르에서는 냉소가 작동하기 어렵다. 진심을 쏟아붓지 않고는 잘할 수 없는 일이고 나는 그럴 힘이 부족해서 학교에서 나왔다.

수업이 시작되기 전까지는 나에게도 계획이 있었지만, 교실에 들어가는 순간 그건 완전히 다른 종류의 물성으로 바뀌고 말았다. 학생들 앞에 서면 자주 패닉에 빠졌다. 다년간 무대에 서본 경험 덕에 쓰러지지 않고 그럭저럭 퍼포먼스를 마쳤지만, 끝나고 나면 온몸의 기운을 말과 함께 토해낸 듯 탈진 상태가 됐다. 그러나 학교생활에서 가장 힘든 부분은 수업이 아니라 의외로…… 학교라는 공간에 제시간에 도착하는 것, 출근 그 자체였다.

"10분 늦을 것 같습니다. 출석체크 대신 부탁드려요ㅠㅠ"

업무 메신저의 '근무상황' 채널에 타이핑하고 심장이 또 너무 빨리 뛴다. 전송 버튼을 누르면서 기도한다. 지금 이 순간 전 인류에게 피할 수 없는 재난이 닥치게 해주세요. 그런 일은 일어나지 않고 손발만 차가워진다. 축축해진 손으로 전송 버튼을 누른다.

교사는 돈 많이 못 버는 연예인이라 했다. 학생들은 가정 밖에서 가장 자주 만나는 어른에게 관심을 가지기 마련이고 하필이면 나를 만나게 됐다. 살다보면 그런 일도 있는 법이다. 지각한 날에는 교실에 들어가는 순간 가상의 팡파르가 터지고 소녀시대처럼 전 세계가 우릴 주목한다. 교사가 지각을 할 수 있나요? 저걸 교사라고 할 수 있나요? 저런 사람에게 누가 뭘 배울 수 있나요? 방음 안 되는 오피스텔 벽 너머로 들려오는 절대 꺼지지 않는 알람소리처럼 스스로의 목소리가 머릿속에서 재생된다. 이 목소리들과 함께 살고 있는 주제에 학생들에게 늦지 말라고 훈계하는 것은 고역이다. 헐레벌떡 도착해서 학생들에게 인사를 하는 둥 마는 둥 하고 자리에 앉아 노트북을 열자마자 보이는 건 개인 메시지로 상사가 보낸 메시지.

"이번 달 벌써 세 번째입니다. 출근시간 잘 지켜주세요."

혹은 교무회의가 끝나고 모두가 하나둘씩 자리를 정리할 때 나와 눈을 마주치지 않고 하는 말.

"회의 끝나고 잠시 얘기 좀 하시죠."

지난번에도 말한 것처럼 이 부분에 대해서 더 이야기할 게 없습니다. 여기는 학생들도 있으니 그들의 신뢰까지 잃게 되는 겁니다. 편찮은 건 어쩔 수 없지만 여긴 회사니까 사무적으로 대할 수밖에 없습니다. 병원에서 꼭 이야기해보세요. 네…… 네…… 넵.

성취에 강박적인 ADHD는 지각의 악순환을 겪는다.

지각 → '기본적인 것도 못 지키는 사람'이라는 자책 → 위축됨 → 업무 성과 저하 → 성취감을 느끼지 못함 → 자신감 하락 → 성취욕과 인정욕구를 다른 곳에서 찾으려 일을 벌임 → 벌인 일들을 소화하려다 체력 저하 → 벌인 일에서 실제로 뭔가 성과를 얻기 때문에 그만두기 어려워짐 → 그래도 계속하다 체력 악화 → 정신건강 악화 → 수면의 질 악화, 기상 시 공황 → 지각 (*반복)

노동을 돈으로 교환받는 입장에서 사회적 약속을 지키는 것은 당연하다. 이걸 모르는 건 아닌데 솔직히 마음 깊은 곳에서 납득이 잘 안 갔다. 나는 남들이 당연하다고 생각하는 통념에 의문을 가지기 때문에 좋은 활동가였고 가끔 재밌는 농담을 한다. 그러나 지각을 하는 게 나쁘다는 당연한 사실에까지 의문을 가지는 순간 사회의 입장°은 곤란해진다. 좋은 조직원, 동료, 특히나 교사 반열에 오르는 합격 목걸이를 받지 못하게 되는 셈이다. 나 자신도 이렇게 감당 안 되는데 이 시간에 이 학생들을 다 책임져야 한다고? 스스로에게 실망할수록 교실에서의 패닉은 더 심해졌다.

지각 문제에 대해서는 직장에서뿐만 아니라 상담에서도 엄중하게 다뤘다. 사회의 질서와 불화하는 나의 은밀한 신념은 이런 식이었다. 과거형이니 너무 화내지 마시길…….

지각이 그렇게 나쁩니까?(탕웨이 화법) → 지각 문제 때문에 나를 손절하려 했던 사람들: "지각하는 것은 타인의 시간을 소중히 여기지 않는 태도" → 시간이란 게…… 그렇게 소중합니까? → 대부분의 사람들: "당연하죠……" → 헉 그렇군요. 저는 시간을 소중하게 보내며 살고 싶지가 않은 것 같습니다. 생각해보니 애초에 살고 싶은지도 잘 모르겠습니다. 제가 살아 있는 것도 힘든데…… → 지각이 그렇게 나쁩니까? (*반복)

나의 네 번째 연상녀(상담 선생님)는 이렇게 표현했다.

"혜지씨 안에서 진보와 보수가 싸우는 것 같아."

보수세력의 골자는 20세 전까지 부모님과 교회가 원했

◦ 유튜브채널 〈연분홍TV〉, '[퀴서비스EP9_리뉴얼] 그동안 퀴서비스를 시청해주셔서 감사합니다(앞으로도 더 많은 사랑 부탁…)'에 출연한 이반지하의 농담 "사회는 너희가 태어나기 전부터 있었거든? 사회의 입장도 있단 말이야"에 영향을 받은 표현. 알 만한 퀴어는 다 아는 농담이다.

던 '목적이 이끄는 삶'이다. 타의 모범이 되는, 글로벌 인재가 되는, 아름다운 연애를 하고 대접받고 사랑받고 결혼하고 아기 낳고 남들 수입만큼을 십일조로 헌금하는 삶을 주된 목표로 한다. 모든 것을 아시는 주님 앞에 부끄럽지 않게 과정은 성실해야 하고, 결과는 주님께 영광 돌릴 수 있을 만큼 빛나야 한다. 나는 제법이었다. 서울에 오기 전까지, 세월호가 침몰하기 전까지, 강간당하고 임신중절하기 전까지, 여자 애인을 사랑하게 되기 전까지는. 이후 등장한 진보세력은 정신과 약을 먹고 누워 있는 것이 주요 일과지만 매우 강경하다. 보수적 가치에 대항하는 싸움을 내 안의 노사갈등으로 본다면 진보 쪽은 금속노조 혹은 건설노조 느낌이다. 이들은 항시 크레인 위에 올라가 있다. 핵심 정서는 여차하면 죽는다는 마음가짐이다. 진보세력은 묻는다.

왜?

왜 일해야 하지? 왜 돈 벌어야 하지? 왜 내 생활과 패턴을 직장에 맞춰야 하지? 왜 나를 빼고 만들어진 약속을 지켜야 하지? 세상이 이렇게 엉망인데 왜 내가 노력해야 하지? 왜 계속 살아야 하지?

종교가 만든 당위의 세계가 나를 완전히 채우고 있을 때는 이런 것들이 전혀 궁금하지 않았다. 하지만 내 안에 나무처럼 자라 있던 강력한 믿음이 뿌리째 뽑혀나간 빈 곳에는 질문들이 잉잉댔다. 속이 너무 시끄러운 와중에 해야 할 일들이 숨을 턱 막으면 이런 생각이 들었다.

계약? 어쩌라고 나 죽고 싶어. 약속이라고? 어쩌라고 나 죽고 싶다고…… 나를 괴롭히는 상황들의 먼지를 털어내 깊이 파고들면 아래에는 공통적으로 원망과 억울함이 있었다. 삶 자체에 대한 원망, 살아 있음에 대한 억하심정. 나는 이미 너무 상처받았고(모든 것에, 인생에, 죽은 사람들에게? 나 자신에게) 그 상처는 회복된 적 없는 채로 인생이 돌아가고 있었다. 상처 위에 상처를 덧내며 무리하게 생활하는 방식으로. 스스로에게 물은 것 중 어떤 것도 답하지 못한 채로 일상의 실패를 반복하던 어느 날 소리내어 말했다.

그만 살고 싶다.

헐……

여태 회피해왔던 마음을 입 밖으로 꺼내놓으니 황당한 동시에 어쩐지 마음이 좀 편해졌다. 교직원 대상 비폭력대화 워크숍에서 갈등 상황을 대처하는 방법으로 '살짝 인정하기' 기법을 배운 적 있다. 납득 안 되는 의견에 완전히 동조하지도, 완전히 반대하지도 말고 부분적으로 인정하라는 거다. 살고 싶지 않은 마음을 '살짝 인정'하니 그제야 나의 살고 싶지 않음에도 의문을 가질 수 있게 됐다. 진짜 그런가? 나는 정말 살아 있는 게 싫은가?

살아 있음에는 이런 것들이 있다. 강아지의 냄새와 촉감, 언제 다 볼까 싶게 많고 대박 훌륭한 작품들, 바로 이거다 싶은 순간들, 내가 자신보다 사랑한다고 믿게 되는 사람들, 걔랑 나만 아는 농담. 누군가를 만나고 그 사람만 가진 좋은 점을 찾아내고 사랑에 빠지고 타인을 통제하거나 소유할 수 없음에 분노하고 애먼 사람을 질투하고 헤어지고 다시 만나고 스스로를 탓하고 과거를 복기하는 것은 고통스럽지만 재밌다. 얼마나 재밌냐면…… 다른 건 전혀 하고 싶지 않을 정도로. 근데 나는 자주 아무것도 느끼고 싶지 않았다. 재미도 없고 고통도 없고 삶도 없는 상태를 원했던 것 같다. 그러니까 너무 피곤했다. 그런 피로감 안에서 생각이 제대로 될 리가 없었다. 그냥 뇌와 심장에 늘 안개가 낀 느낌으로 겨우 하기 싫은 걸 해냈다.

하기 싫은데 해야 하는 것 위주로 삶이 구성되면 사람은 억울함에 잡아먹힌다. 하고 싶은 걸 하는 비율을 늘린 지금은 좀 달라졌다. 덜 피곤하고 전반적으로 덜 괴롭다. 어떤 계기로 달라졌는지 뾰족한 비결을 알려줄 수 있다면 자기계발서로서 더없이 기쁘겠지만 죄송하게도 그런 건 딱히 없다. 그냥 시간이 지났다. 시간이 약이라고 무책임하게 말하는 어른 대열에 합류해서 송구하다. 삶에 남아 있는 미련에 대해 열심히 생각하다가 나와 이효리 선배님 사이의 상관관계를

	김금개	이효리
제주도에 사는가?	아니요	예
부자인가?	아니요	예
종전의 히트곡으로 대한민국을 떠들썩하게 한 섹시 아이콘인가?	아니요	예
지각하는가?	예	알 수 없다
문신이 있는가?	예	예
친한 친구와 술을 마시다가 "나는 진짜 사랑을 주고 싶어"라며 우는가?°	예	예

밝혀낸 것도 도움이 됐다. 다음의 표를 보자.

    이효리 선배와 공통점이 두 개나 있다는 것은 좋은 징조다. 나는 효리 선배가 절친에게 털어놓은 내용과 정확히 같은 삶의 목표를 가지고 있다. 진짜로 사랑을 줘보기.

    나는 사랑에 대해서라면 수상할 정도로 높은 기대와 이상을 가지고 있다. 그러나 현실에서의 관계는 커트라인 한참 아래서 자꾸 못생기고 부끄러운 실패를 거듭했다. 인생 살기를 그만두기에는 이게 진짜 신경 쓰였다. 내가 잘하고 싶

° '오은영 박사님 여기 좀 보세요!', 유튜브채널 〈요정재형〉, 2023.10.22. 이효리는 정재형과의 대화에서 삶의 목표가 "진짜 사랑을 주는 것"이라고 말했다. 이상순이 다음 회차에 출연해서 "진짜 사랑을 받아보고 싶다"며 놀렸다. https://youtu.be/5Oo6lPVdlnQ?si=p8rzNMyUM_rCP5h9

은 만큼의 100만분의 1도 못하는 분야가 있다는 게. 한 번이라도 좀 괜찮게 해보고 싶은데 진짜 어려운 게…… 사랑이란 건 어쩌다 한 번 이벤트성으로 끝내주게 했다고 잘하게 되지 않는다. 잘할 확률을 높일 방법은 하루라도 시간을 버는 것뿐, 이번엔 다르게 해볼 수 있도록 스스로에게 시간이라는 기회를 주는 것뿐.

사랑을 잘 주기 위해서는 원망하는 마음과 멀어져야 한다. 효리 선배도 아마 이 사실을 알고 있을 것이다. 삶에 감사하는 마음이 전혀 없는 상태로 누군가를 사랑하면 그 사람에게 큰 상처를 줄 수 있다는 것을. 입장 바꿔서 생각해보자. 누가 나 좋다고 난리 쳐서 나도 걔를 사랑하게 됐는데 걔가 맨날 약속 시간에 두 시간 늦고 죽고 싶다고 하고 자해하고 그러면 엄청 슬플 것 같다. 그래서 나는 이전보다 더 잘 사랑할 방법을 찾고 싶어서 일단 살아 있다는 사실을 좋아해보기로, 시간에 감사하는 마음을 가져보기로 마음먹었다.

믿을 수 없을 정도로 먼 길로 돌아와서야 시간이 소중하다는 명제에 동의할 수 있게 되었다. 어떤 미래에 내가 지각하지 않는 교사가 되어 있다면 그땐 내 안의 노사가 원만한 합의를 거쳐 인생 자체를, 시간을 보내는 일을 꽤나 좋아하고 있을 것이다. 그때는 지각하는 학생들에게 아주 단호하게 말할 것이다. 그가 규칙을 납득하고 행동을 바꾸기까지는 아주아주 먼 길을 걸어야 할 수도 있음을 기억하고서. 그러니까 내가 이 장에서 하고 싶었던 말은 일단 조금은 살고 싶어야 한다는 것이다. '내가 헛되이 보낸 오늘은 어제 죽어간 이가 그토록 살고 싶었던 내일' 같은 비장함까지는 아니어도 된다. 그렇게까지 드라마퀸일 필요는 또 없다. 살기 vs. 죽기 둘 중에 하나만 선택할 필요는 없다. 그래도 이승이 좋다는 사실을 살짝 인정하는 정도라면 오케이다. 인간 실격과 합격 사이에서 아슬아슬하게, 말로는 나 죽네 나 죽네 하면서도 삶에 미련을 조금 가진 채로 살아 있으면 된다.

이제 코미디를 할 준비가 반 정도 되었다고 보면 된다. 코미디라는 건 인생을 너무너무 좋아하기만 하면 잘하기 어렵고(그런 사람들은 애초에 남을 웃기려는 욕구 자체가 없을 확률이 높다) 너무 죽고 싶거나 죽은 사람은 대본을 못 쓰기 때문이다.

2장
위험을 감수할 이유를 찾아라

말이 많아서 좋을 게 뭐가 있겠는가? 웃기려는 시도는 기본적으로 업보를 쌓는 일이다. 코미디언은 언제나 남에 대해서, 어떤 현상에 대해서, 세상만사에 대해서 과하게 말을 얹는다. 게다가 그걸 불특정 다수 앞에서 마구 발사한다. 그래야 그중에서 뭐 하나라도 건질 만한 게 나오기 때문이다. 한술 더 떠 금기를 건드리고자 하는 욕망에 사로잡혀 있다. 미국의 코미디언 조지 칼린George Carlin은 "주어진 선이 어딘지 알고 고의로 넘는 것"이 코미디언의 의무라고 말했다.° 그어진 선 안에서 안전하고 행복하게 사는 보통 사람과 나는 다르다며, 아무도 시키지 않은 사명감에 심취해 이리저리 선을 넘는다. 그러다보면 발을 헛디뎌 넘어질 수도, 상당히 위험한 구석을 건드릴 수도 있다.

선 넘다가 건드린 대상이 윌 스미스의 아내일 경우 뺨따귀를 후려맞는 모습이 전 세계에 생중계될 수 있으니 주의하라. 2022년 오스카 시상식에서 크리스 락Chris Rock이 겪은 수모에 대해서는 들어본 적 있을 것이다.°° 나댐의 보폭이 일

° Noel Murray, 〈George Carlin〉, 《AV CLUB》, 2005.11.2. https://www.avclub.com/george-carlin-1798208775

°° 오스카 시상식의 사회를 맡은 코미디언 크리스 락은 미국 시상식의 위대한 전통, 참석한 유명인 놀리기 퍼포먼스 중이었다. 윌 스미스의 아내 제이다 핑킷 스미스를 놀리는 차례에, "제이다, 사랑해요. 〈G.I. 제인 2〉 기대할게요"라고 농담한 것이 화근이었다. 제이다는 '알로페시아'라는 질병 때문에 삭발한 상태였는데, 삭

반인에 비해 관대하게 허용되는, 오히려 잘 나대야 할 것을 요구받는 광대에게는 논란이 뒤따르기 마련이다. 논란을 원동력으로 계속해서 농담 스타일을 발전시키거나, 일부러 '올바르지 않은' 농담으로 충격을 주는 코미디언도 많다. 앤서니 제슬닉Anthony Jeselnik, 지미 카Jimmy Carr, 리키 저베이스Ricky Gervais 등은 사이코패스 같은 표정과 위악적인 캐릭터로는 독보적인 코미디언들이다. 이들처럼 '일부러 나빠지려는' 아류는 셀 수도 없다.

광대 업보로 욕먹는 코미디언은 차고 넘치지만 데이브 샤펠Dave Chappelle은 유독 별일을 다 겪었다. 그는 흑인을 제외한 모든 인종, 여성, 성소수자, 특히 트랜스젠더에 대한 농담으로 여러 차례 구설수에 올랐다. 사실 구설수는 너무 귀여운 표현이다…… 논란의 중심이던 그의 동료가 자살하는 사건이 있었으니까. 트랜스 혐오 발언으로 대차게 욕을 먹던 샤펠은 보란 듯이 본인 투어의 오프닝 공연자로 트랜스젠더 코미디언, 다프네 도먼Daphne Dorman을 고용했다. 다프네는 세간의 논란 속에 분투하다가 생을 마감했다.° LGBTQ+

발한 여성 캐릭터가 주연인 영화 〈G.I. 제인〉을 언급하며 긁은 것이다. 이 농담에 윌 스미스는 무대로 올라가 크리스 락의 뺨을 후려치고 자리에 돌아와 말했다. "내 아내 이름을 그 망할 입에 올리지 마!Keep my wife's name out your fucking mouth!"

° 데이브 샤펠에 대한 생각에 깊게 빠질수록 원래 하려던 얘기에서 벗어나 글

커뮤니티는 분노했고 넷플릭스 측에 샤펠의 쇼를 취소하라는 시위까지 벌였다. 넷플릭스 소속 직원들까지 회사 대응에 항의하며 반-샤펠 시위에 참여했다. 이후의 공연에서 샤펠은 흉기를 소지한 괴한에게 피습을 당하기도 했다. 말로 지는 천 냥 빚의 스케일이 이렇게 커질 수도 있는 것이다.

샤펠은 코미디 커리어로 막대한 부와 명성을 얻었으니 천 냥 빚 정도는 어떻게 갚을지도 모른다. 한편 시장 규모가 10분의 1도 안 되는 동양의 작은 나라에서도 코미디를 하려면 꽤나 많은 위험을 감수해야 한다. 메타코미디클럽에서 운영하는 유튜브채널 〈피식대학〉의 영양군 지역 비하 논란[oo]

을 전개할 수 없을 지경에 이르렀다. 데이브 샤펠과 다프네 도먼 사건에 대한 이야기는 이 장의 끝 '부록: 샤펠 카페'에서 다루겠다.

[oo] 2024년 〈피식대학〉은 '메이드 인 경상도' 시리즈에서 지역성을 강조하는 농담으로 인기를 끌고 있었다. 경기도민 이용주가 '맛꿀마', '깔끼하노' 등의 엉터리 사투리를 만들어내며 '경상도 호소인' 콘셉트를 잡았고, 울산 출신 김민수가 이를 경멸하면서도 어이가 없어 웃고 마는 모습이 재미있었다. 그들은 경상도의 여러 도시들을 여행하며 해당 지역 출신의 유명인과 함께 촬영하는 등의 콘텐츠를 만들다가 경북의 소도시, 영양군에 당도한다. 〈피식대학〉은 영양이 작고, 할 일 없고 볼 것 없는, '도파민 세로 시티'라며 도시 곳곳에 방문해 낄낄대고 수군댔다. 그 콘텐츠로 〈피식대학〉은 영양군민, 소상공인, 어르신들에 이입한 누리꾼들의 뭇매를 맞았다. 오도창 영양군수는 "이곳 영양군도 사람이 사는 곳"이라며 "현대 문명과는 동떨어진 듯한 곳"으로 지역이 묘사된 것에 대한 유감을 밝혔다. 언론과 구독자들의 질타를 받던 〈피식대학〉 측은 장문의 사과문을 내놓았다. "부정적 영향력에 대해 깊게 숙고하지 못했다"며, "콘텐츠적인 재미를 가져오기 위해 무리한 표현들을 사용"했다는 내용이었다.

이 대표적인 사례다. 한국 코미디 신scene에서 이렇게까지 커진 논란의 소재가 지역(불균형)성이라는 사실에 놀라며 〈피식대학〉의 대응을 지켜보던 나는 사과문 직후 업로드된 영상°을 보고 조금 눈물을 흘리고 말았다. 아예 영양군수가 등장해 영양군과 피식대학의 협업을 발표하는 영상이었다. 〈피식대학〉이 여태껏 만들어온 모든 '부캐' 콘텐츠를 지역 관광과 축제 홍보 프로젝트에 활용한다는 계획이었다.

그게 왜 감동적이었을까? 논란을 정면돌파하는 방식이어서? 가진 모든 자원을 동원한다는 약속이어서? 말실수, 입방정에 관해서라면 나는 언제나 잘못한 사람 입장이 신경 쓰인다. 굳이 나대고 나불대다가 실수하는 사람, 그러다가 욕먹는 사람, 사과하게 되는 사람들. 물론 그런 사람들은 짜증난다. 시끄럽고, 신경 쓰이고, 욕이 나오고, 마음을 복잡하게 만든다. 그런데 나는 어쩐지 그들에게 마음이 간다. 아무 말도 안 하고 어떤 선도 넘지 않는 사람들에게는 잘 느껴지지 않는, 연민과도 비슷한 감정이다. 어쨌든 나는 〈피식대학〉이 아니었다면 경북 영양군에 대해 평생 아무 생각도 하지 않고 살았을 것이다.

° '안녕하세요 영양군수입니다', 유튜브채널 〈피식대학〉, 2024.8.20.
https://youtu.be/DLZI557Zrgs?si=mPK1DQBwD5lr8tB4

욕먹을 각오로 도박 행위를 일삼는 광대들은 언제나 내 관심의 대상이다. 싸대기, 오해, 불화, 불매, 시위, 피습, 질타, 금전적 손해, 명예 실추, 마음고생, 대국민 사과, 추가 업무와 과로…… 이런 일들을 감수하면서도 굳이 웃기려 들기. 대체 이런 짓을 왜 한단 말인가? 그야 그게 직업이니까, 앞서 언급한 코미디언들은 돈을 벌고 함께 일하는 동료와 집에 있는 가족들을 먹여 살려야 하기 때문에 그러는 수밖에 없을지도 모른다. 하지만 아무런 명예도 소득도 없이 일상에서 광대를 자처하는 사람들도 있다. 대체 왜?

광대 욕망에 대해 일장연설을 하고 난 어느 날, 한 동료가 내게 물었다. "금개님은 어떻게 그렇게 매번 실패할 각오로 시도할 수 있는 건가요?" 깔깔이를 향한 일반인의 잔혹한 질문. 내 대답은 이거였다.

"저는 말할 때마다 작은 자살을 한다고 생각하는데요." 귀여운 입 모양으로 말했고, 손가락을 작은 사람처럼 만들어서 귀엽게 다이빙하는 동작을 덧붙였으니 너무 걱정 말길. 그런데 대체 왜?

나의 경우에는 이런 이유가 있다.

• **도파민 중독**: 나는 자극과 중독에 취약하다. 타고난 기질을 알아보는 'TCI 심리검사' 결과 '자극 추구: 100 / 위험 회피: 99'라는 수치가 나왔다. 검사관 선생님도 좀 놀란 눈

치였다. 내 머릿속 〈인사이드 아웃〉 컨트롤 타워에는 도파민을 추구하는 미침이와 위험을 피하려는 불안이가 쉴 새 없이 싸운다. 이런 난리통에 잠깐이라도 살아 있음을 느낄 최적의 방법은 입을 나불대는 것이다. 나는 아르바이트로 돈을 모아 미지의 땅으로 훌쩍 여행을 떠나거나 베이킹에 도전하는 진짜 위험을 감수하지 않는다. 대신 눕거나 앉아서 웃길 기회만 호시탐탐 노린다. 농담의 세계에서는 위험을 감당할 만한 수준으로 다룰 수 있다. 웃겨보려는 시도는 비행기 티켓값이나 엉망이 된 부엌을 청소해야 하는 등의 비용 없이도 자극을 추구할 수 있기에 가성비 있는 접근이다.

• **경쟁심**: 나는 취미가 게임인 사람들을 존경하는 편이다. 즐기라고 만들어진 게임을 전혀 즐기지 못하는 성향 탓이다. 힐링으로 유명한 〈동물의 숲〉을 하더라도 누구보다 멋진 섬을 꾸미고 싶어서 스트레스를 받는다. 캐릭터 컨트롤에 스트레스 받은 나에게 조이스틱은 한없이 분풀이를 당하는 분노스틱이 되고 만다. 상대방과 대결하는 게임이라도 하는 경우에는 더 위험하다. 상대에게 지나치게 화를 내거나 그를 다시는 안 볼 수준으로 모욕하기 때문이다. 게임을 취미로 삼을 수 없을 정도로 경쟁심이 높은 것은 광대력과 긴밀한 연관이 있다. 유머감각을 인터넷 밈에 상당 부분 의지하고 있는 누리꾼 출신이기 때문이다. 한국 인터넷 게시판의 밈화는

상대방을 먼저 웃기려고 경쟁하는 '드립'이라는 놀이에 기반한다. '드립'은 '애드립'에서 유래한 단어로, "누가 먼저 침묵의 틈새를 파고드느냐를 노리는 개그"다.° 드립은 인터넷 게시판뿐 아니라 〈무한도전〉 같은 리얼 버라이어티에서도 강세를 이루는 개그 방식이다. '무도키즈'인 내가 친구들 사이에서 경쟁적으로 농담을 하게 된 건 자연스러운 일이었다.

• 관계 중독: 나는 혼자 있는 시간을 잘 못 견딘다. 이 책의 원고 마감이 늦어진 거의 대부분의 이유도 혼자 글 쓰는 시간을 못 견디고 밖으로 뛰쳐나갔기 때문이다. 게다가 계속해서 새로운 사람들을 만나고 유성애적 관계 속에서 자극을 찾으려고 한다. 내가 이성애자였던 몇 년 전만 해도 틴더 같은 온라인 구애 도구는 유별나게 절박하거나 발정 난 사람들만 쓰는 거라고 여겨졌다. 그런데 성소수 사회에 와보니 앱 만남은 자연스러운 만남에 해당하는 거다. 얼굴에 퀴어라고 써 붙이고 다닐 수 없으니(물론 그런 애들도 있다) 온라인에서 먼저 연락이 닿고 실제로 대면하는 방식으로 만나는 경우가 많았다. 아무런 공통점도 없고 그저 어떤 기능·성민으로 만나게 되는 어색한 자리가 많아질수록 웃음을 통해 긴장을 내려놓게 하는 기술이 발달하게 된다.

° 김경수, 《한국 인터넷 밈의 계보학》, 필로소픽, 2024, 146쪽.

도파민 중독, 경쟁심, 관계 중독의 근원을 따라가다보면 결국 불안이 있다. 불안할 때 뛰거나 걷거나 그런 신체 활동을 했다면 좋았겠지만, 나의 경우 입 근육을 재빠르게 움직였다. 웃기기에는 속도와 타이밍이 생명이다. 직면하고 숙고하고 기준을 만들고 배려하기 전에 냅다 선을 넘어버릴 때 웃음이 발생한다.

말조심에 대한 가르침은 차고 넘친다. 천 냥 빚을 지거나 갚을 가능성, 침묵이 금이라는 자본주의적 접근부터 종교적 가르침까지. 성경에는 "많이 말하는 데에는 죄가 있다. 그러나 침묵하는 자는 지혜롭다", 법구경에는 "말이 너무 많으면 그 끝에 항상 후회가 따르며, 말하지 않으면 후회할 일이 없다"고 쓰여 있다. 그런데도 굳이 말하려는 이유가 뭐란 말인가? 그것도 한없이 섣부르고 가벼운 농담을? 나의 광대 DNA에는 각인되어 있다. 누군가를 웃기면 가장 빠르고 효율적으로 친구가 될 수 있다는 사실이. 같은 농담에 웃고 나면 너랑 나 사이에 그어져 있던 선은 우리를 포함하는 바깥으로 다시 그려진다. 농담 이후엔 선 안쪽에 함께 서 있을 수 있다. 나는 최대한 선을 멀리 그리고 그 안에 많은 사람들과 함께 서 있고 싶다. 그걸 위해서라면 얼마든지 작게 뛰어내릴 준비가 되어 있다.

당신에게는 굳이 업보를 쌓을 만한 이유가 있는지? 없

는 편이 훨씬 살기 좋을 것이다. 세상에 너무 광대만 많으면 균형도 안 맞고 피곤해진다. 편한 쪽으로 하세요……

부록: 샤펠 카페

데이브 샤펠은 종종 'GOAT'라고 불린다. 염소라는 게 아니고 Greatest of All Time, 코미디계의 전설이라는 뜻이다. 인종, 정치, 종교, 성별 등 주제를 가리지 않고 신랄한 입담을 선보이는 그가 유독 집착하는 주제가 있다. 아무리 문제가 되어도, 쇼를 취소하라는 시위가 열려도, 무대에서 피습을 당해도 닥칠 생각을 않는다. 본인의 헤테로성을 온몸으로 증명하려는 듯 마초적인 이미지를 고수하는 샤펠이 수상할 정도로 집착하는 주제는…… 트랜스젠더다.

솔직히 말하자면, 나는 샤펠의 농담을 좋아한다. 그가 농담을 전달하는 표정과 말의 리듬감, 전혀 예측할 수 없는 펀치라인으로 이야기를 마치는 방식도. 이게 내 마음을 복잡하게 하는 이유는 내가 그를 싫어헤야 마땅한 인구, LGBTQ+의 일원이기 때문이다. 내가 그를 좋아하는 마음은…… 나를 학대하고 못살게 굴지만 전교 1등을 했을 때 드물게 미소를 보여주는 아버지에게 인정을 갈망하는 마음을 닮았다. 일진 무리에 속하고 싶은 이진의 마음으로 데이브 샤펠의 농담에 웃게 된다.

그의 공연은 종종 트랜스젠더를 조롱하거나, 그 정체성을 희화화한다는 이유로 논란을 낳았다. 샤펠은 2019년 샌프란시스코 공연에서 만난 트랜스젠더 여성 코미디언 다프네 도먼을 오프닝 무대에 세웠고, 이후 친구가 되었다. 다프네는 트랜스젠더이자 코미디언으로서 샤펠의 유머를 옹호하는 입장을 SNS에 공개적으로 밝혔고, 공연 직후에도 그와의 인연을 자랑스러워했다. 그러나 그로부터 얼마 지나지 않아 자살로 생을 마감했다.

샤펠은 다프네의 죽음 이후 발표된 넷플릭스 스페셜 코미디 프로그램 〈더 클로저〉에서 이렇게 말했다. "트랜스젠더 커뮤니티가 그녀를 위해 무엇을 했는지 모르겠지만, 상관없어요. 왜냐하면 그녀는 그들의 부족이 아니라, 저랑 같은 곳에 있었으니까요. 그녀는 영혼 깊숙이 코미디언이었습니다." 자살한 코미디언과 자살한 트랜스젠더 사이에 다프네는 어디 있었을까? 농담에 목숨을 거는 나와 퀴어들이 더 이상 자살하지 않았으면 좋겠다고 생각하는 나는 어디쯤에 있을까?

분명한 건 트랜스젠더를 향한 샤펠의 농담은 캡처되어 한국의 온라인 커뮤니티에서 트랜스 혐오를 강화하는 논리로 사용되고 있다는 사실이다. 맥락까지 번역하기 어려운 외국 스탠드업 코미디 특성상 한국에서는 자막이 포함된 화면 캡처 여러 장을 커뮤니티에 공유하는 방식으로 인터넷에서 소비된다. 이렇게 '짤'로 스탠드업 코미디 쇼가 퍼날라질 때는 해당 코미디언의 캐릭터가 위악적인지, 트랜스젠더 개인 혹은 LGBTQ+ 커뮤니티와 어떤 관계를 맺고 있는지, 농담의 의도나 방식이 무엇인지는 전혀 고려되지 않고 그저 내용만 전달된다. 샤펠의 농담 캡처 게시물에는 "구구절절 맞말이다", "상황을 제대로 직시하고 여성에게 공감하고 목소리 내주는 남성들 고마움" 등 상당히 트랜스 혐오적인 댓글이 줄줄 달리고 있다.°

° 무명의 더쿠, 〈넷플릭스에 공개되고 트렌스젠더들에게 공격받았던 데이브 샤펠 스탠드업 코미디 발언.jpg〉, 더쿠 홈페이지, 2025.1.7. https://theqoo.net/square/3562972903

익힘책 1. 샤펠 농담 다시 써보기

나의 최애 성소수자 농담 중 하나는 데이브 샤펠이 썼다. 그 이야기는 각각 다른 문제를 가진 알파벳들, LGBT가 같은 차를 타고 이동하는 것으로 시작한다. 성소수자라는 공통점 이외에 딱히 잘 맞는 건 아니라서 떨떠름하지만, 하여튼 같은 차를 타고 가야 하는 처지를 기가 막히게 표현했다. 데이브 샤펠의 스탠드업 코미디 쇼 〈뼈 때리는 이야기〉에 등장하는 농담을 의역해 옮겨놓자면 이렇다. 어차피 샤펠의 표정이나 뉘앙스 없이 텍스트로만 보면 재미가 떨어지므로 누리꾼이 올린 커뮤니티 게시글처럼 음슴체로 바꾸어 써보겠다. 제목은 'LGBTQ 커뮤니티 특: 성소수자 생태계 알려드림' 정도가 되겠다.

운전대는 G가 잡고 있음.
걔네가 운전하는 이유는 G들 중엔 백인 남자가 있기 때문임. 차별이랑 억압을 피하는 데 도가 튼 애들임. "(우아하게) 우리가 이 길 잘 알아. 사실 우리 손으로 만든 길이거든. 다들 안전벨트 매. 우리가 목적지까지 데려다줄게."
조수석엔 L들이 앉아 있음.
누구나 L들을 좋아함. G들만 빼고. 뭔 일인지 몰겠음. 그냥 G들이 L들을 별로 안 좋아함. 엄청 못되게 구는 건 아닌데 약간 허공 보면서 수동공격식. "(우아하게) 나라면 그런 옷은 안 입을 거 같은데."
그때 뒷좌석에 있는 B가 나대기 시작함.
여기서 L들과 G들이 유일하게 동의하는 지점이 생김. B가 존나 거

슬린다는 거임. L들과 G들 눈에 B들은 욕심 그득한 걸레임. B들은 뒷좌석에 앉아서 이럼. "난 이 차에 있는 아무나랑 할 수 있지롱~"
그리고 B들 옆, 맨 뒤 구석에는 창밖을 멍하니 바라보는 애들이 있음. 얘들이 T임.
차 안의 모두가 T들을 존중은 해. 근데 동시에 약간 원망하는 마음도 있음. T들 잘못은 절대 아님. 근데 속으로는 이런 생각이 들 수밖에 없음. '얘네 때문에 여행이 존나 길어지는데……'
그러다 T들이 이런 말을 함. 별말도 아님. 그냥 이런 거임.
"진짜 덥다. 다음 출구에서 좀 세워줄래? 화장실 가고 싶어."
그럼 G가 개빡쳐서 이럼. "니 화장실은 여기서 네 개 주(state) 지나야 있어, 인마. 제발 조용히 좀 해. 지금 가는 중이라고."
가다보면 Q들이 히치하이킹하고 있음.
숏팬츠 입은 백인 남자임. 그럼 G들이 "쟤 우리 쪽인 듯? 태울까?" 하고 도와줄까 물어봄. "야 괜찮아? 도와줄까?" 그러면 그 사람이 존나 수상하게 다가오더니 창문에 기대고 이렇게 말함. "하이~ 신사 숙녀 혹은 선호하는 성별 대명사 친구들~" 그러고 나서 음흉하게 덧붙임. "나 어디로 가는지도 몰라. 내가 뭔지도 모르겠고. 확실한 건…… 이 차에 꼭 타고 싶다는 거야^^"

나는 이 농담에 마음을 홀딱 뺏기기 직전이었다. 샤펠이 이 이야기의 펀치라인으로 완전히 기분을 잡치게 하기 전까지는. 그게 뭔지 굳이 여기에 적진 않겠다. 칭챙총 수준으로 중국인을 흉내냈으며, 트랜스 혐오자들이 반복하는 수사로 끝났다는 정도만 알려드린다.

[과제] 이 이야기의 끝을 다시 써보려 해

이 농담을 새롭게 마무리해보는 작업을 제안한다. 심화 과정이니 어려울 수밖에 없으나 학구열이 뛰어난 분들은 도전해보길 바란다. 이 훈련은 단지 '무해하고 착한' 개그를 위함이 아니다. 나의 고유한 생각으로 더 나은 웃음을 상상해보는 일이다.

STEP 1 샤펠의 이야기 구조를 간단히 정리해보자.

등장인물 L, G, B, T, Q 알파벳은 각각 레즈비언, 게이, 바이섹슈얼, 트랜스젠더, 퀘스처너리라는 정체성을 뜻한다. 이들은 각각 어떤 특징을 가지고 있는가? 경험에 의해 서술해도 좋고, 이 농담에서 읽은 바를 통해 눈치로 추측해도 괜찮다.

STEP 2 대본 내용을 내 말투로 바꿔 말해보자.

코미디 대본은 무대에 올라가기 전까지는 그저 종이와 글자일 뿐이다. 샤펠의 농담 내용을 숙지한 뒤, 각자의 말맛을 살려 소리내어 말해보자. 같은 내용을 친구에게 말해준다는 생각으로 리듬과 강세, 표정을 연습해보면 금상첨화다. 이 과정을 거치는 동안 어떤 흐름으로 '꺾을지' 아이디어가 떠오를 수도 있다.

STEP 3 나만의 결말을 만들어보자.

펀치라인을 작성할 때는 아래 방식이 흔히 활용된다.

- **반전**: 가장 먼저 예상되는 반응을 떠올려보고, 이와 완전히 거리가 먼 결론을 생각해본다. 완전히 맥이 빠지는 마무리도 펀치라인이 될 수 있다.

- **확장:** 극단적인 줌아웃 하기. 제3자의 시점으로 보거나 아예 다른 외부의 이야기를 붙여본다.
  예시) 여기까지가 미국 코미디언의 농담이었죠. 그럼 이제부터 한국 버전으로 들려드리겠습니다. 시작할게요. 우선 자동차가 세워져 있습니다. 자세히 들여다보니까…… 안에 아무도 없어요! 다 벽장에 있거든요. 여기까지입니다.
- **이입:** 극단적인 줌인 하기. 특정 캐릭터에게 몰입하거나 감정적으로 다가가본다.

> **똑똑이 팁!**
>
> **부조화이론** Incongruity Theories
> '기대한 것과 실제가 맞지 않을 때 웃음이 발생한다'는 이론이다. 코미디언들은 이 개념을 농담에 적용할 때 '꺾는다'고 얘기하기도 한다. 예시) "걔는 펀치라인을 좀 이상하게 꺾더라."

> **오래전에 죽은 백인 남자들의 명언!**
>
> "웃음이라는 것은 긴장한 기대가 갑자기 허무로 돌아갈 때 느껴지는 일종의 감정이다."　　　　　—임마누엘 칸트, 《판단력 비판》(1790)
>
> "웃음은 개념과 현실 사이의 불일치에서 발생한다."
> 　　　　　—아서 쇼펜하우어, 《의지와 표상으로서의 세계》(1819)

클럽 대신
카페에 가라

나는 무도키즈°다. 아무리 페미니즘과 미국 코미디로 덧칠해도 지울 수 없는 사실이다. 열다섯 살 금개는 문제풀이 연습장에 무도 멤버들의 별명을 낙서하며 킬킬거렸고, 그저 친구들을 경악하게 만들기 위해 아저씨들을 커플로 엮어 팬픽을 썼다. 〈무한도전〉은 내가 말하고 관계 맺는 방식에 결정적인 영향을 미쳤다. 인격이 활발하게 형성되는 청소년기 10년 동안 하나의 프로그램만 봤으니 그럴 수밖에 없다. 딱히 대단한 이유가 있었다기보다, 기회가 한정되어 있었다. 내가 혼자서 바보상자에 풍덩 빠지지 않도록 배려해준 엄마 덕분이었다. 엄마는 텔레비전 연결선을 뽑아 핸드백에 챙겨서 출근하는 타입이었다. 나에게 공식적으로 허락된 한국 방송은 일주일에 하나뿐이었고, 나는 〈1박2일〉 대신 〈무한도전〉을 골랐다.

나무위키에는 '무도충'이라는 카테고리가 있다. '〈무한도전〉이 최고의 예능이고, 다른 예능들은 그렇지 못하다는 우월감'에 빠진 사람이다. 내가 딱 그런 부류였다. "〈1박2일〉이나 〈스타킹〉 식으로 우아스럽게 엇기는 긴 별로지~!"라면서 '무도충' 클럽에 소속된 것을 우쭐해했다. 거의 매주 달라지는 기획에서 멤버들의 캐릭터와 관계성이 발전해나가는

° 1990년대~2000년대생의 오랜 〈무한도전〉 팬을 일컫는 말.

구성이 시트콤과 닮아서 좋았다.

지하철 상대로 달리기, 목욕탕 물 빨리 퍼내기 등의 어처구니없는 도전에 진지하게 임한다는 초창기의 슬랩스틱 콘셉트를 지나 실내 세트장의 토크쇼 형식으로 바뀌면서 〈무한도전〉에도 여성들이 등장하게 된다. 못난 남자들의 잔치에 여성이 등장하자 세계관에는 균열이 생겼다. 김연아와 김태희 등의 미녀 스타들이 게스트로 나오면 멤버들은 어쩔 줄 몰라 했다. 인터넷 게시판에는 멤버들이 평소의 공격성을 드러내지 못해 재미없다는 반응이 이어졌다. 미녀가 등장하면 웃기지 않았다.

개그우먼 동료들이 '못생긴' 역할을 자처할 때야 무도 멤버들과 맞붙어 웃음이 터졌다. 무도 멤버들이 대놓고 소개팅하고 싶지 않아 하는 송은이가 울분에 차서 소리 지를 때처럼. ("난 뽀뽀하고 싶지 않아 제동이랑!!!") 아예 못생김을 주제로 열린 '못친소 페스티벌'에도 여자 참가자가 있었다. '못생김 경쟁'은 대부분의 스포츠처럼 혼성으로 진행하기 어렵다. 일반적으로 남성보다 여성에게 내려지는 '못생겼다'라는 평가가 훨씬 모욕적인 의미로 간주되기 때문이다. 다행히도 장윤주는 예쁘다. 장윤주는 못생겼다는 라벨링을 이겨낼 만한 명분을 이미 갖췄기 때문에, 다시 말해 예뻤기 때문에 오히려 '못친소 레이디'가 될 수 있었다.

〈무한도전〉 역사에 한 획을 그은 다른 슈퍼모델 여성으로는 홍진경이 있다. 〈무한도전〉의 새로운 멤버를 선정하는 공개 오디션 기획 '식스맨 프로젝트'의 유일한 여성 홍진경은 얼굴에 수염을 그리고 남성복을 입은 채로 등장했다. 주말 예능 클럽의 입장 조건이 '남자일 것'이라는 비밀을 이미 알고 있다는 듯이. 이름부터 식스'맨'인 그 자리는 당연히 남장 신사 홍진경의 것이 아니었다.

　자라는 동안 〈무한도전〉에 나오는 여자들을 관찰하며 내 안에는 '예쁜 여자=웃는 여자, 못생긴 여자=웃기는 여자'라는 도식이 생겼다. 장윤주나 홍진경처럼 '개성 있게 예쁘지만 스스로 못생겼다고 주장하며 조금은 웃기는 여자' 카테고리도 작게 있었다. 아쉽게도 나는 슈퍼모델은 아니었지만, 이 근처 카테고리를 공략하면 되려나? 막연히 생각했다.

　살면서 가장 공격적으로 웃기고 웃은 시절은 여자중학교에 다닐 때였다. 우리는 〈무한도전〉의 짝퉁 취급을 받던 〈무한걸스〉와는 달랐다. 나와 친구들에겐 비교 대상이 없었다. 우리가 원본인 세계관에서는 서로 정신없이 놀리고 막말하면서 웃고 웃을 수 있었다. 그러나 남녀공학 고등학교에 진학하고 나서는 모든 게 달라졌다. 입학한 지 얼마 안 된 야간자율학습 시간에 '그 쪽지'를 발견한 것이다. 한국에서 학교생활을 해본 여자라면 '그 쪽지'의 변주를 통과의례처럼 거쳤을 것이다. 남자애들의 치기 어린 장난이라고 가볍게 여겨지지만(적어도 우리 담임은 그랬다. 아닌가? 너무 수치스러워서 이르지도 못하고 내가 혼자 넘겨버렸던가?) 여자애들의 '외모 정병'에는 불을 붙이는 사건. 분수를 모르는 남자애들은 자고 싶은 순서대로 여자애들을 줄 세워 쪽지에 썼다. 그 쪽지에 이름을 쓴 사람이 아니라 이름이 적힌 사람이라서 내가 여자라는 사실을 청천벽력으로 실감했다. 내가 '무도'가 아니라 '무걸'로, 지상파에서 케이블채널로 밀려날 거라는 나쁜 예감이 들었다. 나는 언제나 교실 주변부 말고 정중앙에서 웃기고 싶었는데, 여자였다. 당장 남자가 될 수는 없으니 남자들과 동맹을 맺어야 할 것 같았다. 동시에 그 쪽지의 순위권에 들고 싶은 것도 같아서 마음이 바빴다.

다행히도 입시 클럽에 입장하자 각종 욕망이 찬물 끼얹은 듯 잠잠해졌다. 여기서는 철저한 금욕이 요구되었다. 학교는 학생들이 거세된 개체로 지내기를 바랐다. 연애하다가 교무실에 불려가 헤어지겠다는 각서를 쓴 커플도 있었고 스킨십이 소문나자 퇴학당한 커플도 있었다. 나는 모범생답게 '대학 가서 하면 돼'라는 달콤한 유예에 몸을 맡기고 일상에서는 성애적인 욕망을 기꺼이 없앴다. 애꿎은 남자 아이돌 멤버 두 명에게 더러운 망상을 전부 외주 주고 교실의 남자애들과는 죽마고우처럼 지냈다. 아이돌 남자들에 비하면 현실 남자애들은 여러모로 실망스러웠으니 그들과 별일 없이 지내는 건 쉬웠다. 문제는 약속의 땅, 대학에 진학하고 나서였다.

대학이라는 젖과 꿀이 흐르는 가나안에서는 '연애하라'는 정언명령이 있었다. 모든 성애적 행위가 유예된 척박한 광야 생활 동안 나는 가상의 남자끼리 하는 가상의 연애만 지켜보는 화분 같은 거였다. 그런데 대학에 오자마자 갑자기 내 몸으로 현실의 남자를 만나야 했다. 지금 생각해보면 나한테도 그러지 않을 선택권이 있었는데…… 워낙 '대학 가서 연애'라는 최면에 깊이 빠진 나머지 그 밖을 상상하지 못했다. 일단은 여자처럼 보여야 했다. 갑작스럽게 왕리본이 달린 머리띠를 착용하고 머리카락에 웨이브를 넣었다. 치마를 입고 발에 안 맞는 구두를 신고 삐걱대기 시작했다. 웃기고 싶은 욕망은 그대로인데 성적인 매력을 가지고 싶은 욕망 쪽이 엄청나게 치고 나온 것이다. 곤란한 욕망들의 각축장이 된 나는 학과에서 제일 웃긴 남자와 연애해버리기로 결심했다. 모두기 연에 혹은 섹스를 지나치게 의식하고 있어서 아무도 맘 편히 웃지 못하고 있을 때였다. 연애를 해버리는 게 새 학기의 긴장을 해소할 유일한 출구로 느껴졌다.

웃긴 남자에게는 권력이 있다. 스탠드업 코미디언 맥스 디킨스는 "유머는 남성 우정에 있어 토템과도 같다"고 이야기한다. 그리고 농담이 권력과도 결부되어 있음을 지적한다. "농담은 남성 관계를 구성하는 보이지 않는 위계질서이며, 상대방을 밟고 위로 올라가기 위한 경쟁에서 무력을 과시하는 것과 같다."° 내 첫 남자친구는 '알파'라고 단정짓기엔 다소 논란의 여지가 있었지만, 그를 중심으로 〈무한도전〉 같은 관계성이 형성되는 건 확실해 보였다. 나는 그 사람의 여자친구가 되면서 두 가지를 기대했다. 1. 잠재적 연애 상대(못 웃기는 여자)로 전락하지 않기 2. 웃기는 남자들의 무리에 편입되기. 그것은 어느 정도 효과가 있었다. 이제 더 이상 연애 상태라는 원심력에 좀비처럼 이끌려가는 솔로 나라 여자 참가자로 살지 않아도 되기는 했다. 남자애들이 둘러앉아 지저분한 농담을 주고받을 때 그에 질세라 남자친구의 팔짱을 끼고 한술 더 떴다. 그러면 잠시 남자 클럽 특별 회원증이 손에 쥐여졌다. 남성성을 훔쳐 알파로 군림하는 기분을 드물게 느끼기도 했다. 하지만 '연애를 통해 명예남성 되어 웃기기' 전략은 그다지 효과적으로 지속되지 않았다.

작가 크리스토퍼 히친스는 〈여자들은 왜 안 웃길까?〉라는 글을 썼다.°° 백인 남성이 쓴 오래된 에세이라 대부분 열

° 맥스 디킨스, 《남자는 왜 친구가 없을까》, 이경태 옮김, 창비, 2025, 63쪽.
°° Christopher Hitchens, 〈Why Women Aren't Funny〉, 《Vanity fair》, 2007.1.1.

받는 소리지만 일리가 있는 부분도 있으니 들어보시라. 히친스에 의하면 여성에게 웃음은 본질적으로 부차적인 문제이다. 여성은 웃을 일이 아닌 더 높은 소명을 본능적으로 알고 있다. 반면 남성의 경우, 다른 모든 비난보다 '안 웃기다'는 비난에 가장 참혹하게 무너진다.[°°°] 남자들에겐 농담이 거의 유일한 소통 방식이다. 심리학자 로버트 프로바인의 실험에 의하면 여성은 남성의 농담을 들을 때 70퍼센트가 웃는 데 비해, 남성은 여성의 농담을 들을 때 38퍼센트만 웃는다고 한다. 같은 유머라 해도 여성이 더 반응을 잘 보이고, 남성은 애써 반응하지 않는 현상을 두고 김찬호 교수는 "여성의 유머감각이 남성보다 높다"[°°°°]고 분석한다. 유머의 수용 능력 또한 유머감각으로 보는 시각이다. 여성 코미디언 캐서린 라이언Katherine Ryan은 의외로 "여성이 남성보다 웃기지 않은 것은 사실"이라고 말한다.[°°°°°] 왜냐하면 코미디는 수용되는

---

https://www.vanityfair.com/culture/2007/01/hitchens200701?srsltid=AfmBOorf_bwZp6NnZS74TaYy6TBcjmQ5PaNqyIxqDgbhnYl13uK1KweN

[°°°] 누가 '안 웃기다'고 말한 상처는 문신처럼 살갗을 파고들어 자리를 잡아 평생 간다. 진짜 남자-여자를 철저히 나눈 성차에 대해 생각하자는 게 아니라 '남성적', '여성적'이라고 여겨지는 벤다이어그램의 동그라미 두 개를 생각해보자는 것이다.

[°°°°] 김찬호,《유머니즘》, 문학과지성사, 2018, 151쪽.

[°°°°°] 2024년 12월 30일 캐서린 라이언이 본인의 틱톡 계정에 게시한 영상. https://www.tiktok.com/@kathbum/video/7453957247249419552

사람에 의해 성립되기 때문이다. 팔짱 끼고 고개 돌린 관객에 대고 '네가 틀렸다는 걸 증명하겠어'라며 웃기기에 성공하기는 어렵다. 여자가 안 웃기다는 사실에 대해 입장을 철회할 생각이 없는 사람들이 다수인 세상에서 여자가 웃기는 일은 그만큼 어렵다.

남자들의 세상에서 웃기는 여자 되기라는 나의 바람은 여러 맥락에서 난항을 겪고 있었다. 원피스를 입고 있는 나를 남자친구가 번쩍 들어올려 속옷이 보였을 때 남자애들은 다 웃었지만 나는 그냥 얼굴이 빨개졌다. 남자친구 자취방에서 섹스하고 치우지 않은 콘돔을 발견한 남자애들이 웃을 때도 그랬다. 걔들이 일간베스트 저장소(일베)의 '유머 게시물만 공유'하던 카카오톡 단체 채팅방에도 나는 초대받지 못했다. 예뻐서 욕망당하는 여자가 되는 것도 웃기는 것도 양쪽으로 실패하던 나날이었다. 웃을 일도 웃기고 싶은 마음도 점점 사그라들었다. 지나가는 선량한 시민들을 향해 '뭐가 좋다고 웃고 다녀……'라며 무표정으로 지내는 날이 많아졌다.

그러다가 한동안은 화만 내고 다녔다. 강남역 여성혐오 살인사건 이후였다. 이전까진 경쟁하듯 한마디 보태던 농담들에 "그런 건 웃기지 않습니다"라며 정색하는 걸 개인적인 사명으로 삼았다. 누가 즐거워 보이면 "여자들이 죽어가는데 웃음이 나와?"라며 다그쳤다. 갓 페미니스트 클럽에 입장했을 때는 이마에 '킬조이killjoy'라는 스티커를 붙이고 다녔다. 농담의 시대가 끝나버린 것이다.

하지만 정색하는 여자로서의 삶도 만만치 않았다. 사람은 원래 웃지 말자고 다짐했을 때 가장 많이 웃게 된다. 장례식장에서 앞에 있는 조문객의 구멍 난 양말을 보고 웃음을 참을 수 없는 상황과 비슷한 원리이다. 게다가 삶이 여러모로 팍팍해서 마른 장작처럼 건조하고 경직된 상태로는 금방이라도 바삭 부서질 것 같았다. 다행히도 그 시기에 존나게 잘 싸우면서도 잘 웃는 여자들을 알게 됐다. 그 여자들은 대부분 활동가였다. 무슨 단체를 만들고 깃발을 뽑고 각자 반찬을 싸 와서 나눠 먹으며 막 웃었다. 그들의 에너지는 기이할 정도였고, 함께 웃으면 마음이 편했다. 여기 끼면 되겠다 싶어서 얼른 여성 활동가 클럽에 가입했다.

하지만 그 소속은 오래가지 않았다. 갑자기 여자를 좋아하게 돼버렸기 때문이다. 좀 더 구체적인 활동을 해야 했다. 이제 소수자성을 하나 더 얹은 프리미엄 단체를 찾아야 했던 것이다. 바로 퀴어+페미니스트 단체였다. 이쪽 동네는 지리적 특성상 견고한 집을 짓기는 어려워 보였다. 클럽인 줄 알고 들어갔더니 2주 뒤에 영업이 끝나거나 혼비백산이 되어 장례식장으로 바뀌곤 했다. '콜렉티브', '프로젝트' 등의 이름으로 간이 텐트 같은 게 엄청 많았는데 하여튼 그런저런 거

처들을 드나들며 같이 웃을 사람들을 찾아다녔다. 그러다 어떤 여자애랑 눈이 맞아서 코미디 팟캐스트도 하게 됐다. 이걸 하면서는 여자이면서도 웃기는 주체가 될 수 있는 데다 여자들의 사랑도 받을 수 있어서 꽤 만족스러웠다.

소수자 마을 주민들은 웃을 일이 별로 없는 나머지 내가 하는 말에 웬만하면 웃어주고 싶어 했다. 게다가 동네 특성상 광인들이 넘쳐났다. 보고만 있어도 감탄이 절로 나오는 광인들의 묘기, 광기를 다스릴 방법이 오로지 유머뿐이었던 재야의 고수들, 이미 '생존자 유머'라는 독보적인 장르를 개척한 구루°까지. 이 광기의 일부가 되어야 광대로서 진정한 만족을 얻을 수 있을 것이라 확신했다. 웃기는 일이 "삶의 근본이고 라이프스타일이며 젠더이고 섹슈얼리티이자 커뮤니티"°°라고 말한 이반지하의 동네에 전입신고를 마치고는 생각했다. 이전의 방식으로는 안 된다. 이 광인들과 영원히 함께하려면 더 유연한 공동체를 상상해야 한다.

나는 아주 오랫동안 어떤 클럽에 소속되고 싶었다. 그건 확실한 정체성을 공유하는 무리의 일원으로 인정받는 일이

° 《이웃집 퀴어 이반지하》(문학동네, 2021), 《나는 왜 이렇게 웃긴가》(이야기장수, 2023) 등을 쓴 퀴어, 다매체 예술가 이반지하를 일컫는다. 바로 다음 문장에 나오지만 그의 유머는 많은 퀴어들의 삶에 영향을 미쳤기에 한 번 더 강조한다.
°° 이반지하, 《나는 왜 이렇게 웃긴가》, 이야기장수, 2023, 289쪽.

었다. 여자애들, 남자애들, 페미니스트, 퀴어 클럽에 가입 신청서를 내고 정식 회원으로도 활동했다. 그러나 클럽에서는 계속해서 나를 증명하고 정체성을 갱신해야 했다. 새로 들어오려는 사람의 신분증을 확인해 입장을 제한하기도 했다.

이제는 클럽 소속을 전면 철회하고 대신 카페를 차릴 예정이다. 클럽과 달리 카페는 방문이 자유롭다. 모두가 서로를 성적으로 대상화하는 데 혈안이 되어 있지 않다. 매력적으로 보이기 위해 쫙 빼입고 특정 성별 연기를 하지 않아도 된다. 가벼운 마음으로 마실 것과 자리를 선택해 앉고 언제든 나갈 수 있다. 혼자서 떠난대도 시끄러운 EDM이 남긴 이명을 들으며 허무함을 느낄 일이 적다. 원한다면 편한 차림으로 다시 돌아오면 되니까. 하지만 내가 말하는 카페는 스타벅스나 빽다방처럼 물리적인 장소가 아니다. 실제 '카페'에 가려면 돈이 있어야 하고 영업시간에도 맞춰야 한다. 나도 모르는 새에 상당히 비윤리적인 대기업의 악행에 동참하게 될 가능성도 있다. 이 카페의 출처는 인터넷 밈인데, 벌써 뭔지 알겠다면 당신은 나와 대화가 잘 통할 확률이 높다. (그리고 인터넷을 좀 줄이는 게 좋겠다. 중간중간 먼 풍경을 바라보며 눈을 쉬게 해주거나.)

어제 ××× 카페 다녀왔습니다

××× 카페가 열린 건 아니고요
그냥 카페에서 ××× 생각했습니다
카페에 간 건 아니고요
그냥 집에서 커피를 마셨습니다
사실 커피도 안 마셨습니다
그냥 ×××인 상태입니다°

잠시 음미하는 시간을 갖자. 훌륭한 시 한 편과도 같은 밈이다. 나는 이제 어딘가에 소속되거나 클럽에 갈 체력도 없고 그저 생활 반경 안에서 '××× 카페'를 연다. 친구들, 트친들, 직장 동료들, 유튜브 댓글창의 사람들, 시트콤의 방청객들과 함께 웃을 때면 일시적인 공동체가 생긴다. 이걸 대충 카페라고 부르자. 웃음 카페 동시 접속 사건은 아주 드물게 일어난다. 유머가 통한다는 것은 타이밍, 취향, 감각, 규범, 관점 등 상당히 여러 가지 요소가 맞아떨어지는 고급 사건이다. 여러분도 이 글을 읽는 동안은 금개의 코미디 카페에 잠깐 와 있는 것이다. 모쪼록 머무는 동안 마음이 편한 곳

° 원본 밈에서 XXX는 '진훈'이다. 진훈은 웹툰 〈가비지 타임〉의 배경이 되는 고등학교 이름이다. 아이돌, 2D 덕후들 사이에는 특정 인물의 '카페'를 열어 팬들끼리 기념하고 교류하는 문화가 있다. 실제 카페를 대관해 진행하는 경우가 대부분이다. 현재 해당 밈의 원본 게시글은 삭제된 상태다.

이기를 바란다. 겉으로는 디엠으로만 문의를 받는 힙스터 카페처럼 보이겠지만 어르신도 어린이도 올 수 있는 공간을 지향하고 있다. 콘센트를 차지하고 오래 앉아 있거나 시끄럽게 떠들더라도 눈치 주지 않도록 노력하겠다. 언젠가 여러분의 카페에도 초대되고 싶다. 그리고 대체 어떻게 생기게 된 카페인지 창업 스토리도 알게 된다면 좋겠다.

익힘책 2. 웃음 카페 창업 디자인

나는 자주 만나는 친구들과 말투가 비슷해지는 습성이 있다. 게다가 잘 맞는 친구들과는 별로 노력하지 않아도 우리 사이에만 사용하는 유행어 같은 것이 생긴다. 팟캐스트 〈생방송 여자가 좋다〉의 경우에도 후반 회차로 갈수록 나와 공동 진행자인 아장맨의 말투가 거의 비슷해지는 걸 알 수 있다. 요즘은 작업실 동료의 벼락 같은 제안으로 우리끼리 한창 많이 쓰는 단어들을 가지고 메뉴판을 제작하기에 이르렀다. 여기에서 제조 가능한 온갖 음료에 희한한 이름을 붙이며 아주 즐거운 시간을 보냈다. 여러분도 무엇을 보고 웃어왔는지 생각하는 카페를 열고 메뉴판을 만들어보시라.

[과제1] 웃음 관찰 일지: '언제 웃었더라?'

STEP 1 최근 일주일 동안 현실에서 나를 웃긴 장면이나 대화를 떠올려보자. 정말 전혀 아무것도 생각이 나지 않는다면 진지하게 삶 전체를 돌아보라.

STEP 2 유튜브 계정의 알고리즘을 돌아보자. 시청 기록과 알고리즘에 뜨는 영상들을 돌아보며 최근에 생긴 나의 웃음 취향을 알아보자.

STEP 3 어릴 때 어떤 프로그램을 보면서 가장 많이 웃었는가? 지금과는 많이 달라졌는지 생각해보자.

[과제2] 나의 웃음카페 메뉴판 그리기

나의 웃음 취향을 카페로 공간화하고 구체적인 예시를 메뉴판으로 정리해보자.

_____ 카페 메뉴판	
메뉴	설명
예시) 무한도전 핸드드립	무도키즈들은 다 아는 그 맛

2부 관계의 기술

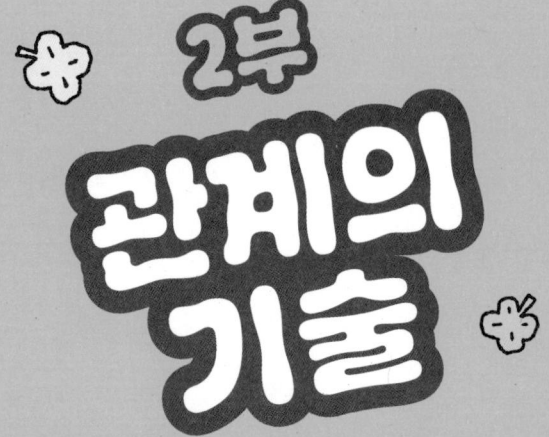

4장
팟캐스트 하자고 해라

대학교를 겨우 졸업하고 '사회인' 구실을 해보려고 애쓰던 시기에 퀴어 친구들을 사귀기 시작했다. 얼마 지나지 않아 기묘한 사실을 발견했는데, 퀴어들의 9할은 예술을 하고 있다는 거였다. 한국식 입시 트랙에서 문과-인문대 모범생 코스를 밟아온 내가 이렇게 예술이 가득한 세계관에 놓이는 건 갑작스러웠다. 예술의 기운 때문인지 내 주변에는 말 그대로 '이상한' 퀴어들이 많았다. 나머지 조건은 다 그럭저럭 괜찮은데 성정체성만 '이쪽'이라서 'Love is Love'만 하면 되는 성소수자말고 그냥…… 소수자. 그들은 대체로 약간은 문란하고 번잡한, '이쪽' 사회조차 받아들이기 버거워하는 사랑이라든지 '작업'이란 걸 하고 있었다. 그냥 '이상한 사람들이네' 하면서 취업준비센터로 뚜벅뚜벅 걸어갔으면 좋았을 텐데. 소수자들의 동네는 저 반대편인데 이상하게 거기에 내 자리가 있으면 했다.

자꾸 마음이 가는 그 동네를 떠올릴 때면 드랙퀸° 서바이벌 프로그램을 틀었다. 〈루폴의 드래그 레이스〉는 '미국의 차세대 드랙 슈퍼스타'를 발굴한다는 취지로 16년째 방영되고 있는 넷플릭스 쇼다. 호스트인 루폴은 미국에서 가장 영

° 드랙Drag은 전통적인 성별 구분에서 벗어나 다른 성별의 모습을 연출하는 공연예술 형태를 뜻한다. 일반적으로 남성이 '여성적' 모습을 연기하는 '드랙퀸', 여성이 '남성적' 모습을 연기하는 '드랙킹'으로 구분한다.

향력 있는 퀴어 중 하나로, 홍상수 감독과 동갑이다. 그는 미 전역에서 불러 모은 퀸들에게 가지각색의 미션을 내리고는 보톡스로 잘 안 움직이는 얼굴근육을 요령 있게 사용해 깔깔 웃는다. 드랙퀸들은 루폴의 명령에 따라 패션쇼, 립싱크, 코미디 쇼, 뮤지컬, 하여튼 별의 별걸 다 한다. 화면 속에서 형형색색의 퀸들이 법석을 떨 때가 하루 중 유일하게 안정을 취하는 시간이었다. 드랙퀸들의 무대를 구경하다가 벅차오를 때만 겨우 살아 있는 것 같았다.

그땐 드랙이라는 장르에 왜 그렇게까지 열광했을까? 일단 열광이라는 걸 할 체력이 있었다. 그리고 드랙이 과해서 좋았다. 퀸들은 원래 얼굴을 싹 지우고 새로 그리는 수준으로 두꺼운 화장을 한다. 가발 위에 가발을 써서 머리칼을 사자 갈기만큼 부풀리고, '저걸 언제 또 입으려나……' 싶은 난해한 옷을 입는다. 어디까지가 '적당함'일지 평생에 걸친 눈치게임을 하던 한국 여성의 '꾸안꾸', '내추럴 메이크업', '클린걸 에스테틱'과는 정반대의 기세다. 드랙퀸들은 내 적당함의 범위를 넓혀놨다. 퀴어함이란 이런 거구나 싶어 해방감이 들었다. 드랙퀸들은 내가 벽장 안에 있던 시간뿐만 아니라 다음, 그다음 시간까지 이미 통과해 저 멀리 가 있는 것 같았다. 정체성을 새로 만들기 위해서는 원래 가진 정체성에 대해 고민하는 시기를 지났어야 할 테니까. 그들이 성소수자라서 겪는 혼란은 과거의 유물에 불과해 보였고, 새롭게 선택한 정체성이 지금 얼마나 아름답고 탁월해 보이는지가 중요한 것 같았다.

나는 퀸들의 화려한 외모, 언변, 재능, 자신감 모든 게 좋았지만 그들의 뻔뻔함이 가장 좋았다. 실리콘 보형물을 가슴에 넣고, 메이크업에 두세 시간을 쓰고는 "신이 주신 완벽한 내 몸매, 내 얼굴. 넌 못 따라와"라며 능청을 떠는 게 맘에 들었다. 어떤 여자들은 '가짜 주제에 진짜를 따라 해서' 드랙 퀸은 '존재 자체가 여성혐오'라고 했다. 하지만 압도적인 기세로 무대를 누비는 퀸들에 감탄할 때는 그게 진짜인지 아닌지, 퀸인지 킹인지, 여자인지 남자인지는 하나도 중요하지 않았다. 어떤 가짜는 엄청나게 진짜구나, 드랙 아티스트들의 무대에 매료된 채로 생각했다. 지금은 케이팝 뮤직비디오와 구독자가 100만이 넘는 유튜브채널에도 종종 드랙 아티스트들이 등장하지만, 당시만 해도 한국에서는 훨씬 생소한 문화였다. 드랙 문화를 같이 좋아하는 사람들을 만나려면 내가 직접 모임을 열거나 똑똑한 사람들이 개최한 세미나에 참여해야 하는 처지였다. 그게 왜 좋은지, 무슨 의미가 있는지, 그걸로 뭘 하고 싶은지, 나는 뭘 하는 사람인지 그런 고민보다 몸이 먼저 튀어나갔다. 그렇게 찾아간 모임에서 내가 지금까지도 너무나 사랑하고 질투하는 예술인을 만나게 됐다.

아장맨은 예뻤다. 처음 만났을 때 걔는 깔끔한 숏컷을 하고 있었다. 레즈비언 사이엔 '숏컷 펨°이 진짜 펨이다'라는 격언이 있는데, 머리 길이에 상관없이 여성성을 뽐내는 여자가 진짜배기라는 식의 농담이다. 아장맨은 그 말에 걸맞은 '진짜' 펨이었다. 내가 평생 들어갈 일 없는 쇼핑몰에서 샀을 법한 세련된 옷과 액세서리를 걸치고 잡티 하나 없게 깨끗한 화장을 하고 있었다. 나는 스무 살 이후 긴 패션 정체기를 지나며 스스로의 스타일과 거리를 두고 있었다. 어떻게 보이는지 너무 신경이 쓰였지만, 거기에 너무 신경 쓰는 여자가 되고 싶지는 않았다. 언제나 진짜 여자애들의 세계는 따로 있었다. 나는 그 주변에 서 있어도 어색하지 않을 정도로는 흉내낼 수 있었지만 묘하게 붕 떠 있었다. 드랙을 알고 난 직후의 상황은 걷잡을 수 없었다. 꾸며야 할 때면 보라색으로 입술을 칠하고 얼굴 가득 반짝이를 바르고 망사 스타킹을 배까지 올려 신었다. 내가 수행하는 사회적 여성성은 '진짜' 여자처럼 보이지 않았는데, 나는 그게 창피했다.

한편 아장맨은 진짜 레즈비언 같기도 했다. 그가 동행인을 '여자친구'라고 소개하는 부분에서는 조금 멋져 보였다.

° 프랑스어 'femme'에서 온 단어로, '여자'라는 뜻이다. 아는 사람들 사이에선 '메타 여자' 정도로 쓰인다고 알아두자.

나는 아직 가짜라서 주눅이 들었다. 여태 남자를 만나왔고 여자랑은 만남과 헤어짐을 반복하며 연애라고 하기 어려운 관계를 유지하고 있었기 때문이다. 레즈비언도 잘하고 펨도 잘하던 아장맨은 반대편 어딘가의 젠더로 훌쩍 넘어가는 일도 잘했다. 아장맨의 드랙킹 퍼포먼스는 탁월했다. 나와 비슷하게 넷플릭스 쇼 따위를 보고 와서 어중간하게 흉내내는 아마추어들과는 달랐다. 그가 준비해오는 공연 곡들은 대개 처음 들어보는 노래였다. 노래방과 멜론 차트에는 죽었다 깨어나도 올라오지 않을 예술 느낌의 노래들. 노래를 틀고 퍼포먼스가 시작되면 아장맨은 긴장감을 쌓아올리다가 기막힌 타이밍에 터뜨릴 줄 알았다. 바닥에 무릎을 갈아가며 광기를 발산하는 모습은 너무 처음 보는 것이라서 충격이었다.

아장맨은 내가 열광하던 드랙퀸들과 닮은 게 많았다. 아주 어린 시절부터 정체성을 깨달은 그는 스스로를 재료로 이미 여러 실험을 해본 상태였다. 아주 자연스럽고 적당해 보였던 아장맨도 본인이 가짜라고 느끼고 있었다는 사실은 꽤나 흥미로웠다. 본인도 여자처럼 보이기 위해 일상에서도 드랙을 하고, 무대에서는 드랙킹잉을 통해 실험의 범위를 넓힌다는 것이다. "우리는 다 벌거벗은 채로 태어났고 나머지는 다 드랙"이라는 루폴의 싱글앨범 《Born Naked》가 생각났다. 드랙을 무대 안팎에서 실천 중인 아장맨과 친해지고 싶어서 나는 드랙에서 배운 기술을 조금 써먹어봤다. 뻔뻔하고 능청스럽게 연기했다는 뜻이다. 내 모습이 창피하지 않은, 가짜인 걸 들킬까 불안하지 않은 사람처럼. 성공적인 위장이었는지, 위태로운 연기력이 안타까움을 자아냈는지 확실하진 않지만 우리는 금방 가까워졌다. 아장맨은 본인의 반려견이 떠오른다며 나를 좋아했다.

아장맨은 유성애 생활 면에서도 경력직이었다. 이쪽 세계에서 취향인 여자를 찾는 법, 여자를 만나는 법, 만나서 연애하는 법을 모두 잘 알고 있었다. 게다가 신참인 나를 이리저리 데리고 다니며 새로운 경험을 시켜주기 좋아했다. 그 덕분에 나는 게임에서 순간 이동 아이템을 먹은 것처럼 빠른 속도로 이쪽 세계에 편입됐다. 내가 여자친구 사귀고 싶다고 우는소리를 하면 아장맨은 조용히 이쪽 앱에다가 구인 글을 올렸다. *[번개] 홍대 오늘 만나실 분: 2n, 보통 체형, 단발 고양이상 한글자 애인 구해요.* 한 시간 후에 나는 아장맨의 파우치를 빌려 컨실러를 바르고 인조 속눈썹을 붙이고 고양이처럼 아이라인을 길게 빼고 있었다. 두 시간 후에는 이쪽 술집에 앉아 처음 보는 사람들과 어색한 인사를 나눴고, 세 시간 후엔 술에 왕창 취해 거울 앞에서 휘청대며 립스틱을 고쳐 발랐다. 나는 혼자서나 애인과 있을 때보다 아장맨과 함께할 때 더 진하게 화장하고, 더 큰 귀걸이를 하고, 더

야한 옷을 입었다. 더 말도 안 되는 농담을 던지고, 더 큰 소리로 웃고, 더 이상한 일을 계획하고 실행에 옮겼다. 서로를 부추기며 수많은 술자리와 크고 작은 행사에 참여했다. 그렇게 같이 놀면서도 '작업'에 있어서 아장맨은 나에 비해 훨씬 선명한 비전을 가지고 있었다. 아장맨의 드랙에 대한 애정은 퀴어 문화에 한 획을 그은 여러 공연의 시초가 되었다. 2022년 대극장에 올라간 〈드랙×남장신사〉의 초창기 버전 〈드랙킹콘테스트〉도 우리가 만난 지 얼마 되지 않았을 때 아장맨의 아이디어에서 출발했다.

지하 클럽에서 처음 열린 〈드랙킹콘테스트〉에 나는 '기획'이라는 뭉툭한 역할로 참여했다. 기획이라는 역할 자체가 뭉툭하다는 게 아니라 당시에 내가 기획에 대해 별 고민이 없었다는 뜻이다. 그저 멋진 친구들이 벌인 일에 함께한다는 감각이 즐거워서 이런저런 일에 참여했다. 연습 피드백도 하고 무대 사회 대본도 쓰고 소품도 준비했다. 재미있는 시간을 보내는 와중에도 진짜 예술인들 사이에서 나는 뭐 하고 있는 건지 모르겠어서 은은하게 괴로웠다. 이런 일들, 홍대 연습실과 지하 클럽에서 있었던 일들을 이력서에 쓸 수 있을까? 나는 직업을 가진 사람이 아니라 작업을 하는 사람으로 살 수 있을까? 안 될 것 같았다. 무엇보다 내가 가진 재능으로 '작업'을 한대도 돈을 벌 수는 없을 것 같았다. 꼬박꼬박 돈을 주겠다고 약속하는 회사 면접에 갔다. 붙었는데 기쁘지 않았다. 이상하고 멋진 애들의 세계에서 이대로 멀어진다고 생각하면 마음에 구멍이 뚫리는 것 같았다. 그래서 아장맨의 바짓가랑이를 붙잡고 물었다.°

"팟캐스트 할래?"

말해놓고도 내가 뭘 시작하는 건지 몰랐다. 하지만 적어도 아장맨과 계속 재미있는 시간을 보낼 수는 있을 것 같았다.

2025년 2월 22일은 아장맨과 내가 진행 중인 코미디 팟캐스트 〈생방송 여자가 좋다〉의 3주년 기념일이었다. 우리 방송은 이제 누적 재생수 300만 회를 훌쩍 넘겼다. 친구와 떠든 것을 녹음해 올린 것 치곤 가성비가 괜찮은 결과물이다. 친구 잘 만나서 저절로 코미디가 되었다는 얘기를 하고 있는 거다. 다들 힘내봐라.

솔직히 힘내도 별수 없다. 친구 만나기, 우정 쌓기 같은 건 복을 타고나거나 운이 좋아야 겨우 가능한 일 같다. 나는

° 아장맨은 이 부분이 사실관계와 다르다며 정정을 요청했다. 그의 코멘트를 그대로 옮기겠다: "비련의 주인공 금지. 금개가 바짓가랑이 잡은 거 아니고 우리 둘이서 꼭 뭔가 해야 한다고 술 먹고 난리 치다가 눈 맞아서 살림 차린 거임!" 하지만 바짓가랑이를 잡았다는 것은 내 마음속의 진실이니 에세이적 허용이라 치고 넘어가자.

아주 많은 사람에게 심하게 매력을 느끼지만, 동시에 내가 그들에게도 매력적일지는 자신 없다. 어쩌다 드랙에 성공해 그 사람을 매혹하더라도 서로 좋은 시간은 신데렐라의 마법처럼 금방 끝나는 거라고 느껴진다. 마법이 풀리더라도 걔가 나를 필요로 할 이유를 만들고 싶다. 그래서 나는 친해지고 싶은 사람에게 자꾸 뭘 같이 하자고 제안한다. 협업을 핑계로 공동의 책임을 만들면 복, 운, 매력이 적을 때에도 관계의 동력이 생길 테니까. 나에게 팟캐스트는 관계 맺기, 대화하기, 농담 따먹기가 고스란히 콘텐츠가 되는 최소 단위의 협업이다. 아장맨은 팟캐스트 때문에 지구 반대편에서도 나와 대화할 일정을 검토한다.

우린 팟캐스트를 하면서 서로를 '오피스 와이프'라고 부르기 시작했다. 각자의 사적인 연애가 어떻게 되어가든 우리 관계에는 그런 이름표가 붙어 있다는 게 만족스럽다. 서로를 손절하려면 본인의 작업도 일정 부분 포기해야 한다는 사실마저 맘에 든다. 공과 사를 나눠야 한다거나 동료와 친구를 구분해야 한다는 '이성적'인 태도와는 거리가 멀다. 아장맨의 의견과는 다르겠지만, 난 이왕 얽힐 거 지저분하게 얽히고 싶다.

나는 지금도 탁월하고 매력적인 사람을 보면 정신을 못 차리고 아장맨에게 했던 것처럼 군다. 그러니까 여기에 쓴 이야기가 아장맨과 나 사이에서만 일어난 일은 아니라는 거다. 그러니 여러분도 조심하시라. 내가 언젠가 협업 제안을 발사할 수 있다. 수동적으로 기다리기만 하지는 않았으면 좋겠다. 그런 태도 때문에 이쪽 만남 앱의 대화창에서 평생 서로 '안녕하세요'만 반복하는 현상이 생기는 것이다. 가까워지고 싶은 사람에게 함께하면 좋을 작은 프로젝트를 정중히 제안해보시라. 밥 지어 먹기, 뜨개질하기, 인스타그램 '공동 북마크' 기능으로 릴스 모으기, 게임하기, 갑작스러운 역할극, 브이로그 찍기…… 물론 거절당할 위험도 감수해야 하지만, 밑져야 본전이다. 이 글을 찍어 메시지로 보내며 '우리도 뭐 같이 해보자!'라고 제안하는 것도 좋겠다. 혹시라도 그런 방식으로 새롭게 팟캐스트를 시작하게 된다면 yeojaisgood@gmail.com으로 알려달라. 필요하다면 게스트로 출연해드리겠다.

아장맨의 답장

〈생방송 여자가 좋다〉 3주년을 축하하며: 혜지에게

—아장맨

당신에게도 이런 일이 일어난 적이 있을까? 나는 혜지를 만나기 전부터 혜지를 알고 있었다.

영국에서 유학을 마치고 한국에 돌아온 나는 경계성 인격 장애의 퀸인 전 애인에게 호되게 당하고 정신이 피폐해질 만큼 피폐해진 상태였다. 지금 그 시절을 돌아보면 "정말 미쳤었지"라며 많은 이야기를 싸리나무 빗자루로 쓸어버리듯 넘길 수 있지만, 당시에는 정말 너무 괴로워서 한 시간 이상 굉음 속에 나를 놓지 않으면 숨도 쉬기 힘들었다. 뭔가 자극이 필요했다. 한시도 눈을 뗄 수 없는 자극. 정신없이 돌아가는 파친코 기계나, 소아 ADHD를 유발하는 핑크퐁 채널의 모든 영상처럼. 경계성 인격 장애 여성이 주던 도파민을 대체할 수 있는 중독이 필요했다. 하지만 나는 스삷집(스팸을 삶아 먹이는 집, 건강에 굉장히 집착하는 양육자 밑에서 키워진 가정의 아이를 뜻하는, 별똥별처럼 스쳐간 트위터 유행어. 레즈비언 인플루언서 '부머긴'이 사용하기 시작한 말로 알고 있다……) 출신으로서 정말 나를 놓는……?(뭐, 보약……? 이라든지? 원나잇이라든지?)(보약은 사실 마약이라는 뜻입니다) 취미를 갖기에는 너무 쫄보였다. 사실 뭔가 새로운 것을 알아가고 즐기고 하는 것 자체도 기피할 만큼 내 세상은 좁았다. 영국에서 유학을 했으면서 자의로 가본 유럽 여행이 벨기에 말고는 없다는 것만 봐도 내가 얼마나 도전에 소극적인지 알 수 있다. (심지어 벨기에 여행도 당시에 친했던 친구가 거의 반강제로 기차 예약을 해서 가게 된 것임…… 나는 직전까지 가고 싶지 않아 했음)

하여튼 도파민이 필요했던 나는 레즈비언 앱을 깔고, 열다섯 살 때부터 주구장창 해오던 번개를 했다. 나의 홈그라운드, 내 안전지대, 레즈비언들과의 만남. 포근한 나의 고향. 정말로 안전했느냐를 묻는다면, 당연히 아니다. 레즈비언 번개를 하면 너무나 많은 미친 사람들을 만난다. 당연하지 여자를 좋아한다는 이유만으로 결성된 클럽인데…… 하지만 10년을 하면 누구나 장인이 된다고, 나도 번개를 10년 하니 어느새인가부터 광인들과의 만남을 즐기게 되었다. 골목을 돌면 광인이 있다는 제보 전화를 받고 울렁이는 심장이 카메라에 담기지 않길 기도하는 〈순간포착 세상에 이런 일이〉의 PD처럼. 레즈비언의 모습이 되어, 여자 사랑 클럽의 광인들과 이야기를 나눴다. 늑대 무리 속에서 키워진 아기처럼, 광인들을 다루는 방법을 배우고, 광인들에게 현찰이나 폰을 도둑맞기도 하며, 광인들과 하나가 되었다.

매일 술을 마셨고, 필름이 끊기고, 뭔가 춤도 췄던 것 같은데 보통 술을 너무 많이 마시고 춤을 춰서 기억이 안 나는 그런 시기였다. 그러다가 전 애인을 일대일 번개로 만났고(대략 내 한국 나이 스물다섯 즈음), 그가 트위터에서 알아본 정보 덕분에 드랙킹으로 데뷔할 기회를 얻게 됐다. '여성괴물'

이라는 이름의 아트 콜렉티브에서 '비'시스게이 남성 드랙 퍼포머를 구하니까 관심 있는 사람이 있으면 일단 한번 와보라는 글이었다.

비시스게이 남성? 그게 뭔데? 20대 중반까지, 그러니까 드랙을 물어다준 전 애인을 만나기 전까지만 해도 나는 레즈비언의 보법으로만 걷고 있었다. 바이조차 대놓고 배척을 하는 순수주의 레즈비어니즘이 레즈비언 커뮤니티에서 유행했다. 나는 나를 키워준 레즈비언 커뮤니티를 거역하지 않는 착한 아이 증후군에 걸린 레즈비언으로서 대놓고 '퀴어 문화'에 무지했다. 그런데 전 애인이 본인을 '~젠더', '~섹슈얼'로 소개하는 걸 보고 "헐~ 이렇게 유식할 수가~~?", "나도 퀴어 할래~"가 돼버린 거다. 그리고 나는 퀴어할 거면 정말 지대로 하고 싶었다. '드랙킹'은 내가 정말 진품명품 진퉁 퀴어가 될 수 있는 딱 좋은 레시피였다. 그리고 이 전략은 정말 잘 먹힌다.

'왜 아직도 혜지 얘기가 안 나오고 네 얘기만 하냐?'라고 생각하는 사람들이 있을 것 같아 눈치 보인다. 이제 나온다.

'여성괴물'이 주최한 이벤트에서 제대로 '드랙킹 아장맨'으로 데뷔하기 전, 한 2개월 정도의 연습 기간이 있었다. 나는 '드랙'을 제대로 하고 싶었다. 내가 왜 드랙을 하고 싶은지, 해야 하는지, 어떤 드랙이 잘 어울리는지 탐구하고, 나

자신을 납득시키고 싶었다. 영국에서 드랙킹들을 보긴 했지만, 뭔가 별로였다. 끌리거나 잘생겼단 느낌이 안 들었다. 내가 드랙킹을 한다면, 너무 잘생겨서 여자들이 줄을 서게 하고 싶었다. 여학교를 나왔지만 여자들에게 인기 있는 레즈비언이었던 적이 없는 나의 오랜 판타지이다.

하루는 제대로 된 드랙킹이 되는 수행의 일환으로, 오히려 드랙퀸 메이크업을 하고 이태원에 놀러 갔다. 내 기억이 확실하다면, '여성괴물'이 드랙쇼를 위해서 대관을 예약해둔 퀴어 바였다. 지금은 문 닫은 지 좀 된 곳이라 이름은 기억이 안 난다. 하여간 그곳은 어두웠고, 봉이 있었고, 손님들은 그다지 없는데 그나마 있는 손님들은 다 외국인이라 좀 부끄러운 모습으로 있어도 괜찮을 것 같았다. 술을 좀 마시면서 바 사장님이랑 얘기를 하고 있는데, 사장님 친구가 내게 말을 걸었다.

"지부장님."(이것은 당시 혜지의 트위터 닉네임이었다)

"네?"

"어, 지부장님이 아니네~ 지부장님인 줄 알았어요."

클럽이 시끄러웠고, 그분도 나도 취해 있었기 때문에 대화는 더 이상 오가지 않았지만…… 분명히 나를 어떤 회사의 '부장'으로 착각한 것 같았고, 나는 '아니 이런 꼴을 하고 있는데 어떻게 부장이랑 헷갈릴 수가 있지? 그 사람은 이러고

회사를 다니는 거야?'라고 생각했던 기억이 난다.

며칠 뒤, '여성괴물'의 드랙쇼를 위해 프로모션 사진을 찍는 날이 됐다. 우리는 당시 '여성괴물' 기획자의 집에 삼삼오오 모여 분장을 하고, 옷을 주섬주섬 갈아입었다. 나는 레즈비언이 아닌 퀴어들에 둘러싸인 게 처음이었지만 새로운 사람을 만나는 데 도가 텄으니 긴장을 많이 안 할 줄 알았다. 아니었다. 너무 다르다. 레즈비언 번개는 서로 사귈 만한지 떠보는 자리였으니까, 독점적 연애관계에 돌입하기 위해 일단 광기를 숨기고 있다. 하지만 퀴어 번개는 어째 패잔병들의 모임처럼 "저는 이래요……" 하면서 기침하듯이 광기를 막 퍼붓는다. 강아지들이 꼬리 흔드는 걸 숨기지 못하는 것처럼. 뭐가 됐든 반가워서 일단 솔직하게 드러내는 것 같다. 그게 뭐 정신병이든, 아니면 과하게 복잡한 가족관계든, 아니면 성욕이든, 성정체성이든 뭐든…… 어쨌든 긴장을 숨기기 위해 나는 드랙 화장이나 치덕치덕 시작했다. 나를 제외한 다른 이들은 트위터에서 친분이 좀 있는 건지 그래도 말을 좀 트기 시작했다. 소외감이 느껴졌다.

그다지 친구가 될 수 있어 보이는 사람들도 없고, 외롭다고 느끼던 새에 혜지가 들어왔다. 지금의 혜지는 30대에 돌입하며 눈꼬리가 좀 부드러워졌지만, 처음 만났을 무렵에는 눈꼬리가 삐쭉 올라가 있었다. 진한 화장에 칼단발을 한 혜지랑은 친해질 수 없을 것 같았다. 왜냐하면 나는 여성스러운 여자와 친구가 된 적이 없었기 때문에. 특히 혜지는 많은 이들과 친구였다. 내게는 없는 높은 사회성 레벨로 사람들과 반갑게 인사를 주고받는 혜지를 보고, 바로 더 외로워졌다. 혜지는 지쳐 보이는 표정으로 바로 담배를 피우러 나갔다. 나는 혜지를 쳐다봤는데, 혜지는 날 보지 않았다. 혜지가 준 외로움으로 인해서 나는 혜지가 미웠고(전혀 그녀의 탓이 아님), 질투하며, 그녀 또한 지금은 아마 나를 별로 안 좋아하겠지만, 나를 좋아하게 만들어야겠다고 생각했다. 하지만 그녀가 나를 좋아하게 되면 무시해야지, 라는…… 완벽한 인셀적인 생각을 했다.

남 탓을 좀 하자면 그때까지도 경계성 인격 장애 전 애인으로 인해 많이 힘든 상황이었다. 비록 헤어진 지 몇 년이 지난 뒤였어도. 원래 마음의 상처란 평생 낫지 않을 수도 있는 거다. 혜지에 대해 잘 알지도 못하면서 혜지에 대해 이런저런 욕망을 품은 뒤, 그 욕망에 대해 깊이 생각하지 않기. 여기까지는 내가 보통 사람들을 대하는 방식과 별반 차이가 없다. 당시의 나는 중요하지도 않은 사람들에게 인정받는 게 너무 필요했다. 그리고 혜지가 휘파람 불듯이 가볍게 사람들을 대하고 호감을 얻어내는 방식은 그녀가 얻어낸 것이라기보다 타고난 것이라는 생각이 들었다. 타인의 재능이란 나처럼 질투가 많은 사람들 한정으로 1급 발암물질이다. 몸에 안 좋지만 맛이 없느냐? 아니다. 세상에서 제일 맛있다. 3교대 밤샘 근무 끝나고 알루미늄포일에 구워 먹는 삼겹살이다. 그 옆엔 참기름에 튀겨지는 마늘에 소주까지 있다. 나는 혜지가 아는 것들을 알고 싶어 했고, 혜지의 에너지를 흡수하고 싶어 했다. 혜지의 대부분의 것을 따라 하고 싶어 했으나, 정말 다행히도 혜지가 만나는 여자만은 별로 만나고 싶어 하지 않았다. 여자 취향이 너무 달랐기 때문이다. 혜지는 피곤한 관상에 자기를 별로 안 좋아하는 사람을 좋아한다. 거의 나랑 반대라고 볼 수 있다. 만약에 여자 취향이 비슷했다면 우리는 아마 짧으면 몇 개월, 길어야 몇 년 정도 친구로 지내고 말았을 것이다.

드랙이라는 접점으로 인해 혜지와 나는 생각보다 자주 만났다. 혜지는 당시 어떤 애인 있는 부치를 짝사랑하고 있었다. 그리고 며칠 뒤 혜지는 그 부치와 사귀기 시작했다. 씁쓸한 마음으로 '잘 사귀겠지' 했지만, 또 몇 주 뒤 혜지는 그 부치와 헤어졌다. 그리고 몇 번을 깨지고 붙고 하는 기간이 있었는데, 나는 혜지가 솔로인 며칠에서 몇 주 동안 그녀를 데리고 레즈비언 번개를 다니거나, 레즈 업소를 갔다. "키울 상황이 안 됐습니다. 죄송합니다"라며 놀이공원에 애를 버리는 것처럼 같이 레즈 술집이나 클럽에 들어갔다가 혜지만 두고 나온 적도 있는데, 혜지는 그때마다 적당히 행복한……복잡한 시간을 보내는 것 같았다. 혜지는 매번 새롭게 아는 사람을 만들었고, 재밌어 보이는 퀴어 기획을 했다. 혜지를 독점할 수 있는 시간은 "여자를 만나게 해주겠다"라며 홍대 부근에 있을 때뿐이었다. 지금은 혜지와 적당히 떨어져 있는 시간이 있었던 덕분에 이렇게 오래 함께 일할 수 있었다는 것을 이해하지만, 초반에 '친구'의 비중이 조금 더 크던 시절에는…… 좀 쪽팔리지만, 내가 그냥 동성? 친구? 자체를 어떻게 대해야 되는지 모를 정도로 사회성이 결여돼 있어서, 혜지가 다른 사람이랑 더 친하게 지내고, 나를 그다지 생각해주지 않는다는 생각이 들면 금쪽이처럼 굴었다. 혜지가 나한테 관심을 보여주는 순간은 혜지가 이 세상에서 제일 재능 있고 재미있는 사람이라며 좋아했고, 그 외의 순간들에는 가식적이고 재수없다고 생각했다. 내가 만약에 '건강한' 우정을 할 줄 아는 사람이었다면 혜지와 나의 관계도 좀 더 '건강'했을까? 하지만 건강한 관계는 이만한 도파민을 주지 못한다. 이 글을 쓰면서 나는 내가 우정이라는 관계 속에서만큼은 완전하게 인셀이라는 것을 인정하게 됐다. (혜지야, "너가 뭐랬어? 나한테 관심 있다고 했잖아." —by 나는 솔로 24기 영식)

혜지와 나는 〈드랙킹콘테스트〉를 시작하면서 처음으로 같이 일다운 일을 하게 됐다. 나와 혜지가 같이 사회를 보기로 했고, 만담 같은 대본을 짰다. 혜지도 나도 눈에 띄는 일을 즐거워했고, 서로가 웃기다고 생각하고(으악), 함께하는 코미디에 만족하다보니, 자연스레 사회를 볼 때면 혜지를 찾게 됐다. 그러다보니 이렇게 팟캐스트까지 하게 된 거겠지? 혜지는…… 내 농담에 처음으로 웃어준 여자는 아니겠지만, 내가 처음으로 진짜 솔직한 농담을 해버린 친구 같다. 나는 혜지에게 레즈비언으로서도 아니고 퀴어로서도 아닌, 뭐 거의 냅다 치마 올리고 담장 넘어까지 자란 결핍을 보여줘버렸고…… 걔가 웃어버렸다. 그리고 나 또한 혜지의 결핍에 대고 웃어버렸다…… 혜지가 내 코미디 파트너로 있으면 안전하다는 기분이 든다. 왜냐하면 혜지는 완벽한 사람 같다가도 가끔은 나보다 더 신경질적이고, 계절성 정신병과 감기에 자주 걸리며, 관객들이 많이 웃어주지 않으면 버럭 화를 내버리기 때문이다.

첫 번째 문장으로 돌아가자. 나폴리탄 괴담처럼. 아이디어가 떨어지기 시작한 가사처럼. 나는 혜지를 만나기 전부터 혜지를 알고 있었다. 이태원에서 잘못 불렸을 때부터. 그런데 꼭 그보다 훨씬 예전부터 혜지 같은 사람이 내 인생에 들어올 것을 알고 있었던 것 같다. 왜냐하면, 딱 혜지 같은 애가 들어올 만큼의 공허함이 있었다. 언제나 묘하게 우울하고, 친구가 생기기를 바랐는데, 어떤 친구가 오든지 성에 차지 않았다.

내 성에 차는 사람이 언젠간 나타나기를 자주 상상하다 보니, 마치 알고 있었던 것 같고, 운명인 것 같은 착각이 들었다. 막상 실제 혜지가 등장했을 때에는 함께 이것저것 시도해보기 전까지 확신하지 못했지만, 웬걸? 내 성에 차게 웃기는 사람이란, 내가 즉흥적인 아이디어를 냈을 때 수긍해주는 사람이란, 정말 살림에 보탬이 됐다! 마치 에어프라이어처럼 상상도 해본 적 없지만 한번 생기고 나니 이제 없이는 못 사는 존재가 됐다.

내 성에 차는 사람은 다음의 조건을 충족하는 사람이다. 1. 나를 100퍼센트 좋아하면 안 됨. 왜냐하면 나도 나를 100퍼센트 좋아하지 않기 때문. 뭔가 온전히 사랑만 받으면 징그러움. 2. 그래도 버텨야 한다. 왜냐면 같이 있을 때 생기는 케미스트리가 중독성 있기 때문에. 3. 나랑 결이 비슷하고, 비슷한 욕망을 가지고 있고, 웃겨야 됨. 4. 날 떠나면 안 됨. 날 떠나면 비극적인 사건으로 보답할 것임. 혜지는 1, 2, 3을 전부 충족한다. 4는 그 누구도 확신할 수 없는 거니까……

진짜 마지막으로 팟캐스트 〈생방송 여자가 좋다〉가 3주년을 맞은 것에 대해 큰 충만감을 느끼고 있다. 생방여보(청취자 애칭)들 또한 내 결핍에 웃어주는 사람들이다. 정말 고맙다. 고맙다가도…… 왜 웃어? 내 결핍이 우스워? 하지만 고맙다…… 그럼 이만…… 긴 글을 읽어준 모두에게 감사하며…….

익힘책 3. 먼저 제안하는 연습

사실 내가 가장 해결하고 싶은 문제는 여러분이 못 웃기고 창작자가 못 되고 자시고와 크게 관련 없는 것 같다. 앱에서 매치가 되었으면 대화나 만남이 성립할 만한 메시지를 전송하는 문화를 만드는 것이 더 시급하다. 평생 서로에게 '안녕하세요'만 건네다보면 '네가 올 때까지 가만히 기다리기'만 하다가 '호소성 계엄'에 비견할 만한 공격성을 보이게 될 수도 있다. 그러니 상대가 조금 마음에 안 들더라도, 이 사람이 어떻게 나올지 간을 보고 싶더라도, 어색하더라도, 좀 비웃음을 당하거나 읽씹의 위험이 있더라도 상황을 직면하고 먼저 말 거는 연습을 해보자. '픽업 아티스트'를 양성하는 강의 등에서도 플러팅 방식은 전수받을 수 있을 것이다. 그러나 여기서 여러분께 연습시키고 싶은 것은 '누군가를 (성적인 대상으로) 꼬신다'라는 목표를 정해두고 말을 거는 조급하고 가오 떨어지는 방식이 아니다. 가장 중요한 것은, 상대방과 어떤 관계가 될지도 우리에게 어떤 미래가 있을지도 아닌 그 모든 걸 너와 나 모두가 알 길이 없다는 겸손하고도 열린 태도이다.

'먼저 제안하는 연습'은 상대에 대해 최대한 생각하고, 그가 거절하기 어려울 만한 제안을 떠올리고, 실제로 부딪쳐보고, 거절에 대한 맷집도 키우는 훈련이라고 볼 수 있나. 상대의 거절을 잘 받아들여야 그의 결정을 존중하는 것이라는 당연한 사실을 잊으면 안 된다.

연습에 앞서, 짚고 넘어가기

- **잘못된 예시**: INFP식 플러팅. 멋진 옷을 입고 상대 근처에서 서성

인다.
- **더 나은 시도**: 멋진 옷을 입고 상대에게 직접 말을 건다.

본격 연습: 집나방유부거

STEP 1 상대에게 '집'중하기

대화의 핵심은 경청이다. 이런 말은 귀에 딱지가 앉게 들어봤을 것이다. 진짜 중요하기 때문이다. 제안에서도 마찬가지다. 최대한 상대의 입장에서 생각하는 시간이 필요하다. '저 사람이 지금 필요한 건 뭘까?' '저 사람의 관심사와 고민거리는 뭘까?' 이런 질문이 '말 거는 멋진 나', '거절당할지도 모르는 무서운 나'보다 우선순위에 있으면 좋다. 그렇다고 상대가 무조건 거절해야 마땅하다는 식으로 방어적인 태도를 취하는 건 좋지 않은 접근이다. 언제나, 균형감이 중요하다.

STEP 2 '나'의 영향력에 대해 고민하기

상대와 나의 관계나 사회적 위치에 대해서도 고려해야 한다. 만약 당신이 50대 남성 교수인데 상대가 스무 살 새내기 여학생이라면? 당장 이 책을 덮고 바깥에 나가 스쿼트 50회를 하고 오시라. 하고 오셨나? 혈당이 낮아졌을 테니 나에게 감사하시길. 하여튼 내가 의도하지 않아도 이 사회에 살다보면 생기는 권력이라는 게 있다. 상대가 나의 존재 자체를 어떻게 받아들일지에 대한 고민이 필요하긴 하다.

STEP 3 나의 심리적 '방'어선 정하기

아무리 좋은 제안도 내 안의 불안과 두려움을 무시한 채로 건네버리면 역효과가 돌아온다. 자기도 모르는 새 무리해놓고 '내가 왜 지쳤지? 저 사람 때문이다!' 하는 생각의 드리프트에 휩쓸려가면 관계가 좋아지기는 어렵다. 관계가 불꽃이라면 억하심정, 원망, 원한은 '발화성 물질 제거, 산소 차단, 발화점 미만으로 온도 낮추기' 등의 소방관적 행위이다. 그러니까 말 걸기 전에 자신에게 먼저 물어보자. 거절당하면 타격이 얼마나 클까? 내가 지금 이 제안을 꼭 해야만 하는 이유는 뭘까? 내가 감수할 수 있는 최악은 어디까지인가?

STEP 4 '유'혹적인 제안하기

"밥 한번 먹어요", "언제 한잔해요"처럼 말끝을 흐리는 제안은 사실상 제안이 아니다. 대화의 물꼬를 트고 싶다면 '구체적인 상황+열린 선택지'를 담은 말이 필요하다. (예시: "이번 주말에 어쩌구 아트시네마에서 저쩌구 감독의 그럭저럭 영화 보려고 하는데, 혹시 시간 되면 같이 가실래요?") 참고로 '유혹적'이라는 건 맨어깨나 가슴골을 드러내고 섹스어필을 하라는 뜻이 아니라 상대가 '충분히 참여할 만한데?'라는 생각이 들게 하는 기술이다. 그러려면 상대에게 '안전하다'는 느낌을 주면서 살살 당겨야 한다. 선뜻 '네!'라고 답할 수 있는 제안은 그 의도가 투명하고 명확하다. '일단 만나자'가 목적이라면 상대가 부담스러워하지 않을 선에 대해 고민해보는 게 좋다.

STEP 5 '부'딪치기

준비는 끝났다. 상대도 고려했고, 나의 영향력도 짚어봤고, 감정의 방어선도 마련했고, 제안도 제법 괜찮게 만들어놨다. 제법 어려운 과정이었다. '할 만큼 했다'는 느낌 때문에 지쳐버릴 수도 있다. 여기서 멈추는 것도 이해는 한다. 하지만 이제 정말 얼마 안 남았다. 실제로 움직임을 만들어야 한다. 부끄럽고 어색하고 덜컥거리는 그 순간이 위대한 무언가의 시작일 수도 있다.

STEP 6 '거'절도 잘 받아들이기

거절은 실패가 아니다. 누구를 탓할 것도 없다. 상대에게도 사정이 있을 테고, 나도 최선을 다했다. 상대의 거절은 서로의 경계를 확인할 수 있는 기회가 된다. 대답조차 안 했다면? 지금은 그럴 수 없는 상태겠지. 그걸 알아주고 존중하는 것도 나의 인성이다. 거절당했을 때 너무 머쓱해하지 않는 것이 중요하다. 이 일이나 관계 자체를 '없었던 일로' 만들지 않기, 자책하지 않기, 예쁘게 웃고 넘겨버리기.

반대로, 당신이 제안받은 입장이라면?

1. 답장하거나 수락할 의무가 없음을 기억하기
2. 일정과 에너지를 잘 계산하여 판단하기
3. 확실하고 친절하게 거절해서 나쁠 건 없음

이 정도를 기억하면 되겠다.

[연습문제] 앱에서 매칭된 사람에게 집나방유부거 6단계를 적용해 메시지를 보내보자.

STEP 1 **집**: 상대의 프로필을 집중 관찰해서 이야깃거리를 찾아보자.

STEP 2 **나**: 내가 막 재벌가 억만장자이거나 3대 소속사 아이돌 멤버가 아니라면 피차 사람이 궁금하여 앱에 가입한 것은 마찬가지일 테니 그렇게까지 고민하지 않아도 된다.

STEP 3 **방**: 만약 거절당하거나 무시당한다면 내가 겪는 최악의 상황이 뭘까? 머쓱함과 허무함? 그 정도는 괜찮지 않나? 아니라면 그만둬도 된다. 결정권은 나에게 있다.

STEP 4 **유**: 상대가 안전하다고 느끼면서도 수락할 만큼 유혹적인 제안은 뭐가 있을까? 초안을 적고 친구들에게 교차 검증을 받아봐도 좋다.

STEP 5 **부**: 메시지가 마련되었나? 보내라!

STEP 6 **거**: 이제 마음을 비우고 그냥 둬라!

5장
읽고 굽고 놀려라

마음에 드는 사람이 생기면 그 사람을 어떻게 놀릴지만 궁리한다. 이미 친하거나 불편한 사이, 솔직히 거슬리는 사람까지도 틈만 나면 놀리고 싶다. 어엿한 사회인이 되려면 그런 충동 같은 건 적당히 참는 게 좋다. 정중하고 안온/무해/다정한 태도를 갖추는 게 언제나 신상에 이롭다. 그러나 누군가를 놀릴 수 없다면 가짜 관계라고 생각한다. 게다가 팟캐스트를 하며 생각보다 많은 사람들에게 '놀림받고 싶다'는 욕구가 있다는 것, 누군가를 잘 놀리는 모습이 매력적으로 보일 수도 있다는 것까지도 알게 되었다. 물론 그러다가 고소당할 뻔한 적도 있지만, 정작 내가 놀림당할 때면 얼굴을 붉히며 짜증을 내거나 정색하고 복수를 다짐할 때도 있지만. 어쨌든 누굴 놀리는 것은 너무 재밌고 이만한 애정표현은 별로 없다는 입장이다.

코미디에는 '로스팅roasting'이라는 형식이 있다. 직역하면 '굽기'인데, 불타기 전의 아슬아슬한 주제로 슬슬 열받게 놀린다는 점에서 실제 굽는 행위와 비슷하다. 한국의 누리꾼 용어로는 '딜 넣다'°가 적절하게 대응된다. '딜'이 실제로 상대에게 타격을 줬을 때 '긁혔다'는 표현을 많이 쓰는데, 로스

° '데미지 딜링Damage Dealing을 줄여 표현한 한국식 게임 은어. 딜을 넣으면 데미지(손상)를 입히게 된다.

팅에서 긁히면 '탔다burnt'라는 표현을 쓴다. 대개 유명인이나 정치인을 놀리며 그에 대한 존경과 애정을 표현하는 경우가 많다. 조 바이든이 아직 미국 대통령일 때 백악관 만찬에서는 코미디언들을 초대해 로스팅 공연을 하라고 아예 판을 깔아줬다. 〈SNL Saturday Night Live〉에서 시사 코너를 진행하는 콜린 조스트의 로스팅 첫 농담은 이거였다.

"제 고등학교 때 사진을 자료화면으로 쓰다니 너무하네요. 바이든에게는 할 수 없는 짓이죠. 조가 고등학생 때는 (사진) 기술이 발명되기 전이었으니까요."

현직 대통령을 눈앞에서 놀리려면 얼마나 많은 고민과 홍보팀과의 소통이 필요할까? X-식민지 국민으로서 잘은 모르겠지만 하여튼 진짜로 문제가 될 만한 것에 대해서는 건드리지 않아야 한다. 이로써 바이든의 나이는 놀려도 되는 것으로 판명 났다. 바이든은…… 여든두 살이다. 그는 '고령 논란'에 대통령 자격을 의심받곤 했다. 하지만 이 농담에 약간 당했다는 표정으로 박장대소하는 그의 모습을 보면 나이가 많다는 건 '진짜' 문제가 아니게 된다. 그냥 웃어넘길 수 있는 사실이자 작은 약점이 되는 것이다. 수위가 강한 농담에도 웃은 로스티roastee(놀림당하는 사람)는 '난 이런 조크도 웃어넘기는 관대하고 유머러스한 사람이야!'라는 이미지를 대중에게 각인시킬 수 있다. 로스팅은 정치인을 한 나라의 통수권자나 걸어다니는 입법기관보다는 융통성 있고 재치 있는 개인으로 보이게 하는 정치 풍자에 종종 활용된다.

정치 풍자는 지적이고 고급진 장르로 인정되는 면이 있다. 일단 정치에 관심 있다는 느낌, '깨어 있는 시민' 느낌을 준다. 게다가 보고 웃기까지 한다면? 시사 상식에 통달해 이 농담을 이해한 데다 혼란한 정치적 상황에도 피식 웃는 멋진 내가 될 수 있다. 이 과정을 심지어 영어로 할 수 있다면? 나는 거의 매주 미국 〈SNL〉의 콜드오프닝과 위켄드 업데이트 코너를 유튜브로 본다. 짜잔, 제 얘기였습니다. 짱이죠? 미국 문화 애호가 한국인 영어 교사에게 박수! 감사합니다.

한편 여러 번 시도했으나 한 번도 웃는 데 성공하지 못한 프로그램은 〈SNL 코리아〉의 정치 풍자 스케치다. 현재 쿠팡플레이에서 미국 NBC의 판권을 받아 제작 중인 한국판 〈SNL〉의 정치 풍자는 대부분 실제 인물과 아주 비슷한 분장을 하고 말투를 모사하는 방식으로 이뤄진다. 나무위키에 인물을 검색하면 '논란' 탭에 있을 만한 단어를 반복하며 말장난을 한다. 예를 들어 이재명으로 분장한 권혁수 배우가 식당 꽁트에서 '명태회'°를 시키거나, 주변인들이 재명-혁수

° 윤석열 정부 선거 공천 개입 논란의 핵심 인물인 명태균을 떠올리게 하는 말장난.

에게 '사촌 짜장'°을 시키자고 긁는 식이다. '맑눈광이 간다!' 코너는 젊은 여성이 국회의원에게 '일반인의 잔혹한 질문'을 하는 인터뷰 콘셉트다. 주로 '밸런스 게임' 형태로 국회의원들에게 곤란한 선택을 하게 한다. 최근 김민석 더불어민주당 최고위원을 데려다놓고 이재명에게 〈흑백요리사〉식 별명을 지어준다면 '정치하는 돌아이'와 '대장동 마피아' 중 뭐가 낫겠냐고 질문한 것에서는 조금 헛웃음이 나왔지만 진심으로 재밌다고 생각한 농담은 없었다.

　미국산이 원조 진짜 맛집이고 국산은 가짜라는 얘기를 하려는 건 아니다. 물론 미국 문화에 대한 선망은 내 개인적 페티시라기보다 국가적인 현상에 가깝고 로스팅이라는 개념 자체도 미제이기 때문에 한국판에 대한 평가에 박할 수밖에 없기도 하다. 미국과 한국 〈SNL〉이 구사하는 풍자의 퀄리티 차이를 유의미하게 입증할 수도 있겠지만 그러려는 건 진짜 아니다. 나는 한국 정치 상황이 재료라면 누가 와서 어떻게 구워 삶아도 맛을 느낄 수가 없다. 내가 가장 좋아하는 유색인 퀴어 페미니스트 코미디언들이 우르르 몰려와서 초호화 예산으로 완전히 새로운 포맷의 코미디를 만든다고 해

° 사천 짜장을 일부러 틀리게 발음해, 이재명이 과거 변호사 시절 살인사건 가해자인 사촌 조카의 변호를 맡았던 일에 대해 언급한 것이다.

도 웃을 수가 없다, 한국 정치 상황이 주제라면. 나는 지금 대통령과 국회의원들이 웃음거리가 아니기를, 한 나라의 통수권자나 걸어다니는 입법기관으로 정확히 기능하기를 원한다.

2024년 12월 3일, 윤석열 전 대통령은 비상 계엄을 선포했다. 이 글을 쓰는 시점에서는 정치 풍자라는 것이 불가능한 상황이 아직 진행 중이다. 솔직히 이 시국에 코미디에 대해 쓰는 것이 무슨 의미인지도 모르겠다.

원고는커녕 어느 하나에 집중하지도 어디에 발붙이지도 못하고 설익은 쌀처럼 붕붕 흩어지는 느낌으로 지낸 며칠 동안 정치에 관한 농담이 아예 없었던 것은 아니다.

• **농담 1.** 2024년 12월 3일 밤 집회에서 국회를 떠나는 헬기를 보면서 현실감각이 전혀 없는 채로 서 있었다. 동행인 활동가가 들고 있던 페미니스트 깃발이 그의 여혐 보따리를 자극한 것인지, 어떤 아저씨가 지나가면서 외쳤다.

"이건 쥴리 계엄이라고 불러야 해! 쥴리가 대통령 옆에서 술 먹이고 조종한 거야!"

그러고는 웃었다. 스스로 대단히 재치 있다고 생각했을까? 여성과 성노동자 혐오를 한 큐에 해낸 고함에 속수무책으로 당하고 나니 정신이 돌아왔다. 맞다…… 탄핵 시위라는 거 이런 거였지. 시위의 문제점? 사람이 너무 많다. 근데 사람이 적으면? 시위라는 게 성립하질 않는다. 당연히 여성혐오자, 호모포비아들에게 노출될 위험도 커진다. 근데? 안 나갈 수는 없다. 걸어서 트라우마 속으로…….

• 농담 2. 같은 주 토요일 집회에서는 내가 아직 준비가 안 되었다는 생각만 반복했다. 인파에 떠밀리는데 숨쉬기가 너무 어려웠다. 여대 깃발을 든 20대 여성들이 밀지 말고 천천히 움직이라고 소리지르고, 중년 남성들이 어느 학교에서 왔냐며 기특하다고 말 거는 광경을 보니까 눈물이 났다. 이거 내가 아는 장면 같아. 아니 나는 전혀 모른다…… 겨우 빠져나가서 섹시 산타복으로 갈아입고 이태원으로 출근했다. 요즘 주말 저녁에 일하는 레즈비언 가라오케 바는 '10.29 안전과 기억의 길' 바로 옆 골목에 있다. 솔로파티를 진행하면서 농담을 던졌다.

"자격 없어도 연애하고 결혼할 수 있어요. 대통령 보세요. 저 오늘 옷 색깔 보고 오해하실 수도 있는데 아니에요. 오늘 탄핵 집회 다녀왔습니다."

1번은 불쾌했고 명백한 여성혐오 발언이다. 2번은 그냥 분위기를 띄워야겠어서 나오는 대로 뱉은 말이라 즐겁지는 않았다. 어떤 농담은 하고 나서도 뒷맛이 씁쓸하다. 별로 웃고 싶지 않았던 일을 무리하게 웃음거리로 만들고 나서 돌이켜보면 테이프 같은 걸로 상처를 대충 막았다가 떼어내는 느낌이 든다. 계엄 상황에서의 정치적 농담은 대부분 실패로 돌아갔다.

이 와중에도 진심으로 웃은 순간이 있었다는 걸 기록하고 싶다. 8일 저녁 집들이에서 친구들과 함께 아예 정치적 현실과 동떨어진 원고를 읽을 때였다. 계엄 사태에서 코미디 원고 쓰기가 얼마나 싫었냐면 친구들을 등장인물로 한 팬픽을 썼다. 챗지피티에 친구들의 단편적인 특징과 프로필을 넣고 시나리오를 써달라고 주문했다. 정말로 해야 할 일을 회피하기에 상당히 효과적인 방법이므로 추천한다. 팬픽의 내용과 대사는 너무 전형적이라 최악이었는데 은근히 실제 인물들의 특성과 공명하는 부분이 있어서 모두가 웃었다. 정성스러운 장난이 성공해서 진심으로 뿌듯했다. 이 시국에 코미디 기술을 활용한다면 친구들을 놀리는 데 써야 했다. 놀리기는 상당히 기술적인 장르고 아무한테나 하기에는 꽤나 품이 들기 때문이다.

놀리기가 깁give 주는 행위가 될 수 있다는 사실은 퀴어 커뮤니티에서 처음 배웠다. '깁 준다'라는 표현도 퀴어 용어이니 짚고 넘어가자. 왜 'give' 뒤에 '준다'를 동어반복하는

지? 베풀고 봉사한다는 의미를 굳이 두 번 반복할 정도로 강조하기 위해서다. 조금 남사스러운 이야기지만 레즈비언들끼리는 잠자리 성향을 이야기할 때 '깁give'과 '텍take'이라는 표현을 쓴다. 대개 신체적 기쁨을 상대에게 선사하며 본인의 기쁨을 누리는 쪽을 깁, 신체적 자극을 즐기고 퍼포먼스로 기쁨을 선사하는 쪽을 텍이라고 부른다. 남사스러운 이야기니 비밀을 꼭 지키도록.

재치 있게 놀리는 기술 자체가 재능이 되는 광경은 드랙퀸 서바이벌 프로그램 〈루폴의 드래그 레이스〉에 반복해서 등장한다. 이 프로그램에는 매 시즌 서로를 '리딩reading'하는 코너가 있다. 루폴은 '도서관 개장 시간'이라며 '〈파리 이즈 버닝Paris is Burning〉의 전통에 따라' 독서시간을 갖자고 제안한다. 〈파리 이즈 버닝〉은 유색인 성소수자 커뮤니티를 다룬 다큐멘터리다. 보깅, 드랙, 하우스, 볼 등 눈부신 퀴어 문화가 한창이던 1980년대 중반의 뉴욕을 배경으로 한다. 다큐멘터리의 해설자이자 드랙퀸 도리언 코리는 리딩에 대해 "모욕의 진짜 예술 형식"이라며 이를 퀴어 문화의 중요한 부분으로 언급한다. 해당 장면의 자료화면에는 부둣가에서 집적거리는 남성들을 살짝 유혹하면서도 '꾸짖을 갈' 중인 드랙퀸이 나온다.

"무슨 일 있어? 심리적 변화라도 겪는 중? 내 빛나는 피부 만져봐. 넌 감당 못 해. 너 같은 웃자란 오랑우탄은."

리딩은 '똑똑하게 틈'을 벌리는 행위다. 결점을 발견하고 과장해서 웃음을 만들면 된다. 리딩을 성공시키려면 다음과 같은 조건이 필요하다.

1. 상대를 잘 알고 관계를 파악해야 한다.

안타깝게도 놀림은 사회성 장르다. 놀려도 되는 결점은 뭔지, 절대 건드리면 안 될 부분이 있는지 상대에 대한 진중한 관찰과 기민한 판단이 필요하다. 상대가 가벼운 장난쯤은 웃어넘길 체력이 있는지, 취약한 상태인지, 어떤 하루를 보냈는지에 관심이 있어야 한다. 놀리는 사람과의 관계와 힘의 방향도 매우 중요하게 고려할 요소다. 언제든 사과하고 개선해나갈 여지가 있는 친구인지, 좀 어려운 친구인지, 사회적으로 잃을 것 없는 사람인지, 그에 비해 나의 위치는 어떤지 등을 고민하는 것이 좋다. 그야말로 '읽는' 과정이다.

2. 내부를 향하되, 차이를 드러내는 것이어야 한다.

〈파리 이즈 버닝〉에서 도리언은 리딩이 "게이 vs. 스트레이트 상황이라면 성립하지 않는다"고 말한다. 리딩의 대상은 커뮤니티 내부, 혹은 임시로라도 내부에 포섭하고자 하는 상대를 향한다. 우정을 돈독하게 하는 '인사이드 조크'를 지향하는 한편, 공통점만으로는 놀림감을 찾을 수 없다. 나에겐 있지만 상대에게는 없는 것, 혹은 상대만 가진 특별한 지점을 짚어내야 리딩이 이뤄진다.

3. 웃게 해야 한다.

리딩도 여느 코미디처럼 결과 중심적인 성격을 띤다. 웃음을 만들지 못하고 분위기를 싸하게 만들 뿐이라면 리딩이 아니라 실패한 막말이 된다. 농담의 소재가 된 바로 그 사람이 조금 긁히더라도 그곳에 있는 누군가는 웃어야 한다.

《제가 참사 생존자인가요》를 쓴 김초롱 작가의 북토크에 동료 코미디언과 함께 참석한 적이 있다. 그날 '놀리기'에 대해 김초롱 작가가 했던 말이 오래 남았다. 참사 이후, 혼자 밥을 먹으며 〈무한도전〉을 틀어놓았다가 작가는 문득 깨달았다고 한다. 요즘은 아무도 자신을 놀리지 않는다는 걸. 그 가볍고 장난스러운 행위가 너무 그리웠다는 것이다. 이 얘기를 듣고 동료와 나는 한참을 고민했다. 누구를 어떻게 놀릴지, 무엇을 농담거리로 삼지 않을 것인지. '이걸로는 절대 못 웃긴다'는 소재로도 끝내 웃기고 싶은 대상, 혹은 잠시라도 넘어서고자 하는 주제가 있는지. 우린 왜 이렇게까지 하는지. 앞에서도 말했듯 이건 굳이 안 해도 되는 업보 쌓는 행위다. 그래도 어떤 사랑은 위험을 감수해야만 가능하다. 이 혼란 속에서도 농담이라는 사치스러운 행위를, 서로 읽고 긁고 굽고 태우는 침범을, 사과와 용서와 회복까지도 허용해주는 관계와 공동체가 당신에게 있기를 기원하며. 아직 없어도 괜찮다. 이걸 끝까지 쓰고 읽었다는 것만으로도 우리가 대충 비슷한 걸 나눴다고 간주하겠다.

익힘책 4. 로스팅 실전 가이드

누군가를 놀리는 일은 그에 대한 최고의 애정표현이 될 수도 있다. 가능성을 강조하는 이유는 만약 실패한다면 크게 망할 수도 있기 때문이다. 남들은 절대 건드리지 않는 상대의 치부를 내가 알고 있다는 건 관계의 친밀도를 보여주기도 한다. 그러나 어떤 사람 앞에서 어떻게 노출할지에 대한 치밀한 계획이 필요하다. 이 사람이 언제부터 기분이 나빠질지, 얼마나 받아들일 준비가 되었는지 가늠하는 것도 중요하다. 넷플릭스에서 〈조나스 브라더스: 패밀리 디스전〉이나 〈대동단결! 톰 브래디 놀려먹기〉를 보면 로스팅이 뭔지 알 수 있다. 〈루폴의 드래그 레이스〉 각 시즌의 로스팅 에피소드만 골라 보는 것도 도움이 되겠다. 한국어로 된 로스팅은 유튜브채널 〈피식대학〉의 '긁' 시리즈와 〈빠더너스〉의 '딱대' 시리즈를 보면 된다. 내가 직접 관람한 최고의 로스팅 스탠드업 코미디는 이슬아 작가의 결혼식에서 펼쳐진 양다솔 작가의 퍼포먼스였다. 유튜브에서 공연 영상을,º 양다솔의 책 《적당한 실례》 부록에서 대본을 확인할 수 있다.ºº

º 유튜브채널 〈이슬아〉, '이슬아 이훤 결혼식 (2023.10.07.)' 41분 25초부터, https://youtu.be/YnOq3pppHfA?si=nzfwGrzAm2Oqnthl&t=2485
ºº 양다솔, 《적당한 실례》, 은행나무, 2024. 북펀딩 선착순 한정으로 제공된 부록 《스탠드업 코미디 대본집》에 〈친구를 축원하는 농담〉이 수록되어 있다. 비매품인데 내가 가지고 있으니 북토크에 오셔서 말씀하시면 그다음 북토크에서 빌려드리겠다. 그러니까 북토크에 총 두 번 오셔야 빌릴 수 있다. 내가 까먹지 않는 경우에…….

로스팅 작성 가이드°°°

STEP 1 읽기

놀리기 전에는 상대를 탐독하듯 관찰하는 시간이 필요하다. 나는 코미디언 원소윤한테 놀림받고 싶어 그를 팟캐스트 〈생방송 여자가 좋다〉 행사 오프닝 공연에 섭외한 적 있다. 그는 우리를 제대로 까기 위해 전체 에피소드를 두 번이나 반복해서 들었다.

- 로스트 대상의 특이한 습관, 많은 사람이 알고 있는 일화, 나만 아는 일화를 떠올려보자.
- 대상의 외모나 성격에 관한 명백한 사실을 사용하자. 처음 보는 사람도 파악할 만한 그의 특징은 무엇인가? 이때는 많은 이가 공감 가능한 포인트를 잡는 것이 좋다. 아무도 모르는 소재를 사용하면 그 일화를 소개하느라 모든 시간을 쓰게 된다. 이래서 유명한 사람을 로스팅하는 케이스가 많은 것이다.
- 대상이 절대 언급하지 않는 민감한 부분도 생각해보자. 얼마나 건드려야 아슬아슬할지 파악할 만큼 그에 대한 애정과 관심이 있어야 한다.
- 나와 그가 어떤 관계에 있는지 둘 사이 힘의 관계를 파악해보자. 얼마나 놀려도 될까? 괴롭힘이 되진 않을까?

°°° 다음의 글을 참고했다. James D. Creviston, 〈How to Write and Perform a Comedy Roast〉, 《Comedypreneur》, https://www.comedypreneur.com/how-to-write-and-perform-a-comedy-roast/

STEP 2 대본 구성하기

로스팅의 기본 구성은 다음과 같다.

- **셋업-미스디렉션-펀치라인**: 칭찬-디스의 구조라고 생각하면 된다. 겉보기에는 존경, 호감, 감탄처럼 "오? 좋게 말하네?" 안심하는 반응이 나올 만한 문장으로 밑밥을 깐다.(셋업) 그다음 그와 관련된 긁힐 만한 이야기로 비틀어(미스디렉션) 뒤통수를 친다.(펀치라인)
- **과장**: "○○이는 답장이 느려요. 거의 중세시대에 살고 있죠." 이런 식으로 말도 안 되게 부풀리는 방식이다. 과장하는 로스팅의 대표적인 예로 'Yo mama' 조크라는 게 있다. 해석하자면 '네 엄마' 농담인데, '너네 엄마는 너무 ___해서 ___하다'의 형식으로 이뤄진다. 한국 누리꾼 사이에서 비슷한 예시로는 '느개비' 농담이 있다. 가장 유명한 건 이거다. "느개비 최종 학력 피자스쿨."
- **비교, 비유**: 의외성이나 기발한 연결로 웃음을 만드는 방식이다. 코미디언 대니초는 어느 날 '너무 위험하게 커진' 고환 한쪽이 음낭수종인지 확인하기 위해서는 어두운 방에서 빛을 비춰보아야 한다는 사실을 알게 된다. 아래쪽에 휴대폰 플래시를 비추어본 경험에 대해 그는 이렇게 표현한다. "무드등이었어요. 무드등."° 솔직히 어딘가에는 고환이 아닌 대상을 비유하는 더 나은 예시가 있겠지만 그 영상을 보고 나면 무드등밖에 생각이 안 난다.

° 대니초, '코리안드림-무편집 세트-2. 음낭수종', 유튜브채널 〈Danny Cho 대니초〉, 2024년 5월 10일, https://www.youtube.com/watch?v=jZAEO5GX8gM

- ♣ **셋업**Setup: 농담의 맥락, 배경, 기대감을 만드는 부분. 관객이 '앞으로 뭐가 나올까?' 하고 예상하게끔 만드는 부분.
- ♣ **미스디렉션**Misdirection: 관객의 예상을 엉뚱한 방향으로 유도하는 장치. 관객이 기대하는 방향과 실제 결말 사이에 괴리를 만드는 핵심.
- ♣ **펀치라인**Punchline: 그 괴리를 폭로하거나, 틀린 예상 위에 진짜 의도를 얹으며 웃음을 유도하는 결정타.

STEP 3 리허설과 공연에서

대본을 다 썼다면 이제 시작이다. 대본은 잠정적인 재료고 내 표정, 발음, 말투, 호흡, 리듬, 제스처로 무대에서 살아난다. 문장은 완성품이 아니라 퍼포먼스의 트리거일 뿐이다. 여러 번 혼자 리허설하면서 입에 붙이고, 가능하면 셀프 카메라로 모니터링도 해보고, 친구에게 영상통화를 걸어 보여주기도 하라.

- **타이밍**: 펀치라인 전후로 잠시 멈춰서 관객이 생각할 시간을 주거나 웃을 시간을 확보한다.
- **상대의 표정과 보디랭귀지 체크**: 로스팅당하는 상대가 불편해 보이면 바로 우회하거나 실패를 인정하는 멘트를 덧붙이는 유연함이 필요하다. 관객의 반응을 살피는 것도 중요하다.
- **자신감 있는 전달**: 어정쩡하게 말하면 아무리 재밌는 농담도 안 먹힌다. 똑바로 서서 또박또박 말하라. '웃기다고 믿는 태도'로 일단 밀어붙여라. 나중에 수습해도 된다.

♣ **마무리 팁**: 관객들은 보통 아름다운 마무리를 기대한다. 그러니 여기서 한 번 더 꺾을 기회를 노려도 된다. 나는 양다솔 작가의 축사 마지막 부분을 참 좋아한다. 조금 옮겨 적겠다.

"**[감동적인 사랑과 존중의 멘트]** 제가 몇 년째 스탠드업 코미디언 아니라고 입장을 분명히 하고 있는데도 여전히 고집스럽게 저를 코미디언이라고 부르는 두 분을 위해 오늘 하루만 임시 개장했습니다. 두 친구가 그렇게 말하는 동안에는 그 말이 현실이 되거든요. 저는 그 세계의 자발적 주민입니다. 그 세계가 오래도록 건강하게 번영하는 것이 저의 삶이기도 합니다. 둘의 새로운 세계를 진심으로 축하합니다.

[마지막 펀치라인] 그래서 우리 신혼여행 어디로 간다고?"

[연습문제] 로스팅 실전

- **읽기: 대상을 관찰하자**
— 내가 놀리고 싶은, 놀려도 되는 대상은 누구인가?
— 그 사람의 특징, 습관, 자주 쓰는 말, 외모, 스타일 등 관찰 가능한 정보는 무엇인가?
— 그 사람이 어떤 점에 대해 민감하게 반응할까?

- **굽기: 셋업-미스디렉션 문장을 써보자**
  '칭찬인 줄 알았는데 디스였네?' 구조로 문장을 만들어보자.
  예시) "얘는 진짜 성실해요. 하루 종일 사람을 피할 수 있을 정도로요."

- **불태우기 ①: 과장하자**
  상대의 특성을 매우 과장하여 사실이 아닌 문장을 써보자.

예시) "얘는 내향적이에요. 사실 저는 가장 친한 친구가 아닙니다. 결혼식 축가를 택배 기사님이 부르셨거든요."

- **불태우기 ②: 비교, 비유해보자**

  상대의 특성을 비유를 활용하여 표현해보자.

  예시) "제가 피드백을 줄 때 얘는 아이팟 맥스예요. 노이즈캔슬링 성능이 좋거든요."

- **테스트: 소리내서 읽어보자**

  친구들 앞에서 리허설을 해볼 수 있다면 좋다. 단, 당사자가 그 자리에 없을 경우 뒷담이 될 수 있으니 주의하자.

가짜라서 더 좋은 친구를 사귀어라

"안녕하세요, 챈들러입니다. 불편할 때 농담을 하죠."

최고의 자기소개다. 격식 있는 자리에서 '챈들러' 대신 본인 이름을 넣어 사용해보길 권한다. 챈들러는 시트콤 〈프렌즈〉의 백인 여섯 명 중 가장 시니컬한 유머를 구사하는 캐릭터다. 낯선 사람들과 있을 때 사회성이 조금 떨어지는 챈들러가 악수로 인사를 건네는 이 장면은 나에게 어떤 시절의 시작을 알리는 기억으로 남아 있다. DVD를 잠시 멈춰두고 챈들러의 발음과 자세를 따라 했다. 번듯한 정장을 입고 사회적인 미소를 지으면서 그때 마땅히 할 말이 전혀 아닌 말을 해버리기, 어른이 되어 할 일 목록에 추가했다.

텔레비전 쇼 〈프렌즈〉는 1994년 첫 방송 이래로 10년간 전 세계에 엄청난 팬덤을 만들었다. 얼마나 대단했냐면, 종영할 때쯤 겨우 알파벳을 쓸 줄 알게 된 충북 제천의 1993년생에게도 엄청난 화제였다. 나는 당시 엄마가 강의하던 대학교 도서관에서 〈프렌즈〉 DVD를 빌려 봤다. 어떤 에피소드를 틀어도 관객들의 웃음소리가 함께 들렸다. 그 작위적인 웃음이 왜 거기서 터지는지 궁금했다. 저기서 왜 웃지? 저게 왜 웃긴 거지? 나도 뉴욕의 저 멋진 사람들 사이에서 웃는 기분을 느끼고 싶었다. 그러면 덜 외로울 것 같았다. 그 왁자하고 즐거운 곳에 함께하는 방법은 간단했다. 화면 속의 여섯 명을 모조리 사랑해버리면 되었다. 개개인에게 살뜰한 관심을 갖기 시작하면 그들이 뭘 해도 조금은 웃기게 되니까. 〈프렌즈〉를 보기 시작한 이후로 내가 영어를 공부한 이유는 그들이 무슨 말을 하는지, 관객들이 왜 웃는지를 이해하기 위함이었다.

나는 〈프렌즈〉의 여섯 인물 중에서도 챈들러의 유머감각을 유독 좋아했다. 시트콤의 캐릭터들은 대부분 성실히 본인 스스로가 되는 것만으로도 웃음을 유발하는데, 챈들러의 대사들은 상황을 관조하고 비꼬는 것이 많다. 챈들러는 그 야말로 '굳이 농담하는' 캐릭터다. 챈들러를 연기한 배우 매튜 페리는 "침묵을 못 견뎌서 농담으로 무조건 그 순간을 깨트려야 하는" 것이 본인과 캐릭터의 공통점이라고 말했다. 페리에 의하면 챈들러는 "진짜 고통을 감추는 사람", "장면이 끝날 때쯤 농담을 던지며 방금 일어난 일을 논평하는 사람", "〈리어 왕〉의 바보 광대처럼 대뜸 진실을 말하는 인물"이다.°

로스(고생물학자), 조이(배우), 레이첼(패션인), 모니카(요리사), 피비(마사지사, 예술가)와 비교하면 챈들러의 직업

° 매튜 페리, 《친구와 연인, 그리고 무시무시한 그것》, 송예슬 옮김, 복복서가, 2024, 160쪽.

(통계 관련 사무직)은 좀 시시하다. 웃기는 것에 목숨 거는 사람 치고 너무 재미없는 직업 같다. 아니, 직업이 재미없으니 목숨 걸고 농담을 하는 걸까? 챈들러는 매일 같은 곳으로 출근해 회색 사무실 블록 안에서 넥타이를 매고 9시부터 6시까지 일한다. 몰래 담배를 피운 다음 구강스프레이인 줄 알고 방향제를 입에 뿌릴 정도로 스트레스를 받으며 일한다. 무슨 일을 하길래? 남의 할머니 이름부터 우편물의 잘못된 수신인 표기까지, 서로를 속속들이 아는 친구들도 챈들러의 직업만은 정확히 뭔지 모른다.

챈들러는 일상의 많은 시간을 누가 알아봐주지 않아도 견딘다. 누가 안 봐줘도 견디는 행위는 내가 제일 못하는 거라서 챈들러가 더 좋다. 나는 유독 돈 버는 일에 대해서 징징대는 편인데 특히 아침에 일어나서 회사까지 가는 그 시간이 참 힘들고 외로웠다. 그 시간에 돈 벌러 꾸역꾸역 나가는 나를 누군가 봐줬으면, 가여워해주면 좋겠다는 마음이 들었다. 차라리 〈트루먼 쇼〉처럼 내 삶이 생방송되고 사람들이 코멘트를 해준다면. '쟤 오늘도 머리 안 감았네, 또 늦었네.' 이런 악플이라도 있으면 덜 외로울 것 같았다.

지금 만나는 여자친구를 좋아하는 이유 중에는 그가 직업을 대하는 태도가 챈들러적이라는 데에도 있다. 언니는 그 전날 무슨 재미난 일이 있었어도 정해진 시간에 벌떡 일어나서 똑같은 모습으로 터벅터벅 출근한다. 그 시간에 외로운 마음이 들지 않냐고 물었더니 아주 어렸을 때, 유치원생이나 초등학생 시기에 그런 생각을 많이 했다고 답했다. 나는 괜히 찔려서 공격적으로 되물었다. 내가 그렇게 유아퇴행적인 감정을 느끼고 있는 거냐며, 지금 유치원생이나 느낄 감정을 서른 살 다 돼서 징징대고 있다는 거냐며. 언니는 그게 아니라 유치원 때부터 외롭지 않았냐는 질문을 듣고 싶었던 것 같다고, 고맙다고 말했다. 예민한 여성들을 여러 번 달래본 경력직의 대답이었다.

챈들러는 내가 퀴어 정체성을 알게 된 후로 더 애정을 갖게 된 인물이기도 하다. 그는 누가 봐도 해결 안 된 어린 시절의 문제들을 안고 있다. 이혼한 부모, 무려 드랙퀸인 아버지, 낮은 자존감 등. 그의 트라우마를 일시적으로 방어하는 방식이 농담이 아니었을까 상상하게 되는 것이다. 이해되지 않는 세상이나 봉합되지 않은 상처를 농담으로 넘기는 것은 퀴어들에게 익숙한 장면이다. 전역 후 트랜지션한 친구가 군생활에 대해 이야기할 때 폭탄 해체 작업에서 리본 매듭을 예쁘게 묶었다고 농담하듯이. 퀴어 친구들과 자조적인 농담을 하며 사회에 꾸역꾸역 맞추느라 힘들었던 나날을 그럭저럭 넘긴 걸 떠올린다. 웃기거나 웃어버리는 행위는 어떤 상황을 그나마 견딜 만하게 해준다. 실제로 별로 괜찮지 않고 인생은 쉽게 괜찮아지지 않지만 자조적인 농담으로 웃기거나 웃어버리면 어쨌든 좀 더 버틸 수 있게 되니까.

인생의 에피소드들은 작위적인 웃음과 함께 웃어넘길 수 있는 추억으로 마무리되지 않는다. 나의 '지금, 여기'는 대체로 고통스럽다. 존재통에서 벗어나고 싶은 사람들은 이야기를 찾고, 이야기는 우리를 다른 곳으로 데려간다. 시트콤은 일상으로 위장하고 있기 때문에 더 강력한 판타지를 제공한다. 머나먼 우주, 한시가 급한 전문직들의 일터가 아니라 수상할 정도로 모두가 같은 곳을 바라보는 식탁이라든지 소파가 배경이다. 현실에 더 가까워 보이는 교묘함 때문에 시트콤의 세계가 완전한 진공상태의 가짜라는 사실은 자주 잊힌다. 저렇게 밀도 높은 농담으로 가득 찬 대화는 현실에서는 일주일에 한 번도 잘 이뤄지지 않는다는 사실, 누군가에겐 평생에 한 번도 없을 거라는 사실이 가려지는 것이다.

〈프렌즈〉 시즌1에서 10까지 챈들러를 연기한 매튜 페리의 외모는 눈에 띄게 달라진다. 당대 가장 많은 돈을 번 텔레비전 스타라기엔 때깔이 안 좋을 때가 꽤나 있다. 외모 평가 죄송하지만, 체중이 너무 불어 보인다거나 엄청 피곤해 보인다. 종영하고 나서야 쇼를 보기 시작한 나로서는 매튜 페리가 〈프렌즈〉 촬영 당시 약물과 관련된 문제를 겪었다는 이야기를 언뜻 듣고 넘겼을 뿐이다. 그러다가 챈들러가 죽었다. 사실 챈들러를 연기한 배우 매튜 페리의 죽음이지만 전 세계 〈프렌즈〉 팬들은 챈들러가 농담하거나 인사하는 모습을 영상 클립으로 만들며 애도를 표했다. 애도 문구에는 대부분 "친구를 잃었다"는 표현이 들어 있었다. 딱히 배우 자체의 팬이라고 하긴 애매하지만 매튜의 죽음은 꽤나 길고 강하게 나에게 영향을 미쳤다. 나는 정말 친구를 잃은 것처럼 며칠간 공허하고 슬펐다.

시트콤의 캐릭터는 배우를 통해 재현된다. 당연하다. 그게 배우가 하는 일이니까. 그런데 시트콤이라는 장르의 특성은 배우의 역할을 좀 더 강화한다. 짧게는 2~3년에서 길게는 10년이 넘는 시간 동안 같은 인물이 일상을 반복하기 때문이다. 배우는 실제 삶의 3분의 1에 해당하는 기간 동안 자신의 몸으로 그 캐릭터에 드나들어야 한다. 사람들이 '매튜 페리=챈들러 빙'으로 기억하는 시간은 더 길다. 오랫동안 한 쇼를 보다보면 배우와 인물을 동일시하게 된다. 나는 얼마 전에도 동창 김수민의 근황에 대해 말하듯이 이랬다. "야, 조이랑 매튜 〈리유니언〉 쇼에서 진짜 할아버지 됐더라. 피비가 제일 자연스럽게 나이 든 것 같다." (드라마 〈밴드 오브 브라더스〉를 보며) "뭐야! 로스다!!"

시청자들은 배우-인물과 함께 극 안의 끝나지 않는 시간을 반복한다. 매튜 페리의 중독 문제가 심각해지고 도저히 인간이 생존할 수 없는 양의 약물을 복용하던 때에도 전 세계의 어떤 화면에서는 챈들러가 냉소적인 유머를 구사하는 20대 혹은 사랑하는 반려를 찾은 30대의 모습으로 재생되고 있었다.

〈프렌즈〉 시즌 피날레의 마지막 대사는 챈들러의 실없는 농담이다. 그들이 10년간 이사와 동거를 반복하던 아파트를 정리하고 나오며 "커피나 마실까?"라고 묻는 말에 챈들러는 대답한다. "그러자." 그리고 완벽한 타이밍에 덧붙인다. "그런데 어디서?" 그들은 10년간 같은 커피숍 같은 자리에 앉아 있었다. 나는 그 대사를 듣자마자 다시 시즌1의 첫 번째 에피소드를 재생할 수 있다. 실제로 여러 번 그랬다. 할리우드 슈퍼스타가 되기 직전의, 캐스팅된 지 얼마 되지 않은, 앳되고 안쓰러울 정도로 마른 청년이 그 커피숍에 앉아 있는 장면으로. 매튜 페리가 중독-재활-재발을 반복하던 실제 삶의 시간과 극중의 시간, 유년기에 DVD로 〈프렌즈〉를 시청하던 시간과 넷플릭스(혹은 쿠팡플레이)에서 시청하는 지금의 시간이 뒤섞인다.

영화 비평가 A.S. 함라는 "영화와 TV의 결정적인 차이는 영화에는 결말이 있다는 것"이라고 말했다. 그는 "비슷한 경험을 반복하게 만드는 것이 TV의 특징"이고, "끝이 없는 것에는 어딘가 유아적이고 미성숙한 구석이 있다"고 말했다.° 내가 이래서 영화 좋아하는 사람들을 별로 안 좋아한다. 게다가 비평가? 더 싫다. 작가 그래프턴 태너는 "과거의 진가를 알려면 그것을 추억으로 만들어야 하고, 그러기 위해서 어떤 인연은 끊어지기도 해야" 한다고 말했다.°° 역시 작가도 별로인 것 같다. 나는 누구와도 헤어지고 싶지 않아서 시즌이 많은 시트콤을 계속 계속 틀어놓는다. OTT와 DVD에서 〈프렌즈〉는 끝나지 않는다. 매튜 페리가 죽어도, 배우들이 어떤 새로운 작품에 참여해도 나한테는 〈프렌즈〉 걔네들이다. 유아적이고 미성숙한 구석이 있는 행위를 해야만 살 수 있는 사람이 있다던데? 그 사람이 바로 나예요…….

시트콤 시청은 무엇보다 인물들과 우정을 맺는 과정이다. 지금 내게 확실한 것은 이 타임라인 혼동의 반복을 거쳐 챈들러는 내 친구가 되었다는 사실이다. 텔레비전 속에 친구가 있는데 어떡해요! 내가 추천한 시트콤을 시작했다가 "도저히 못 보겠던데……"라고 말하는 친구에게 "시즌1만 버텨 봐……"라고 말하는 이유이기도 하다. 에피소드 열 개 이상의 시간 동안 실패와 좌절을 반복하면서도 각종 웃음으로 회피하는 캐릭터들을 견디고 나면 정이 안 들긴 어렵고, 정이

°   그래프턴 태너, 《포에버리즘》, 김괜저 옮김, 워크룸프레스, 2024, 36쪽.
°°   같은 책, 36쪽.

들면 쇼가 재미없기는 쉽지 않다. 파일럿과 시즌1을 넘긴 제작사의 사정이 더 나아지는 측면도 물론 있다. 평생 미국 시트콤은 본 적도 없다가 내 성화에 못 이겨 최근 미국 시트콤 한 편의 정주행을 마친 친구 아키나는 블로그에 이렇게 썼다.

금개는 항상 시즌1을 견뎌야 한다고 말했지만 한 번도 그 말을 듣지 않았는데 시즌제 시트콤은 반드시 시즌1부터 봐야 한다. 시트콤에 나오는 인물들은 각자 그 자신이라는 이유로 정말 최악이고 고쳐 쓰려야 고쳐 쓸 수 없는 사람들이다. 근데 그 최악의 인물들에게 서사가 부여되면서 그들은 여전히 최악이지만 그렇기 때문에 매력적이고 사랑할 수밖에 없는 사람들이 된다. 이 최악의 인물들은 현실 회피의 액셀을 320킬로미터로 밟다가 아주 찰나의 순간에 자신이 최악임을 솔직히 인정하거나, 돌발적으로 진심을 냅다 고백해버리거나, 기꺼이 다른 (최악의) 사람을 도와준다. 심지어 어떤 때는 그 최악의 것이 그 사람의 가장 탁월한 재능이었음이 드러나기도 한다. 이는 딱히 교훈적인 방식으로 이뤄지지 않는다. 아주 단호하고, 건조하고 가장 확실하게 일어난다. 모두가 영원히 최악일 것이지만, 이 순간 우리는 최악의 인간들과 사랑에 빠져버린다.

금개는 상당히 회피적이고 모든 걸 농으로 넘겨버리고 싶은 욕망에 쉽게 사로잡히는 인간이다. 그러면서도 그는 다른 이의 탁월함을 발견하는 데 가장 능한 사람이기도 하다. 그는 애석하게도 최악의 인간에게서도 어떤 탁월함을 발견해버리고 심지어 사랑에 빠지고 만다. 진심 어린 순간에 알러지 반응을 일으키는 인간이 동시에 금사빠라는 것은 나에게 항상 미스터리였는데, 요 며칠의 경험으로 그것은 시트콤이 그를 키웠기 때문이라는 것을 알게 되었다.

시트콤은 "팍팍한 일상에 웃음을~" 따위가 아니라 이 세상 모든 최악의 인간들에게 제대로 사랑하고 성장하는 법을 가르치는 방과 후 수업 같은 것이다. 아주 어릴 때부터 방과 후 수업으로 시트콤을 수강한 금개가 어쩔 수 없이 누군가의 장점을 자꾸만 발견해버리는 것은 너무 당연한 일일지 모른다. 그래서 그는 자신이 최악의 인간이라는 것도 인정할 줄 알고 최악이라고 소리질렀던 최악의 인간을 다시 사랑할 줄도 안다.

아키나가 말하는 '최악의 인간'들은 아마 시트콤 작법에서 '몬스터 캐릭터'에 해당하는 인물들일 것이다. 몬스터 캐릭터의 특징은 다음과 같다.

- 과장된 성격(자기애, 자격지심, 우월감, 무례함, 과잉 감정)
- 자기인식은 있으나, 해결 능력이 없어서 계속 실패함
- 부끄러움을 모르고, 말하지 않아야 할 것을 말해버림
- 드라마를 유발하며 서사 생성의 원인이 됨

〈오피스〉로 치면 데이비드 브렌트(영국판)와 마이클 스콧(미국판), 〈브루클린 나인-나인〉으로 치면 제이크 페랄타, 〈프렌즈〉의 경우 여섯 명 전부 해당하지만 특히 로스와 레이첼이 주인공이자 몬스터 캐릭터에 해당한다. 이들은 부적절하기 때문에 정말 웃기다. 그리고 나는 항상 이들과 대비되는 '노멀 캐릭터'(〈오피스〉에서 짐과 팸)보다는 몬스터 쪽이 되고 싶었다. 추구미가 무려 몬스터이다보니 현실에서 '제대로 된' 우정을 맺기가 쉽지 않았다.

아키나는 근 9년간 가장 가까이 지낸 친구인데 최근에 진지하고 단호하게 이렇게 말했다.

"금개는 우정 맺는 일에 서툴잖아."

나는 크게 반발했는데, 맞는 말이기 때문이다. 난 늘 모두와 친구가 되고 싶었지만 상대가 만족할 만한 우정을 선사하는 데는 일생에 걸쳐 실패해왔다. 우정의 원형이 시트콤 친구들과의 관계라서 그렇다고 변명해볼 따름이다. 내가 원할 때만 화면 너머로 만나고, 웃기기 위해 만들어졌으므로

웬만하면 감당 가능한, 어떻게든 좋아질 결함 정도만 가지고 있는 시트콤 캐릭터를 좋아하듯 현실의 사람들을 가벼운 마음으로 좋아해버린다. 타인의 개별성에 쉽게 매혹되지만 그가 시트콤 캐릭터가 아니라 현실의 인간이라서 가지고 있는 여러 면을 천천히 받아들이고 오래 관계를 맺는 일이 어렵다. 하지만 그렇게 빠져버리는 사랑은 사랑이 아니라고 할 수 있는지? 내 친구들이 진짜 친구가 아니라고 할 수 있는지?(누구한테 물어보는지……)

나는 시트콤이라는 진공상태의 스노우볼을 하염없이 바라보는 게 좋다. 시트콤을 보며 왁자하고 어이없는 시간을 보내고 나면 그 안의 인물들과 친구가 된다. 몬스터든 노멀이든 그들이 최악이고 실패하는 그대로 사랑하게 된다. 내 문제를 똑바로 마주할 용기가 나지 않을 때 나는 거의 모든 순간이 농담으로 이뤄진 20분짜리 영상을 틀어놓는다. 도무지 끝나지 않는 소란 속의 인물들에게로 도피한다. 에피소드 사이의 테마송을 흥얼거리며 안정을 찾고, 비슷한 장면에 또 웃는다. 그렇게 순환하는 비생산적인 시간을 보내고 나면 화면 밖 현재에 발붙일 힘이 생기기도 한다. 내 삶의 문제들도 시트콤의 에피소드라고 생각하면 조금 웃기게 느껴지기 때문이다.

쉴 새 없이 보고 들으며 뇌의 공백을 최소화하는 나에게 시트콤은 가장 친숙한 언어다. 스스로의 생각과 단둘이 남겨지는 게 세상에서 가장 공포스러운 회피형이자 길게 집중하기가 어려운 ADHD에게 이만한 시청각 자극은 없다. 아주 잘 짜인 20분의 농담을 긴 세월 동안 반복하기, 가장 중요한 단 한 가지를 피해 실없이 농담하는 인물들과 친구 되기. 우당탕탕 마무리되는 가짜의 진짜 세계를 만들어내는 작가들을 동경하기. 언젠가는 친구들과 시트콤을 만들 것이다.

익힘책 5. 시트콤 연습°

시트콤은 시추에이션 코미디Situation Comedy의 줄임말이다. 상황에 종속되어 나오는 웃음이라는 뜻이다. 내 삶에서 상황을 찾아내 각색하여 시트콤처럼 만들어보자.

STEP 1 세트장 설정

내가 벗어날 수 없다고 느끼는 상황은 언제, 어디인가? 혹은 불편하다면 얼마든지 끊어낼 수 있는 관계에도 '트랩'을 설정할 수 있다. 예를 들어, 〈오피스〉는 돈을 벌기 위해 어쩔 수 없이 매일 아침 9시부터 저녁 6시까지 한 공간에 있어야 하는 제지사 사무실이 배경이다. 〈굿 플레이스〉에서는 서로 싫어하는 이웃인 인물들이 각자의 거짓말을 들키지 않기 위해 어쩔 수 없이 친한 척해야 하는 상황이 펼쳐진다.

가장 자주 등장하는 메인 세트를 정하자. 이들이 드나드는 출입구는 어디로 이어지는가? 등장인물들이 들락날락하는 동선이 희극의 핵심 공간이 된다.

° 시트콤 작법에 관한 정보는 전부 다음의 온라인 강의를 참고했다. Marc Blake, 'Unit 2: How Not to Write a Sitcom', 〈Stand Up!: Comedy Writing and Performance Poetry〉, University of Cambridge, edX, 강의 코드: 2021EDX007. https://www.edx.org/course/stand-up-comedy-writing-and-performance-poetry

> **STEP 2** 캐릭터 유형

시트콤에서는 각각 다른 방식으로 이상한 사람들이 어쩔 수 없이 함께 있으면서 자연스럽게 웃음을 만든다. 시트콤 인물관계에서 기본 구조라고 여겨지는 두 가지 조합을 소개하겠다. 각각의 캐릭터 분류를 보며 주변인 중에서 떠오르는 사람이 있다면 어떤 역할을 할지 정해주자.

- **몬스터-포일-노멀 캐릭터**

유형	설명	떠오르는 주변 인물
몬스터 Monster	과하고 자기중심적이며, 늘 사건을 일으키는 인물.	
포일 Foil	몬스터를 받아치거나 몬스터와 대비되는 인물. 상대를 통해 자신도 드러남.	
노멀 Normal	'유일하게 멀쩡한 사람'으로 보이지만, 결국 다르지 않은 인물.	

- **권위자-야망가-바보 캐릭터**

유형	설명	떠오르는 주변 인물
권위자 Boss	규칙을 만들고 감시하며 통제하려는 인물.	
야망가 Striver	뭔가 더 이뤄내려 하며, 계속 계획을 던지는 인물.	
바보 Fool	의도치 않게 혼란을 초래하는 인물. 해맑고 예측 불가하다.	

- 이들은 각각 어떤 성격이며, 서로 어떤 관계를 맺고 있는가?
- 이름, 말투, 성격, 대화 스타일 등을 간단히 상상해보자.

STEP 3 캐릭터 설정

캐릭터가 살아 움직이려면 다음 네 가지 질문에 답할 수 있어야 한다. 위에 떠올린 인물 각각에 대해 아래의 질문에 대해서도 고민해보자.

- 무엇을 원하는가?
- 어떤 결핍이 있는가?
- 사건에 어떻게 반응하는가?
- 누구와 계속 엮이게 되는가?

STEP 4 변화의 가능성

시트콤에서는 문제가 해결되지 않고 캐릭터들의 특성이 반복된다. 그러나 여러 시즌이 지나고 나서 어쩌다 한 번쯤, 아주 조금 변화할 때가 있다. 위에 떠올린 인물들이 시트콤 주인공이 되었다고 상상하고, 아래 질문을 고민해보자.

- 절대 변하지 않을 것 같은 그의 특성은 무엇인가?
- 그 특성으로 얼마나 오래 같은 문제가 반복될까?
- 이를 바꿀 만한 계기는 무엇이 있을까?
- 그는 어떻게 조금이라도 변화할까?

[연습문제] 좋아하는 시트콤에서 몬스터-포일-노멀 역할이 각각 누구인지, 권위자-야망가-바보 역할은 누구인지 분석해보자.

3부
창작의 기술

7장
뭐가 되려고 해라

아직 뭐가 되지 못한 여자애들은 인디밴드 공연 뒤풀이에, 영화제 상영관 근처 술집에, 이쪽 업소와 이쪽 클럽에 분포해 있다. 이들은 정신병에 걸려 있는데, 아직 되지 못한 게 너무나 많기 때문이다. 인플루언서, 크리에이터, 어떤 언니의 마누라, 갓반인, 작가, 음악가, 백예린, 백예린 여친, 하여튼 예술따리…… 수천 갈래로 뻗은 가능성을 향해 나를-봐줘-에너지를 발산하고 있는 이들 근처에 있으면 10분 만에 기운이 빨린다. 내가 그 에너지를 감지하는 이유는 내가 24시간 뭐가 되고 싶은 여자 상태이기 때문이다. 안녕하십니까. 저는 뭔가 대단한 게 되고 싶습니다. 그게 뭔지 정확히는 모르겠지만 하여튼 분명한 건 지금은 아니야, 한참 모자라.

나는 그 여자들의 절대 만족할 수 없는 얼굴을 본다. 뭔가를 자꾸 바라게 되어서 슬픈 얼굴을. 가끔은 그들을 집으로 데려와서 윤기 나는 음식을 푸지게 먹이고 싶다. 그런데 우리 집은 좁고 내 요리 실력은 형편없다. 게다가 그 여자들과 그렇게까지 가깝게 시간을 보내면 걔네가 엄청나게 꼴보기 싫어져서 하루 반나절은 누워서 욕을 하게 될 것이다. 그러다 결국엔 우리에게 공통점이라곤 하나도 없다는 걸 알게 되고 더 외로워지기만 할 거다. 그러니까 서로 말 섞지 않아도 되는 데서 뭐가 되려는 여자들의 에너지만 느끼고 싶다. 그게 필요할 때 내가 가는 곳은 이쪽 업소다.

이쪽? 어느 쪽이라는 것인지? 모르겠다면 축하한다. 당신은 비교적 난이도가 낮은 인생을 살고 있다. 〈해리포터〉에서 악의 존재인 볼드모트를 '이름을 불러선 안 되는 자'라고 돌려 말하듯이 레즈비언이라는 네 글자도 직접 말하면 비극적인 죽음을 맞이할 수 있기 때문에 에둘러 표현하는 말이라고 보면 된다. 그니까 세상에 더 넓고 밝고 어느 쪽이라고 굳이 안 밝혀도 인생이 쉽게 살아지는 저쪽과 그렇지 않은 이쪽이 있다면 나와 그 여자들은 이쪽에 있다.

이쪽 클럽이라는 공간은 매번 나를 미치게 한다. 2000년대 초반에서 영영 나아갈 생각이 없는 음악과 인테리어 때문일지도 모른다. 안타깝지만 이곳의 주요 고객층은 돈이 별로 없는 20대 여자여서 굳이 그렇게 최신 유행에 발맞춰 세련되어질 필요가 없다. 이번 주 토요일에도 홍대 어딘가의 이쪽 클럽에서는 00년생이 00년대 음악 같은 것에 춤을 추고 있다는 다소 무서운 이야기다. 그저 여자?를 원하는 여자?들을 잔뜩 만날 수 있다는 업소의 특성 하나만으로도 나를 포함한 많은 여자?들이 돈을 내고 간다.

나에게 어떤 일이 일어날지 알면서도, 혹은 알기 때문에 이쪽 클럽에 가고 싶어진다. 여기라면 뭐 되려는 여자들의 에너지를 과하게 느낄 수 있기 때문이다. 이 욕망은 주기적으로 찾아온다. 축축한 계단 혹은 좁은 엘리베이터를 타고 완전히 다른 페이지의 공간에 들어서면 울리는 익숙한 빰빰빰빰 힙합과 EDM의 비빔박자 음악이 나오기를, 콘셉트가 '섹시 셔츠 파티'여서 탈색한 디제이나 댄서 언니들(이제는 누구도 실제로 나보다 나이가 많진 않겠지만)이 롯데월드 근처 교복 대여숍에서 빌리셨나? 싶은 꽉 끼는 셔츠를 입고 춤추고 있기를 바란다. 잘생쁨 누구 언니가 홍대에 떠서 오늘 여기가 핫플이 되었고 모엣샹동 보틀을 추가했다는 소식이 벽면에 빔프로젝터로 띄워지고 샴걸들이 바니걸 복장을 하고 제로투 같은 춤을 추는 광경을 보면 정신이 아득해질 테지만 그것을 봐야만 이쪽 클럽에 왔다고 할 수 있다. 여기는 마누라가 되거나 마누라를 얻기 전의 여자들이 잔뜩 오가는 임시의 공간이다. 마누라를 만나서 빌라로 다세대주택으로 아파트로 캠핑장으로 페스티벌 장소로 떠날, 홍대 지하에 있는 어떤 클럽 근처에는 얼씬도 안 해도 될 날을 기다리는 여자들. 들어온 그대로 나가지는 않겠다는 욕망으로 굴러가는 눈알들과 30대 레즈비언이 되려는 20대 레즈비언들의 독기…… 쉬지도 않고 흩뿌려대는 티슈들과 연기를 함께 맞으면 그제야 이번 주기의 충동이 잠재워진다. 그리고 한숨을 쉬며 중얼거리는 것이다. 아 괜히 왔다…… 그리고 이 행위는 다음 달에 반복된다.

'아무것도 아님'과 '뭔가' 사이 '뭐가 되려고 함' 상태는 언제나 나를 매혹한다. 사이의 시간은 아직 정제되지 않은 날것이어서 견디기 힘들지만 동시에 어떤 가능성을 가지고 있기 때문에 가장 큰 기대감과 즐거움을 준다. 예전엔 이도 저도 아닌 시간의 불안에서 당장 벗어나고만 싶어서 괴로웠다. 예를 들어 취업 준비 시절의 나는 매일 너무 많은 구인공고 속에서 24시간 패닉 상태였다. 자소서 깎는 노인도 못 되고 숙녀도 못 되고 그냥 어떡하지, 어떻게 살지, 난 뭐지, 내가 뭘 할 수 있지, 이 회사는 대체 뭐지, 무한한 '될 것 같음'과 '안 될 것 같음' 사이에서 울고 있었다. 거의 매일 넋이 나가 있는 내가 안쓰러웠는지 엄마는 어느 날 통화에서 "혜지야 그 시간도 네 인생이야"라고 말했다. 그때부터 애매함을 견디는 건 인생의 화두가 되었다. 이도 저도 아닌 상태, 사이의 시간에 관심을 가지고 관찰하다가 결국엔 좀 좋아하게 되었다. In-between의 에너지가 얼마나 마음에 들었냐면 나는 출간하지 않은 작가의 상태로 4년을 보냈다. 아직 책이 나오진 않았지만 출판사와 계약은 한, 나오면 대박이 날지도 모르지만 모종의 이유로 아직은 탈고하지 못한 상태에 필사적으로 머물렀다. 다시 한번 모든 관계자분들께 사죄드립니다만 이 시기의 좋은 점은 다음과 같다.

계약 이후 출간 전, 덜 작가 시기의 효능

- 정정당당하게 출발하지 않은 상태라 아직은 승부를 걸지 않아도 된다.
- 긁지 않은 복권을 들고 다니는 기분을 은밀히 간직할 수 있다.
- "퇴사하고 뭐해?"라는 질문에 "계약한 책이 있는데……"라며 그럴듯한 대답을 할 수 있다.
- "요즘 어떻게 지내?"라는 질문에 "원고 쓰지 뭐……"라며 제법 창작자 분위기를 낼 수 있다.
- 아직 판매 부수라든지 인세라든지 현실적인 숫자가 눈앞에 없기 때문에 대단한 창작자가 될 것만 같은 단꿈에 부풀 수 있다.
- 이 시기가 길어질수록 '뭔가 대단한 게 나오려나본데……' 하는 기대감을 줄 수 있다.

이렇게 맛 좋고 효능 좋은 연습생 기간에서 왜 벗어나야만 했는지? 계약상의 의무이기 때문입니다. 그보다, 회사에 지각하고 원고 집필은 영영 미루는 지지부진한 상태의 내가 징그러웠다. 정확히는 내가 가진 욕망이 꼴 보기 싫었다. 대체 왜 작가가 되고 싶은 건데, 그러면서 어떻게 교사도 되고 싶고 팟캐스트도 하고 싶고 공연도 하고 싶은 건데, 뭐 얼마나 대단한 인생을 살 건데. 아직 아무것도 아닌 주제에 자꾸 뭐가 되려고 하는 마음이 싫고 부끄러웠다. 욕망이란 건 가지고 있는 한 반드시 나쁜 결과를 줄 것 같았다. 어릴 적 교회에서 들은 대로라면 욕망은 인간을 더욱 죄 가운데 빠뜨리며 하나님의 의로부터 점점 멀어지게 한다. 불교에서는 고통의 원인을 갈망, 욕망이라고 한다. 고통을 끝내는 것은 열반, 니르바나. 아무것도 원하지 않으므로 번뇌도 없는 상태다. 아무것도 원하지 않으면 슬프지도 괴롭지도 않을 것 같았다. 애초에 여자를 안 좋아했으면 레즈클럽 가서 구린 음악 안 들어도 될 텐데, 학생들을 안 사랑했다면 직장에서 이렇게까지 자책하지 않았을 텐데, 창작자 같은 거 되고 싶지 않았다면 마감에 늦을 일도 없었을 텐데.

스포 주의: 나는 집 있고 애인 있는 30대 이쪽 창작자가 되었다. 가끔 페스티벌도 가고 캠핑 장비 구경도 한다. 퇴사도 했고 원고도 조금씩 써서 연재도 하고 있다. 드디어 뭐가 되어버린 거냐고? 배신에 성공한 거냐고? 그렇지 않다! 왜냐면 나는 아직도 왕성하게 뭐가 되고 싶기 때문이다! 오늘도 '나-뭐-못 됨' 이슈로 울었다! 몸은 침대 밖으로 한 발짝도 못 나가는데 휴대폰 화면에는 너무 많은 게 펼쳐져서 잘 익은 공황이 사시사철 제철이다. 인스타그램에는 이미 책을 낸 동료들과 그들의 멋진 프로필사진, 행사 공지, 휴가지

에서 찍은 아름다운 사진이 올라온다. 친구들은 내가 못 그러는 방식으로 예쁘고 여자친구의 전 여친은 너무 하얗고 말랐고 내가 흉내도 못 내는 스타일의 미녀다. 그걸 보다보면…… 나는 마르고 싶다, 하얗고 싶다, 탈색이 어울리는 쿨톤이고 싶다. 아니? 멋지게 태닝하고 서핑하고 싶다, D컵 가슴을 갖고 싶다, 근육질의 프리다이버가 되고 싶다, 세련 옷 협찬받는 힙스터이고 싶다, 양양 바닷가에서 헌팅하는 헤테로 여성이고 싶다, 결혼해서 남편 들들 볶는 릴스로 유명해지고 싶다, 언니랑 손잡고 혼인평등 소송 발언을 하고 싶다, 돌연 잠적해서 전원생활을 하고 싶다, 뉴욕에서 스탠드업 코미디를 하고 싶다, 베를린 클럽에서 일하고 싶다, 스반홀름에서 공동체생활을 하고 싶다, 음색이 독보적인 싱어송라이터이고 싶다. 아니? 페기구나 예지 같은 디제이가 될래. 언니 나 한꺼번에 너무 많은 인생을 살고 싶어. 그런데 나는 고작 나 하나뿐인데 어쩌지? 내가 나여서 괴로운 마음과 어떻게 살아가지?

    이런 번뇌를 줄줄이 달고 그동안 별걸 다 했다. 고작 나밖에 안 되는 나에게서 잠시 멀어지는 효과적인 방법은 멋진 사람들과 붙어 있는 거였다. 그래서 멋진 사람들이 있는 각종 독서 모임과 뒤풀이에 가고 함께 드랙킹 공연을 만들고 케이팝 커버댄스 영상을 찍고 전시와 연극에 참여하고 팟캐스트를 만들고 파티를 열었다. 근 8년간 온갖 퀴어 행사 잡탕찌개를 끓이면서 무대를 만들고 공연자들을 올리고 가끔은 내가 올라갔다. 그러면서 확실히 알게 된 것이 있다. 무대에서 욕망은 자원이 된다. 무대를 만들 때는 내가 나서서 괴로운 마음, 지금 여기서 벗어나고 싶은 욕망이 나쁜 것만은 아니게 된다. 무대에서만큼은 뭐가 되려는 마음이 원동력이고 아름다움이다. 일상에서는 나를 괴롭히기만 했던 욕망을 무대에서 얼마나 드러내고 어떻게 보여줄지 고민하고 조절하면 공연의 규모와 질이 달라진다. 여기저기 산발적으로 뻗어나가던 나를-봐줘-에너지는 무대에서 객석을 향해 하나로 정렬된다. 그날 그 시간만큼은 비로소 뭔가가 될 수 있다. 그러니까 내 안에 겹겹이 얽히고설킨 징그러운 욕망도 원고라는 무대에서는 왼쪽에서 오른쪽으로, 위에서 아래로 한 글자씩 정렬되는 것 외엔 별도리가 없다. 그러다보면 뭐가 된다. 내일쯤엔 이 글도 편집자가 교정을 볼 문서가, 동료들이 피드백해줄 작업이, 어느 서점 매대의 신간이 되어 있을 것이다.

무대라는 걸 그리 대단하게 생각하지는 않길 바란다. 어차피 퀴어 행사는 많아야 30~40명 정도 수용 가능하고 어두컴컴한 공간에서 이뤄지는 데다 무대라고 해봤자 객석과 3~4센티미터 단차가 있는 판때기이거나 마스킹테이프로

구획해둔 작은 네모인 경우도 많다. 아무리 생각해도 나는 무대에 설 일은 없겠다고 느낀다면, 좀 더 비유적인 무대를 생각해보자. 친구들과의 술자리, 직장 동료들과의 식사자리, 연인과의 통화, 조별 과제 발표, 회식, 노래방…… 혹은 인생이라는 무대 자체…… 하여튼 지금 마음속에 떠오른 곳에 네모를 치고 그 안에서 어떻게 보이고 싶은지 생각해보자. 잘하고 싶다, 멋져 보이고 싶다, 귀엽고 싶다, 섹시하고 싶다, 차가운 겉모습을 유지하다가 중요한 순간에 따뜻한 모습을 보이고 싶다, 묵묵한 돌쇠가 되고 싶다, 예민한 예술가가 되고 싶다, 어떤 것이든 괜찮다.

그중 여러분에게서 가장 보고 싶은, 궁금한 종류의 욕망은 단연 '웃기고 싶다'이다. 개인적인 선호일 뿐 아니라 이 책의 주제에 맞는 것이기도 하다. 웃기는 사람이 대단해 보인 적 있는지? 한번 웃겨보고 싶은지? 아주 작게라도, 잠깐이라도 마음속에 꿈틀거린 광대적 욕망을 품어본 적 있는지? 내가 한 말에 상대가 웃은 적 있는지? 그때의 쾌감을 기억하고 있는지? 그 순간의 기쁨을 다시 느끼고 싶은지? 잘 떠올려보길 바란다. 요즘 제일 좋아하는 유튜버 '찰스엔터'는 카메라 앞에 혼자 앉아서 연애 프로그램을 보며 리액션하는 걸로도, 어린 시절 싸움 이야기로도 사람을 들었다 놨다 하며 웃긴다. 그는 남이 자신 때문에 박장대소하는 것이 자기가 박장대소하는 것보다 더 행복하다고 말한다. 내가 가장 좋아하는 코미디언 김신영은 초등학생 때부터 친구들을 모아놓고 심형래 선배님 흉내를 냈다고 한다. "신영이 너무 웃겨"라는 말이 듣고 싶어서.

    탁월하게 웃긴 사람에게는 높은 확률로 웃기고자 하는 욕망이 있다. 당신이 웃기려는 욕망을 가졌다는 사실 자체가 재능이 될 수도 있다. 장담은 못한다. 의욕이 너무 앞서는 경우 웃기기도 전에 불편함만 만들 수도 있다…… 그러나 코미디 무대라는 것이 성립되려면 웃기고 싶다는 욕망은 필수적이다. 웃음, 울음, 감동, 미장센, 영상미, 감동, 작품성, 핍진성…… 뭐든 느끼게 하면 그만인(아닐 수도 있습니다 죄송합니다) 다른 예술 장르와는 달리 코미디의 목표 지점은 명확하다. 웃기기 위해서는 의도가 필요하고, 웃기려고 했는데 실패하면 티도 많이 난다. 그런데도 왜 웃기려고 하는지? 그러고 싶기 때문이다. 그러고 싶은 마음이 가장 소중한 자원이 되는 곳이 바로 코미디 무대이다. 욕망은 그 자체로는 좋지도 나쁘지도 않지만 내가 나인 것이 괴로운 사람들은 스스로의 욕망을 미워하곤 한다. 그럴 때마다 뭐가 되려는 마음만이 뭐를 만들 수 있는 마음속 네모를 생각해보자. 거기서 꿈틀거리는 뭔가를 너무 미워하거나 너무 부풀리지 않은 채로 잘 다룬다면 당신은 최고의 코미디언이 될 수도 있다.

아닐 수도 있다. 일단 있어야 할 재료에 대해 이야기한 것이다. 욕망에 대해 너무 깊게 들여다보지 말길.

자기 목소리로
말하라

나는 사람을 두 종류로 나누고는 한다. 덕질을 할 수 있는 사람과 그럴 수 없는 사람. 덕질이란 건 의외로 '오늘부터 해야지!' 하고 시작할 수 있는 종류의 행동이 아니다. 〈주술회전〉이나 〈귀멸의 칼날〉을 다 봤다는 이유로 "나 완전 오타쿠야~"라는 이들에게 '진짜'들이 분노할 수밖에 없는 이유다. 오타쿠성이 막 꼭 나만 갖고 싶은 귀중한 특성은 아닐지라도 희소한 성질인 건 맞다. 특히 청소년 시기 오타쿠는 거의 다른 인종처럼 사회적 어울림의 가장자리로 밀려나기 십상이고 심한 경우 박해받는다. 덕질을 한다는 이유로 사회의 변방에 위치해본 역사, 자신을 비워가며 뭔가를 채워넣은 경험이 오타쿠를 만드는 것이다. 그저 주말에 애니메이션 하나를 몰아 봤다고 얻을 수 있는 직함이 아니다. 오타쿠라는 이름이 그렇게 독점하고 싶을 정도로 가치 있는 자원인가, 라는 논의는 제쳐두더라도…….

덕질을 하기 위해서는 다소 불안정한 자아가 필요하다. 무엇을 좋아한다는 것 자체가 나의 정체성이 될 만큼 스스로에게 확신이 없고 취약한 상태가 딱 좋다. 일반적으로 누군가를 좋아한다는 마음은 한 개인을 이루는 여러 속성 중 감정, 그중에서도 일부에 해당한다. 그러나 오타쿠에게는 그 마음이 한 사람을 이루는 거의 전부가 된다. 언제나 툭 치면 넘칠 만큼의 감정으로 이뤄진 오타쿠는 툭하면 벅차오르고 툭하면 기분이 나빠진다.

나는 누군가와 너무 쉽게 사랑에 빠지고, 사랑하게 되면 불안정한 나의 경계 안으로 그 사람을 욱여넣는다. '허벌 사랑' 유전자를 타고난 입장이라 금방 누군가의 팬이 되는 게 가능한 사람이지만 '진짜' 오타쿠는 아니다. 사회적 어울림의 가장자리로 절대 밀려나지 않기 위해서 덕질을 수단으로 삼았으니까. 나의 덕질에는 나와 그 대상의 관계보다 함께 덕질하는 사람들과의 관계에 훨씬 무게가 실려 있었다. 그 사람들에게 잘 보이고 싶은 마음에 팬픽도 썼다. 하늘이 두 쪽 나도 '이게 제가 쓴 것입니다'라고 밝힐 일은 없겠지만, 그때의 경험이 나를 계속 쓰는 사람으로 만든 것만큼은 확실하다.

나는 스무 살 이후 거의 언제나 애인이 있었는데, 딱 한 번 애인 없이도 사랑에 충만했던 나날이 있다. 코로나19 시기 아이돌 덕질을 했던 1년 정도다. 불행히도 내가 파던 아이돌 그룹 자체가 팬덤이 작았고 내가 좋아하는 조합을 파는 사람은 그중에서도 소수였다. 존잘들의 연성을 받아만 먹다가는 굶어 죽기 딱 좋은 상황이었다. 어쩔 수 없이 나도 생산직에 참여해야만 유지되는 판이었던 것이다. 그래서 읽기만 하던 팬픽을 쓰게 됐다. 노파심에 다시 말한다. 절대로 그것을 찾으려고 하지 말길. 그 사람은 예전에 죽었습니다.

일단 뭐든 새로운 떡밥이나 연성이 뜨면 오타쿠들은 열

광하기 때문에 내가 뭘 어떻게 써서 내놔도 동료들은 환호와 박수갈채를 보내줬다. 트위터와 포타° 계정 몇 개로 얼기설기 얽혀 있는 친구들은 내 이야기를 꼭꼭 씹어 읽어줬다. 독자가 보장된 글쓰기는 얼마나 달콤한가? 게다가 그들의 열광적 반응까지 보장되어 있다면? 아무도 시키지 않았고 스펙이나 돈이 되는 것도 아니었지만 그때 나는 인생에서 가장 열심히 쓰고 읽었다.

지금도 가끔 쇼츠에서 처음 보는 아이돌이 춤추는 걸 보거나, 책장을 정리하다 소장본이나 회지를 발견하고 다시 깊숙이 넣어둘 때면 아련하게 중얼대곤 한다. "그때 우린 미쳤었죠……" 동이 틀 때까지 허구의 인물을 앞세워 밑도 끝도 없는 사랑 얘기를 했던 밤과 새벽은 이제 다시 재현할 수 없는 마술적인 시간이었다. 파티룸, 원룸, 투룸에 모여 앉아 2박 3일간 배달 음식만 먹으며 영상 보고, 포타 읽고, 썰 풀기만 해도 세상 가장 풍족한 주말을 보낸 기분이 들었다. 거의 집단 환각의 상태에서 성애적 욕망이나 이야기를 쏟아내던 시간, 그때는 연애고 뭐고 다 필요 없었다. '이야기 공동체'가 주는 쾌감과 창작의 동력은 어마어마했다. 우리가 했던 말, 썼던 단어, 마법 같은 문장, 만들어낸 이야기, 정말 이 세상

° 포스타입, 주로 하위문화 창작물을 연재하는 온라인 플랫폼.

에 정확하게 받아들일 독자가 약 여덟 명 정도뿐인 글쓰기. 열렬한 독자이자 작가로서 나는 그것을 아주 오래오래 기억할 것이다. 그러나 덕질이 아닌 노동으로서의 창작활동은 완전히 다른 차원의 문제였다.

팬픽은 실존 인물을 바탕으로 한 망상이다. 신화, 동방신기, 빅뱅, 샤이니를 거쳐 한국 팬픽 문학계의 흐름을 함께한 나는 그 문법에 매우 익숙했다. 인물 a와 b가 어떻게 보이는지에 대한 합의는 이미 있다. 쓰는 사람, 읽는 사람 모두 a와 b는 운명이거나 서로 사랑한다는 사실을 믿는다. 이런 기반을 공유하는 상태에서는 별도의 셋업 없이도 이야기로 훅 진입할 수 있다. 팬픽의 세계에서 작가의 정체성은 그리 중요하지 않다. 오히려 작가는 잘 숨겨져야 한다. '셀털'°을 하지 않는 것이 온라인 커뮤니티의 불문율이기도 하고, 현실이 최대한 배제되어야 '우리끼리' 문화에 부대낌 없이 미끄러져 들어갈 수 있기 때문이다.

팬픽은 오리지널리티가 그렇게까지 중요하지 않은 장르이기도 했다. 팬픽을 진지하게 비평하는 사람은 찾아보기 힘들고 다들 자기 좋아하는 것을 뜯어먹기 바쁘니까 표절 시비가 붙어도 상당히 국소적인 갈등으로 끝나는 경우가 많았

○　**셀프 신상털이. 현실 세계에서의 본인 정체성이나 정보에 대해 노출하는 것.**

다. 팬픽 세계의 오랜 밈으로는 '부지용 전화'라는 게 있다. 동방신기 '재중'을 '컨트롤 에프', 문서 '찾아 바꾸기' 기능으로 이름만 바꿔 다음에 좋아한 빅뱅 '지용'으로 읽어도 크게 문제가 없다는 뜻이다.

오타쿠들의 환대 바깥에서 작가가 되기 위해서는 정체성을 드러내야 하는 데다 처음부터 전제를 만들어야 했다. 누구에게 닿을지, 누가 읽고 웃어줄지 전혀 모르는 채로 써야 했고, 바닥 없는 상태에서 나를 직시해야 했다. 팟캐스트나 진행이라는 말의 세계에서는 서로를 모방하고 말투가 비슷해지는 놀이가 작업이 되기도 했는데, 글쓰기는 아니었다. 게다가 코미디는 정체성이 매우 중요한 장르다.《마이너 필링스》에서 캐시 박 홍은 인종적 경험에 대해 회고하다 흑인 스탠드업 코미디언 리처드 프라이어의 작업에 매료되어 "코미디언은 정체성이 없는 척할 수가 없다"고 말한다. 코미디언들은 무대 위에서 "도저히 숨을 곳이 없으므로, 별수 없이 자기 정체성을 먼저 인정하고 나서 ('자, 여러분은 내가 흑인이라는 걸 알아챘을 겁니다.') 비로소 다른 소재로 넘어가거나 아니면 정체성 문제를 더 본격적으로 파고든다".[oo]

스탠드업 코미디언, 다시 말해 작가가 되어 다른 소재

[oo] 캐시 박 홍,《마이너 필링스》, 노시내 옮김, 마티, 2021, 69쪽.

로 넘어가기에 나에게 정체성은 그냥 인정하고 넘어가기 어려운 이슈였다. 솔직히 지금도 정체성만이 화두인 상태에서 다른 소재로 넘어가지 못하고 있는 것 같다. 난 모두에게 최고로 잘 보이고 싶고 뭘 하면 제일 멋지게 해내고 싶은데 정체성부터 누가 인정을 안 해줄 수도 있다니? 나도 내가 퀴어인 게, 지각하는 교사인 게, 웃기는 데 실패하는 여자인 게, 예쁜 여자들을 질투하고 미워한다는 게, 걔네처럼 되고 싶은 마음을 부끄러워한다는 게, 아직 모자라다는 게, 서툴다는 게 납득이 안 되는데. 이 상태에서 잘하고 싶은 마음만으로 뭘 할 수가 있는지?

    코미디에 대한 자기계발서에는 '너의 것을 해'라는 진부하고도 중요한 조언이 꼭 필요할 것이다. 그런데 그건 정말 어려운 일이고 내가 잘 못하는 일이다. 이 책을 쓰면서 곤란했던 대부분의 순간은 내가 스스로 '나의 것'에 대한 확신이 너무, 너무나도 없어서 발생했다. 혼자서는 정말 역부족이라는 생각에 자꾸 다른 사람들을 글에 데려왔다. 그건 훌륭하고 멋진 다른 사람들에 기대면 내 글이 더 나아질 것을 기원하는 주술적인 행위에 가까웠다. 마치 팬픽 속 인물들이 서로를 (그런 식으로) 사랑할 거라고 기원하듯이. 더군다나 그런 건 친구들 사이에서 농담의 기회를 노릴 때처럼 매우 조급하게 이뤄졌다. 하지만 글쓰기는 주술이 아니라 정확한 사랑으로 가능한 일 같다. 나 좋자고, 오타쿠들이랑 놀자고, 비밀계정에서 애꿎은 남자 두 명을 마음대로 훼손하는 인형놀이와는 조금 다르게 해봐야 하는 것이다. 나와 주변 사람들의 삶을 재료로 '내 것'을 쓰려면 사랑이, 사랑에는 (다시 책의 처음으로 돌아가보자) 시간이 필요하다. 다른 재주도 꽤나 많은 내가 굳이 쓰고 싶은 이유가 뭔지 생각할 시간을 포함해서. 나는 왜 쓰고 싶지?

그야 독자가 생기는 순간의 황홀함을 아니까. 내가 되고 싶은, 가까이 있고 싶은, 친구가 되고 싶은 사람들의 목록에는 작가가 압도적으로 많으니까. 그들의 작업을 아무리 좋아해도 그게 내 것이 아니라니? 나는 너무 많은 걸 좋아하고 내가 하는 것보다 좋은 것들을 얼마든지 많이 아는데 내 것도 쓰고 싶다니? 믿을 수가 없다. 그래도 그냥 해보는 것이다. 해보기 전까지는 알 수가 없을 테니……

내가 되어서 내 목소리로 말하는 건 너무 어렵다. 괜한 짓을 하고 있다는 자책이 드는 날이면 새벽기도를 나가는 심정으로 친구 나래에게 전화를 걸었다. "밥 먹으러 가도 돼?" 그 집의 객식구로서 충실히 곡식을 축내려는 것도 맞지만 진짜 목적은 식사 이후에 있었다. 숟가락을 내려놓을 때쯤 "나 타로 봐줘"라고 하면 나래는 방에서 타로카드를 가져오고 방바닥에 까만 천을 깔았다. 밥상에서는 꺼내놓지 않았던 고민이 타로카드 앞에서 질문의 형태로 나왔다. 나래는 신통한 타로 리더인데, 신기가 있어서라기보다는 뛰어나게 대화를 잘하는 사람이라서다. 요즘은 본인도 모르게 약간 무당 말투로 카드를 읽어주긴 한다. 그날도 나래는 용한 선녀보살처럼 말했다.

"새롭게 뭔가 도전한다고 생각하면 안 돼. 가진 무기로 싸워야 돼."

가진 무기로 싸우기, 너무나 적절한 타이밍에 타로의 신이 내려준 지침이었다. 나아지려면 여기서 버텨서 밀고 나가야 한다. '너의 것' 중에서 그나마 무기라고 할 만한 것이 뭐냐고 물으니 무딘 날이나 이상하게 생긴 돌도끼 같은 것도 다 꺼내보게 됐다. 잡다한 가재도구를 다 꺼내놓고서도 이걸 뭐라고 불러야 할지를 잘 모르겠어서 내가 도움을 구한 곳은 의외로…… 갤럽이라는 회사다. 맞다, 그 가끔 전화 오는 여론조사 전문 기관. 그렇게 자꾸 끊기는 전화를 돌려서 어떻게 먹고사나 했더니 칭찬에 목마른 현대인의 허를 찔러 야무지게 돈을 벌고 있었다. 그러니까 이건 내가 평소 그렇게 코웃음을 치던 자기계발서에 10만 원을 쓴 이야기다.

잘은 몰라도 데이터로 돈을 버는 갤럽이란 회사에선 '클리프턴 강점 테스트'라는 걸 만들었다. 클리프턴이라는 백인 아저씨가 인간이 가질 수 있는 강점 항목 34개를 만들어놓고 사람들한테 30분 정도 이것저것 물어본다. 클리프턴 아저씨가 직접 물어보는 건 아니고, MBTI 테스트 같은 게 인터넷에 있다. 근데 MBTI 테스트처럼 무료로 할 수는 없다. 갤럽 프레스에서 낸 《위대한 나의 발견 강점 혁명》이란 3만 원짜리 책을 사면 코드가 하나 들어 있는데 그걸 입력해야 테스트를 할 수 있다. 테스트 결과로 갤럽이 만든 34개 강점 리스트 중에서 자신의 탑5 항목을 알 수 있다. 예를 들어 나의 탑5는 이렇다.

- 개별화
- 커뮤니케이션
- 사교성
- 발상
- 행동

애걔……? 다소 예측 가능한 결과라 실망스러웠다. 이때 귀신같이 옆에 결제 버튼이 뜬다. "모든 34개의 강점 순위를 알고 싶다면 7만 원을 더 내세요." 홀린 듯이 결제 버튼을 눌렀다. 그땐 월급이란 걸 받는 시절이었고 34위가 뭔지 너무나 궁금했기 때문이다. 약점에 천착하기보다는 강점을 계발하라는 이 테스트의 취지와는 정반대의 이유였다. 34위 꼴찌 항목이 롯데월드 화장실의 기 센 언니처럼 노려보는 것을 무시하고 상위 10개에 집중해보기로 한다. 가진 무기로 싸우랬으니까.

이런 테스트에 10만 원씩 쓰지 않아도 뛰어난 코미디언이라면 본인이 뭘 잘하는지 알고 있다. 예를 들어 유재석은 진행을 잘한다. 자신이 아닌 사람을 무대에 올려놓고 최선의 퍼포먼스를 이끌어내기 위해 자기가 가진 위치와 재능을 활용하는 거다. 무대에 세운 사람을 완전히 신격화하지도, 깔아 낮추지도 않으면서 팬임을 자처하는 동시에 잘 놀린다. 홍진경이 세상에서 제일 웃기다며 눈물을 훔칠 때, 그가 〈유퀴즈〉에서 수없이 만나는 일반인 출연자들의 말에서 놀림거리를 발견하고 어이없는 웃음을 지을 때 유재석 옆의 사람들에게는 캐릭터가 생긴다. 플레이어에게 무대조명을 넘겨주고 시청자들의 리액션을 이끌어내는 제1의 반응자이면서 대화를 이끌고 분위기를 만드는 진행자다.

조혜련의 경우는 다르다. 그는 진행자가 아닌 공채 코미디언의 스타일을 끝까지 밀어붙이는 식으로 기어이 웃긴다. 일단 분홍색 밀짚모자에 왕 귀걸이를 한 채로 나온다. 유행어를 만들어 반복하며 몸짓을 크게 쓴다. 그리고 〈아나까나〉를 부른다. 공영방송 심의에 걸릴 정도로 '수준 미달'이라 여겨지는 것을 기꺼이, 자랑스럽게 해낸다. 태보 에어로빅 영상과 〈아나까나〉를 웃음거리로 만든 인터넷 사용자들에게 "웃으라고 만든 건데? 나 코미디언인데?"라고 대답하는 것 같다.

　유재석과 조혜련은 다른 방식으로 너무나 뛰어나다. 웃기기 위해서는 본인에게 가장 뛰어난 자질이 뭔지 아는 게 유리하다. 일단 내가 뭘 잘하는지 알았다면 그 방향으로 전략을 짜고 자기 스타일을 믿어야 한다. 관객에게 맞추려고만 하는 코미디언은 관객의 반응에 따라 어떤 선택을 하게 될 수도 있다…… 일단 반응이 안 좋아도 밀고 나가는 힘이 있어야 한다. 뚝심 있게 밀어붙이면 어떻게든 된다. 4절까지 하면 '뇌절'이라고 욕먹지만 10절까지 해버리면 어이가 없어서라도 웃음이 나온다.

　훌륭한 사람들은 훌륭함의 씨앗을 어떻게 알아차렸을까? 사람들은 각각의 이유로 특출나고 나는 매번 그것에 이끌린다. 하지만 정작 나에게는 뭐가 있는지 도저히 감이 안 잡힐 때가 있다. 그럴 때는 친구들을 경유해서 뭐라도 찾아내려고 한다. 위대한 재쓰비가 노래했듯 "도무지 너를 모르겠다면 네 곁의 나를 믿어"버리는 것이다. 하지만 나의 무기를 발견해주는 친구가 있고 그걸 내게 솔직히 말해주기까지 하는 행운을 모두가 누리기는 어렵다. 그럴 때 지푸라기를 잡는 심정으로 시도해볼 만한 방법들을 추천한다.

나의 무기 강점-가능성 확인 법

• 혈액형(병원): 다소 전통적인 방법이지만 조상들의 지혜에는 이유가 있을 것이다. 인간을 피의 종류 네 가지로 거칠게 분류해 대략 특징을 모아둔 것이지만 잘 들여다보면 '나도 그런데?' 싶은 부분이 있을 것이다.

• MBTI(인터넷 테스트): 네 가지 알파벳의 조합이 대한민국을 휩쓴 이유가 있을 것이다. 혈액형의 제곱이나 되는 경우의 수로 인간을 분류했으니 제곱만큼의 신빙성이 있다고 볼 수 있다.

• 상담(심리상담센터): 상담에서는 나의 문제점뿐만 아니라 장점도 발견할 수 있다. "저는 답도 없는 쓰레기예요"라며 울고 있으면 나에게 돈을 받은 상담 선생님이 그렇지 않다며 좋은 점 몇 가지를 이야기해주기 때문이다. 요즘은 '전 국민 마음투자 지원사업' 등 정신 아픔이 증상을 가볍게 인증하면 나라에서 상담 비용을 지원해주는 제도도 있으니 잘 찾아보고 혜택을 받을 것. 초기 검사와 해석 상담을 통해 스스로에 대해 조금 더 이해하게 될 수 있을 것이다.

• 진단(신경정신과): 나의 진단명을 알게 되면 구글에 '(병명) 장점'을 검색해볼 수 있다. 예를 들어 'ADHD는 온갖 군데에서 지각하고 중요한 사실을 잊어버려 가까운 사람들에게 평생의 상처를 주기도 하지만 창의적이랍니다^^'라는 사

실을 알게 될 것이다. 그러면 앞의 말은 무시하고 창의적이라는 것에만 집중하자.

- 사주팔자(사주카페, 점신 앱 등): 태어나는 순간 우주가 나에게 부여한 고유의 운명이 있다면? 조상 대대로 내려오는 통계를 바탕으로 나의 캐릭터를 해석할 수 있다면? 내가 음양오행 우주의 한낱 점이라 생각하니 마음이 편안해진다. 자연물에 빗대어 설명을 들을 수 있으니 두 배로 편안하다. 참고로 나는 사주에 물이 많아서 남자(나무)를 썩혀서 죽였고, 배우자 자리에 같은 사주가 있어서 동성이라고 볼 여지가 있다고 한다. 그냥 신림에서 시간 때우려고 들어간 일반 사주카페에서 들은 이야기다.

- 신점(무속인): 신과 인간을 매개하는 존재가 내 조상신과의 즉석 대화를 통해 길흉화복을 알려준다면? 게다가 화려한 인테리어와 패션, 죽이는 음악과 퍼포먼스를 함께 감상할 수 있다면? 이제 와서 종교를 가지기엔 좀 귀찮지만 신의 입장이 궁금한 사람들을 위해 샤머니즘을 추천한다. 참고로 나는 작년 연초에 난생처음 신점을 봤는데 팔자에 책이 있다고 했다. 잘된다고 장담할 수는 없지만 계속해야 좋다고 했다…….

유재석이 유재석을 잘하고, 조혜련이 조혜련을 잘하기

위해서 처음부터 이 모든 과정을 거쳐 확신을 가지고 시작하지는 않았을 것이다. 그저 그들이 숱하게 많은 '그냥 해보기'를 거쳐 지금 잘하는 것을 잘하게 되었을 거라고 추측할 뿐이다. 내가 어떤 종류의 웃김에 자신 있는지 생각해보고 강점과 가능성이 있는 부분에 집중해보자.

익힘책 6. 코미디언 강점 테스트

*158~159쪽의 테스트맵을 통해 자신이 어떤 유형에 가까운지 확인해본 뒤 다음의 결과 해석을 살펴보자.

결과 해석

- **스탠드업형 코미디언**

  당신은 관찰력과 말재간이 뛰어난 사람입니다. 혼자만의 관찰과 경험, 감정을 곱씹어 무대 위에서 웃음으로 전환할 수 있습니다. 정확한 타이밍과 구성 능력이 중요한 자질입니다. 혼자서도 충분히 무대를 채울 만한 내레이션형 개그에 강합니다.

  이 책의 인터뷰이 중에서는 → 원소윤

- **슬랩스틱형 코미디언**

  당신은 몸짓과 리액션으로 웃음을 유도하는 사람입니다. 말보다 먼저 움직이는 제스처, 반복되는 행동과 과장된 표정이 당신의 무기입니다. 정돈되지 않은 상황과 어색함마저 웃음으로 바꾸는 능력이 있습니다. 말장난, 실수, 리액션형 개그에 강합니다.

  이 책의 인터뷰이 중에서는 → 예지주

- **지능/위트형 코미디언**

  당신은 언어를 정밀하게 사용하는 사람입니다. 사람들의 말이나 상황 속 빈틈을 캐치해 재치 있게 비트는 데 강합니다. 농담이 조금 느리게 터지더라도, 그 뒤에 남는 여운과 '맞아!' 하는 깨달음이 큰 유머로 작용합니다. 기발한 비유와 꼬집는 말맛의 개그에 능합니다.
이 책의 인터뷰이 중에서는 → 김서연

- **파괴적 로스터**

 당신은 불편한 주제나 민감한 사안을 정면으로 다루는 사람입니다. 놀림과 직설을 활용해 금기를 웃음으로 전환할 줄 아는 용기 있는 개그를 구사합니다. 도발적인 화법과 신랄한 태도 뒤에 숨어 있는 애정과 진심이 중요합니다. 리스크를 감수할 수 있을 때 빛납니다.
 이 책의 인터뷰이 중에서는 → 불잠지

- **공감형 이야기꾼**

 당신은 감정을 나누고 해소하는 방식으로 웃음을 만들어냅니다. 상대로 하여금 "나도 그래"라고 말하게 하는 이야기꾼이며, 웃음과 눈물 사이를 부드럽게 오가는 균형감각이 있습니다. 섬세한 관찰과 따뜻한 공감에서 시작되는 이야기 개그에 강합니다.
 이 책의 인터뷰이 중에서는 → 김은한

- **즉흥 반사형 코미디언**

 당신은 상황에 빠르게 반응하고 에너지로 웃음을 이끄는 사람입니다. 계획된 대사보다 분위기와 흐름을 타고 즉석에서 말을 던지는 데 강합니다. 생동감 있는 리액션과 말투, 장면의 공기를 바꾸는 센스형 개그에 능합니다.
 이 책의 인터뷰이 중에서는 → 세레나

[과제] **이 테스트 결과를 내가 웃기다고 생각하는 주변 사람과 공유하자. 그리고 그에게도 (책을 하나 더 사서 선물하며) 결과가 궁금하다고 말해보자.**

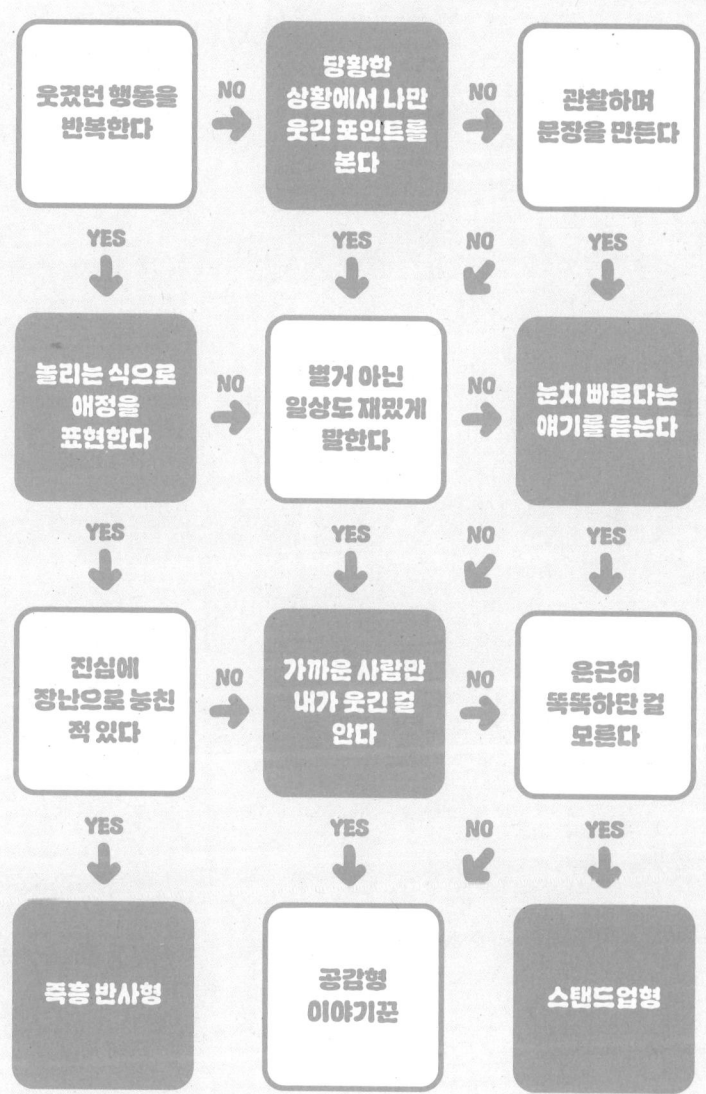

관객을 그리로
데려가라

연애 리얼리티 쇼 〈솔로지옥〉의 젊은이들을 보고 있자면 지나가다 본 체육관의 상호명이 떠오른다. '헬스보이 필라걸'. 이성애 규범에 충실한 각종 '보이'와 '걸'들이 육체미를 뽐내는 장면은 어쩐지 남사스럽다. 〈솔로지옥4〉 초반에는 육체미 대결에서 우승한 '보이1'이 첫인상만 보고 '걸1'을 선택해야 하는 상황이 펼쳐진다. 보이1과 눈이 마주치자 걸1은 무슨 좋은 일이라도 있는 듯 환히 웃는다. 보이1 역시 웃음으로 화답하며 걸1을 '천국도'(고급 호텔)로 데려간다. 이런 이성애 가득한 장면에는 눈살을 찌푸리게 된다. 홍진경은 이런 시청자들의 마음을 가장 잘 대변해주는 패널이다. 그는 웃는 얼굴이 큼지막하게 프린트된 노란 니트를 입고 말한다.

"지금 저기서 웃긴 상황이 뭐가 있어? 한 개도 없어."°

홍진경이 정확히 짚은 것처럼 사람들은 웃길 때만 웃지 않는다. 메릴랜드 주립대학교의 연구에 따르면, 일상에서 발생하는 웃음의 70퍼센트가 인사할 때 나온다고 한다. 인사하는 상황을 생각해보자. 그야말로 웃긴 상황이 뭐가 있겠는가? 어색해서, 좋은 인상을 남기기 위해서, 또는 그저 습관적으로 웃는 경우가 대부분일 것이다.

° 이 대사와는 상반되게 활짝 웃고 있는 홍진경의 니트와 자막을 함께 캡처한 짤이 온라인상에서 화제가 되었다.

일상생활에서와 달리 코미디 무대에서는 관객이 웃겨서 웃는 편이 좋다. 공연자의 의도대로 웃어야 한다는 뜻이다. 코미디는 단순히 웃음을 발생시키기 위한 웃음치료가 아니라, 관객이 어떻게 웃을지 경로를 디자인하는 일이기 때문이다. 농담의 성공 여부는 결국 관객이 웃느냐에 달려 있다. 그러나 더 나은 농담을 만들고 싶다면, 그 웃음이 어떤 경로를 거쳤는지 구별하는 것이 중요하다. 분위기를 망치지 않기 위한 '아하하하^^;;'인지, 연대와 응원의 '옜다 웃음'인지, 트라우마 반응으로 비명처럼 튀어나오는 웃음인지 구분하는 것은 어렵지만 필요하다. 관객들이 웃거나 웃지 않는 상태에 도달하기까지의 길을 잘 추측하고 읽어내는 코미디언은 고수라고 볼 수 있다.

내 특이한 취미는 아마추어들을 무대로 불러 모으는 것이다. 경로 디자인에 서툴 수밖에 없는 공연자들에게 마이크를 쥐여주는 행위다. 정기적으로 '퀴어 코미디 오픈마이크'를 개최해 소수자임에도 관객을 웃기고자 하는 기특한 공연자들을 무대에 올렸다. 공연자의 머리카락 길이가 짧을수록, 소수자성이 짙어 보일수록 만족스러운 웃음이 지어졌다. 사전에 대본은커녕 공연의 소재조차 공유받지 않은 위험한 무대를 만드는 이유는 단순하다. 재미있어서다. 소수자 코미디언들이 무대에서 흔히 겪는 실패를 여러분에게 소개할 수 있

게 되었으니 일석이조다.°

실패 사례 1.
'셋업-펀치라인' 구조 없는 '썰 풀기'는 위험하다

코미디의 기본 구성은 '셋업-펀치라인'이다.

• 셋업: 관객이 상황을 이해하고, 웃음에 대한 기대를 형성하도록 만드는 과정

• 펀치라인: 관객의 기대를 충족시키거나 깨뜨려서 강한 반응(주로 웃음)을 유발하는 부분

펀치라인은 반전, 과장, 반복, 엉뚱한 연결, 의외의 솔직함 등 다양한 방식으로 만들어질 수 있다.

대본을 '재밌는 에피소드의 나열', 즉 '썰 풀기'로 구성하는 경우 코미디의 기본 구성을 놓치기 쉽다. 셋업을 통해 슬슬 예열하다가 펀치라인으로 강하게 치는 행위의 세기를 표

° 여기서 실패란 무대 바로 옆에서 분위기를 관찰한 호스트(나)의 주관적인 판단으로, 공연 선체에 대한 피드백이라기보다는 순간의 정적이나 그것이 수습되지 않은 채 끝난 경우에 대한 회고이다. 일단 무대에서 마이크를 잡은 것 자체가 성공의 경험이라는 점을 기억하라. 기꺼이 무대에 오른 여러분의 시도와 용기로 완성된 공연이니, 부디 참여해준 코미디언들의 기분이 상하거나 기운이 빠지지 않기를 바란다. 앞으로 여러분이 계속 시도하고 실패할 수 있도록 또 다른 무대를 만들 테니 봐달라.

현하자면 '약-약-약-강-중강-약' 정도의 구성이다. '썰 풀기'는 대부분 '약-중-중-중-중-약' 정도로 마무리되어 관객에게 카타르시스를 제공하기 어렵다. '언제 웃어야 하지?' 하는 긴장감 섞인 웃음만을 선물하게 되는 것이다. 셋업을 통해 관객을 어딘가로 데려갔다면, 펀치라인은 웃음으로 관객을 다시 현실로 돌아오게 만드는 장치다. 펀치라인이 없으면 관객은 농담의 끝을 찾지 못하고 혼자 구천을 떠도는 기분을 느낄 수 있다.

누군가의 특별한 경험담을 듣는 건 대체로 즐겁다. 다만 일시정지나 빨리감기 버튼을 누를 수 없는 코미디 무대에서보다는 인터넷에서 듣는 게 낫다. '네이트판'이나 '썰 유튜브'에 들어가 규범사회 뒷구멍에서 일어나는 각종 익명 사연을 접하는 것이 도파민을 자극하는 데에 나은 선택일 수 있다는 이야기다. 더 퀴어한 썰을 원한다면 팟캐스트 〈생방송 여자가 좋다〉의 각종 유성애 사연들을 접하는 것도 괜찮은 방법이다. 누구한테도 말 못 할 사연들이 재밌어지는 이유는 진행자들이나 댓글과 채팅창의 반응이 합심하여 입체적인 재미를 만들어내기 때문이다. 무대에서 기명으로 경험담을 나누는 것은 피차 당황스러운 경험이 될 수 있다.

실패 사례 2.
'엽기'의 역치가 관객과 어긋나면 곤란하다

초보 코미디언들은 '자극적일수록 좋겠지' 하는 생각에 빠지기 쉽다. 일부러 성적인 단어나 욕설을 섞어 과장하는 식으로 말이다. 본인이 겪은 '엽기적인' 썰을 푸는 경우도 많다. 칼럼니스트 복길의 표현을 빌리자면 '엽기'는 '상식적이지 않은', '거부감이 드는', '받아들이기 힘든' 모든 것을 묶어주는 단어다.° 문제는 이 엽기성의 기준이 공연자 본인에게 있다는 것인데, 다음 양극단의 관객을 만난 경우에 모두 곤란해진다.

- **관객을 얕잡아 보다: 산전수전 다 겪은 소수자 관객일 경우**

"마! 니 으데 가서 이런 거 못 문다 아이가!" 하면서 타피오카 된장찌개°°를 끓여왔는데 관객들이 이미 지난 학기에 다 먹어본 음식이라면? 관객은 "네 그래서요?", "아 진짜요?", "그렇구나……" 정도의 반응에 머무르게 된다.

° 복길, 〈[복길의 슬픔의 케이팝 파티] 잘 가 너무나 사랑했었어, '잘가'(더 자두, 2001)〉, 《씨네21》, 2024.11.21.
°° 웹툰작가 김케장의 '케장콘' 짤에서 가져왔다. "니 으데 가서 이런 거 못 문다 아이가!"라며 '타피오카 된장찌개(8000)'를 내놓는 사람1을 보며 사람2가 '그렇겠죠……' 생각하고 있는 짤이다.

9장. 관객을 그리로 데려가라

나의 스탠드업 코미디 데뷔 무대는 여성 우울증을 다룬 하미나 작가의 《미쳐있고 괴상하며 오만하고 똑똑한 여자들》 북토크 자리였다. 그날 내 공연은 관객 한 명이 추후에 "웃기기보다는 슬펐어요……"라는 피드백을 주었을 정도로 코미디 무대로는 실패에 가까웠다. 공연의 내용은 대부분 잊었고 당시 관객들의 반응을 보고 아차 싶었던 순간만 기억난다. 농담 안에서 '심한 정신병'이 어느 정도인지 잘못 세팅했다는 걸 본능적으로 파악했기 때문이다. 객석에서 어리둥절한 표정으로 앉아 있던 동료의 병세 짙은 눈을 마주친 이후였다.

- **관객을 과대평가하다: 정상 규범에 의해 과하게 보호된 다수자 관객일 경우**

"여러분! 이런 특식 좋아하시죠?" 하면서 타피오카 된 장찌개를 끓여왔는데 관객들이 경악하고, 슬퍼하고, 연민한다면? "저런……", "헐 어떡해", "괜찮아요?" 같은 반응에 공연자는 관객을 두고 다음 농담으로 쓸쓸히 떠나게 된다.

나의 동료 퀴어 코미디언은 두둑한 페이와 정상성에 홀려 압구정에 위치한 코미디 바의 섭외를 수락한 적 있다. 압구정의 보이와 걸들은 무대에 성소수자가 오른 것만으로도 일생일대의 신비한 체험이라도 한 듯 반응했고, 동료는 '프릭쇼°'의 '프릭'이 되어버린 듯 몹시 불쾌했다고 한다. 이 경우는 된장찌개를 끓이기도 전에 무대가 끝나버렸다고 볼 수 있다. 성소수자의 존재 자체를 엽기로 여긴 나약한 관객들 탓이다. 관객이 전혀 준비되지 않은 경우도 있는 것이다……

코미디 쇼에 온 관객은 공연이 웃기지 않으면 '이거 코미디 맞나……? 왜 이렇게 피곤하지?' 하는 생각에 공연자와 점점 멀어진다. 공연이 끝날 때쯤이면 공연자와 관객이 아예 다른 길목에 서서 어색하게 손을 흔들고 있을 가능성이 높다.

그렇다면 성공하는 코미디언은 웃음의 경로를 어떻게 디자인하는가? 내가 알기로는 도파민 중독자들을 충분히 만족시킬 만한 롤러코스터 트레일 같은 것을 만들고 안전장치도 충분히 준비한다. 어떤 구간에서는 천천히 긴장감을 주고, 거의 자유낙하하는 짜릿한 충격을 줬다가 결국 의도한 방식으로 웃음에 이르게 한다. 최근 상당히 감명받은 성공 사례들을 함께 제시하겠다.

◦ 프릭쇼Freak Show는 **19세기부터 20세기 초까지 서구에서 유행한 공연 형식으로 장애인, 기형인, 이국적인 외모를 가진 사람들을 '괴상한 볼거리'로 전시하며 대중의 호기심을 자극하는 쇼였다.**

성공 사례 1.
〈부산 퀴어 코미디 서울 습격〉 전인,
자살한 친구로 웃기기

나는 부산이 좋다. 부산 여자들은 아무리 펨이여도 조금씩은 부치이기 때문이다. 일단 부산 사투리를 구사하면 부치성이 확보된다고 생각한다. 어떤 도시에 머무르는 것만으로도 상대적으로 더 여자가 되는 게 짜릿해서 주기적으로 부치 광역시에 방문한다.° 부산의 특산물(부치)이자 나의 활동가 동료 전인은 퀴어문화플랫폼 '홍예당'에서 '퀴어 코미디 스터디'를 운영해 〈부산 퀴어 코미디 습격〉(이하 〈부퀴코습〉)이라는 공연을 올렸다. 나는 이 공연이 몹시 궁금했으나 진행자로 섭외해주지 않아 약간 삐져서 부산행 KTX 티켓을 구매하지 않았다. 대신 서울로 이 공연을 데려왔다. 그렇게 만들어진 공연이 〈부산 퀴어 코미디 서울 습격〉(이하 〈부퀴코서습〉)이다.

〈부퀴코습〉(2024년 11월)과 〈부퀴코서습〉(2025년 1월) 사이, 12월에 전인은 10년 지기 동료 활동가 오기를 보내야 했다. 서울 공연에서 전인은 오기의 죽음을 대본에 추가했

° 부치, 펨, 부산 페티시에 대해 전부 설명하면 너무 길어지기 때문에 이해한 사람만 이해하고 넘어가는 걸로 하자.

다. 대본을 받고 조금 걱정스러웠지만, 무대 위에서 그가 대본을 구현하는 방식을 보고서는 완전히 감탄했다. 그는 관객을 그야말로 들었다 놨다 했다. 아직 본인에게 슬픈 이야기를 풀어내면서도 완성도 높은 코미디 무대를 마친 비결은 낙차를 활용하는 기술에 있다고 생각한다.

전인은 부산 사투리 네이티브라는 장점을 살려 서울 관객에게 "사투리 함 해드릴까예"라고 묻는다. 이어서 "바~로 이 맛 아닙니까!" 하는 90년대 슬랩스틱 코미디언처럼 굴며 익숙한 웃음을 유도한다. 그러다 갑자기 "저는 가정폭력 생존자입니다"라면서 관객이 순식간에 낙차를 경험하게 만든다.

그리고 다시 차근차근 셋업을 쌓아올린다.

"아빠로부터 엄마를 지키기 위해 몸이 커지고 싶었는데……"

퀴어 관객이 웃을 수밖에 없는 펀치라인이 이어진다.

"가슴이 커지더라고요."

관객은 다시 그의 통제권 안으로 들어온다. 그러고는 개그콘서트식 유행어를 만들려는 시도로 실없이 말장난을 이어가다가, 관객이 방심한 순간 다시 떨어뜨린다.

"지난달에 제 10년 지기 친구가 자살로 죽었습니다."

그리고 셋업으로 조금씩 길어올리는 과정.

"죽은 친구와 저는 함께 활동하는 10년 내내 싸웠습니다. 서로 네 말이 맞네, 내 말이 맞네…… 이제 알겠어요."

낙하한 관객에게 펀치라인을 펼쳐주는 순간.

"사실은 제 말이 다 맞았죠. 억울해도 반박 못 하죠?"

성공 사례 2.
〈코미디캠프 2023: 관찰〉 안담, 강간 농담 성공하기

작가이자 코미디언인 안담의 〈코미디캠프 2023: 관찰〉 무대는 노출 콘크리트 카페식 구성을 가진다. 코미디의 '셋업-펀치라인'이라는 구조와 이를 구현하는 과정 자체를 무대에서 드러내기 때문이다. 관객이 어디서 얼어붙고 해소되는지를 예측하고 직접 확인하게 만드는 코미디에 대한 코미디였다.

그는 작가됨과 코미디언됨이 얼마나 징그러운지 자조적으로 이야기하며 관객을 편안하게 만들다가 코미디의 어려움에 대해 토로한다. 그러다 꼭 성공시키고 싶은 농담이 있다며 이 구절을 읊는다.

저는 열 여섯에 강간을 당했습니다.
그게 트라우마로 남아서 아직도 악몽을 꾸는데요.
어제 꿈에도 그 사람이 나타났어요.

정말 끔찍한 악몽이었어요. (셋업)

그 악마 같은 새끼가 지스팟만 피해서 찌르더라고요. (펀치라인)

객석에서 크고 작은 반응이 나오지만 시원하게 푸하하 웃는 사람은 소수다. 공연자는 관객의 반응을 관찰하다 "어린 시절 트라우마를 이겨내고 완성한 저의 첫 소설 《소녀는 따로 자란다》, 12월 13일 출간되었습니다"라며 책을 홍보하는 너스레를 떤다. 관객들은 그제야 안심한 듯 웃는다. 안담은 관객을 달래듯 방금 던진 농담의 셋업과 펀치라인 구성을 직접 설명한 뒤, 전혀 다른 이야기를 시작한다. 첫 강간 농담의 기억이 희미해져갈 때 즈음, 의도적으로 실패하도록 설계된 농담을 뜬금없이 다시 불러낸다. 기막힌 타이밍에 한 번씩 소환되는 강간은 공연 후반부에 이르러서는 실없는 말장난 펀치라인으로 전락하고, 이는 역설적으로 관객을 무너뜨린다.

말의 세계에선 뭔가를 한없이 축소해서 집어 던졌다가 다시 부풀려 그 안으로 들어가보는 게 가능해진다. 그것이 일상의 엽기 사건이든 친구의 자살이든 강간이든 간에 코미디의 소재가 될 수 있다. 하지만 단순히 일어난 일을 '썰 풀기'식으로 나열하는 것으로는 충분하지 않다. 나의 의도에 따라 이야기를 재구성해서 원하는 곳으로 관객을 데려가야 한다. 동시에 전혀 상관없는 관객의 입장에서 이야기를 바라보아야 한다. 이 창작의 과정에서 우리는 서사의 주체가 된다. 현실에서 나에게 남은 힘이 아주 작을지라도.

평생 코미디 무대와는 연이 없다고 생각할 독자에게도 심심할 때 추천하는 활동이다. 당신에게 어떤 일이 일어났다면(가상의 관객에게 가장 큰 폭으로 낙차를 경험하게 할 만한 일일수록 좋다) 이야기를 뜯어서 셋업과 펀치라인 구조로 만들어보길. 트라우마적 경험을 치유하는 데 별 효과는 없을지 몰라도 재미는 있을 수 있다. 혹은 이런 말을 떠올려봐도 좋겠다. "현실을 재구성한 텍스트 이후의 세계는 변화한다"고. "하나의 이야기가 더 보태진 세계는 그 이전의 세계와 같지 않다."°

° 김애령, 《듣기의 윤리》, 봄날의박씨, 2020, 66쪽.

익힘책 7. 셋업-펀치라인 예제

① 불일치: 범주 밖의 예시 가져오기

"When I asked my personal trainer at the gym which machine I should use to impress beautiful women, **he pointed outside and said, 'The ATM machine'.**"

—트레버 노아 Trevor Noah

- 셋업: "헬스장에서 트레이너에게 물었어요. 예쁜 여자들한테 잘 보이려면 어떤 기구를 써야 하냐고요."
- 펀치라인: **"트레이너가 밖을 가리키며 말하더군요. 'ATM이요.'"**

② 아이러니/역설: 동시에 존재하는 정반대의 진실 찾기

"I think 'Employee of the Month' is a good example of when a person can be **a winner and a loser at the same time.**"

—드미트리 마틴 Demetri Martin

- 셋업: "'이달의 직원'은 좋은 예시죠."
- 펀치라인: **"승자인 동시에 패자가 될 수 있다는."**
* 〈네모바지 스폰지밥〉의 게살버거집에 붙어 있는 '이달의 직원' 게시판을 본 적이 있을 것이다. 얼핏 명예로워 보이지만 악덕 사장에게 최저시급을 받으며 일하는 알바생 신분 자체는 그다지 쿨하지 않다.

③ 비유, 비교: 익숙한 상황 과장하기

"I joined a mom's group in Los Angeles. Yeah, I don't find any of these bitches particularly interesting or fun, but when you're a new mom on maternity leave, it's like The Walking Dead—**you just gotta hook up with a crew to survive.**"
―앨리 웡Ali Wong

- 셋업: "저는 로스앤젤레스에서 엄마 모임에 들어갔어요. 이년들이 진짜 재밌어서는 아니에요. 첫 육아휴직은 〈워킹데드〉여서 그래요."
- 펀치라인: **"살아남으려면 무리에 붙어야 합니다."**

④ 금기 충돌: 사회적 금기 풍자하기

"I was raped by a doctor. **Which is, you know, so bittersweet for a Jewish girl.**"
―사라 실버맨Sarah Silverman

- 셋업: "저는 의사한테 강간당했어요."
- 펀치라인: **"유대인 소녀로서는 좋기도 하고 나쁘기도 한 상황이죠."**
* 유대인 문화에서 '의사=이상적인 결혼 상대'라는 클리셰를 이용한 농담이다. 사라 실버맨은 해당 조크를 포함해 과거의 몇몇 농담에 대해 후회와 반성을 드러낸 바 있다.

⑤ 감정 반전: 진지하게 고조하다 힘 빼기

"I don't identify as transgender. But I'm clearly gender not-normal. I don't think even lesbian is the right identity for

me. I really don't. I might as well come out now. **I identify as tired. I'm just tired."**
—**해나 개즈비**Hannah Gadsby

- 셋업: "저는 트랜스젠더로 정체화하지 않아요. 안 평범 젠더이긴 해요. 레즈비언도 저한테 맞는 정체성인지 모르겠어요. 이쯤에서 진짜 커밍아웃을 할게요."
- 펀치라인: "제 정체성은 피곤함이에요. 전 그냥 지쳤어요."

[과제] 유튜브에서 스탠드업 코미디를 하나 시청하자. 공연장에 가서 직접 공연을 관람해도 좋다. 마음에 드는 농담을 하나 기억해두고 셋업과 펀치라인이 각각 어떻게 이뤄져 있는지 분석해보자.

4부
코미디언들의 기술

10장
단순한 목표로 싸워라

스탠드업 코미디언 원소윤

나는 안담 작가에게서 원소윤이라는 이름을 처음 들었다. 스탠드업 코미디 워크숍°에 게스트 강사로 다녀오더니 진지한 표정으로 혀를 내두르는 것이었다.

"그 사람 자기 말투로 말하더라. 번역투 같은 어색함이 전혀 없어."

스탠드업 코미디 오픈마이크 공연장에 가면 어색한 호흡과 발성을 구사하는 공연자들을 종종 발견한다. 분명 한국말인데 한국말 같지 않은, 어딘가 삐걱거리는 말투다. 같은 학원에서 배워온 것처럼 비슷한 구석마저 있다. 아마도 그 학원은 영미권 코미디언의 유튜브 영상일 것이다.

스탠드업이라는 문화 자체가 미제이기 때문에 번역투가 입에 붙는 것도 자연스러운 현상이다. 이런 문화 식민지적 상황에서 본인의 말투와 리듬감을 익히기 위해서는 수많은 무대 훈련이 필요하다. 그런데 처음 해보는 사람이 수업 중에 이미 잘한다는 소식이라니! 그것도 믿을 만한(질투하는) 작가의 수업에, 믿을 만한(질투하는) 동료가 다녀와서 전해준. 데뷔도

° 양다솔 작가가 운영한 스탠드업 코미디 워크숍 '일어나서 웃겨봐 Stand Up Comedy'이다. 참가자들이 각자의 '가장 재미있고 슬프고 창피한' 이야기를 무대 위에서 풀어내며 유머와 자기 서사의 접점을 탐색하는 강의다. 단순 수다나 하소연이 아닌 '진짜 말하기의 연습'을 지향하며, 타인을 비하하지 않고 자신의 경험을 바탕으로 웃음을 창조하는 방식을 중시했다. (출처: 넷플연가에 게시된 모임 소개, https://nfyg.co/meetups/119)

전에 이미 걸출하다는 연습생 소식에 매료되지 않기는 어려웠다. 나는 바로 해당 코미디 워크숍의 발표회 겸 공연을 예매했다. 원소윤의 무대에 대한 기대치가 매우 높았음에도 끝나고 완전히 반한 상태가 되었다.

나는 누군가에게 감탄하거나 재능을 질투하는 강렬한 마음을 성애적인 욕망과 구별하지 못할 때가 있다. 그래서 흑심을 품고, 공연장 입구를 막고 서서 나를 피할 수 없게 만들고, 너무 좋았다며 말을 걸고, 코미디 책을 쓰고 있다며 뭐 되는 사람처럼 소개하고, 인터뷰 핑계로 번호를 따고, 아무리 10년 사귄 남자친구가 있다고 얘기해도 귓등으로도 듣지 않고, 너는 부치라며 가스라이팅을 일삼고, 〈생방송 여자가 좋다〉 2주년 오프닝 공연을 의뢰하곤 했다. 내가 책을 내지 못하고 코미디언 데뷔도 못 한 지난 2년 동안 소윤은 성실히 수많은 무대에 올랐다. 그리고 지금은 서울코미디클럽의 레귤러 멤버이자 두 명이서 100분짜리 공연을 매진시키는 티켓 파워를 가진 스탠드업 코미디언이 되었다. 〈피식대학〉 채널에 나왔다 하면 조회수가 40만회는 넘어가고 쇼츠는 100만회가 넘어가는 영상이 수두룩이다. 이런 기록을 가진 사람 중 굳이 따지자면 여자는 소윤이 유일하다. 그는 올해 (이성애) 결혼을 앞두고 있는데, 나는 아직도 받아들이기 어려워하고 있다. 이 인터뷰에서 나의 미련이나 사심이 느껴진다면 그게 맞다.

글과 말의 투

나 담이 말한 그 번역투가 뭔지 아직까지 이해가 안 돼. 내가 글을 쓰던 사람이잖아. 글을 쓰던 사람이니까 기본적으로 가지고 있던 스타일이 있겠지. 말하는 대본을 쓰는 것도 어쨌든 쓰는 거니까.

본인한테 붙는 말투를 쓰는 연습이 돼 있었던 거네.

글이랑 스탠드업에서 추구하는 바가 좀 달라?

코미디는 웃기면 좋겠고. 정확하게 전달됐으면 좋겠어. 글은 좀 다양하게 가닿아도 되는데, 코미디는 내 이야기의 뉘앙스까지 정확하게 전달이 되면 좋겠어.

최근에는 영어로도 스탠드업 했다며. 어땠어?

진짜 재밌었어. 네가 만약에 그걸 봤으면 소윤이 표정 안 쓴다, 정적으로 한다 이런 얘기 못 했을 걸. 언어가 달라지니까 거의 다른 자아가 나와. 한국어를 할 때는 내가 말로만 해도 전달이 됐는데 영어 오픈마이크를 하니까 막 무대를 여기서부터 저기까지 넓게 쓰고 제스처도 엄청 하고. 아, 나는 무조건 이거 해야겠다.

확신이 들었어?

어. 영어로 10분 동안 스토리텔링만 했어. 근데도 사람들이 너무 잘 들어줘서 재밌었어.

영어를 유창하게 하는 편은 아니지?

아니야. 완전 아니야. 그래서 오히려 더 잘 들어주고, 나도 더 편한 거야. 한 문장도 까먹지 않고 내가 생각하던 모든 걸 다 했어.

너무 재밌다. 보고 싶어, 영어로 하는 것도.

평소에 안 하던 농담을 할 수 있으니까 폭이 확 넓어져서 너무 재밌었어. 나 또 하고 싶어.

하자, 하자. 같이 뉴욕 가자.

무조건 갈 거야, 나는.

피부를 두껍게

전업으로 한 지 2년 된 거지. 진짜 대단하다. 그 좁은 남성 중심 판에서 계속 그렇게 잘하고 있는 게.

나한테 그거 되게 많이 물어봐. 어떻게 남초에서 그렇게 버티냐고. 근데 나는 성매매 피해 여성 지원하는 센터에서도 일을 해봤는데 거기가 더 힘들었거든. '여자의 적은 여자다' 이런 얘기를 하려는 게 아니라, 나 권김현영 선생님 글에서 그거 너무 공감했거든. 나한테 진짜 상처를 준 사람은 여자라고.°

° "가장 큰 행복을 준 것도 가장 큰 상처를 주고받은 것도 여자친구들이었

아니 결혼할 거면서 또 설레는 소리 하네. 근데 공감해. 남자들한테는 오히려 그냥 그 심리적인 방어선이 저절로 생기는 게 좀 있지. 내 공연에는 〈생방여〉 좋아하는 안전한 관객들이 오잖아. 일단 거기서 벗어나는 게 너무 무서워. 또 웃기려는 남자들 사이에 있으면 내가 좀 불안정해지는 것도 있어. 대학 때 명예남성이 되고 싶어서 붕 떠 있던 시절의 느낌으로 되돌아간달까? 불필요한 텐션을 계속 느껴야 할 것 같은.

그렇지, 그럴 수 있지. 나는 그냥 좀 심플하게 생각해. 돌파하는 방법은 하나야. 내가 그날 오픈마이크 가서 좋은 농담을 하면 그 일원이 되는 느낌이 들어.

그런 이야기 들으면 소윤 행보가 어떤 면에서 되게 종교적이라고 느껴. 그러니까 코미디 하나를 중심에 두고 뚜벅뚜벅 가는 거야, 수도승처럼. 나머지 관계나 어려움 같은 건 다 부차적인 느낌. 그냥 네가 코미디를 정말 정말 좋아하는구나, 이걸 계속 느끼는 것 같아.

한두 번 해보고 힘들어하는 사람한테 난 절대 마더링 안 해줘. "네가 한다며. 그럼 네가 이걸 해야지." 나한테 고민을

다.", 권김현영, 〈열렬하게 미워하고 사랑했던〉, 《채널예스》, 2020.8.5. https://ch.yes24.com/Article/Details/42487

토로하면 내가 항상 하는 말이 이거야. "이제 시작이다. 앞으로 더 많은 사람들한테 노출될 거고, 그러면 무조건 thick skin(두꺼운 피부)이 있어야 해." 'thick skin'은 대니 초 오빠한테 들은 표현이야.

공격이나 기분 나쁜 의견에 타격을 덜 받는 편이야,

아니면 그냥 더 큰 목표가 있으니까 참는다는 느낌이야?

나한테 타격을 주려면 나에게 중요한 사람이어야 하는데 일단 그런 사람이 극히 적어서 결과적으로 타격을 덜 받는 편인 듯.

그래도 소윤은 계속하잖아. 나중에 하고 싶은 게 뭐예요?

나는 무조건 전미 투어. 넷플릭스.

너무 좋다. 요새 사람들한테 노출되는 건 어때요?

그거 처음 한 일주일은 한 시간에 한 번씩 들어가보고 (금개: 귀여워~) 계속 팔로워 몇 명 늘었는지 확인했어. 일주일은 그랬지. 근데 그 뒤로는 그냥 딱히 안 봐. 댓글 보면서 진짜 세상만사 사람이 정말 다양하고 가지각색이라는 생각이 들어. 누구는 막 뭐라고 하고 누구는 공감하고 누구는 응원하고. 다 본인들이 보고 싶은 대로 보고 해석하고 싶은 대로 해석하고. 이제 내가 통제할 수 있는 부분을 넘어섰어.

코미디를 시작하려는 여성 혹은 퀴어들한테 조언을

해줘봐.

그냥 목표를 심플하게 가져라. 목표와 의도를 심플하게 가져. 깊게 생각하지 말고, 그냥 관객 데시벨 높게 웃기는 거, 빈도수 높게 웃기는 거를 목표로. 일로 해보고 싶다면 그렇게 하라는 거지. 취미로 한번 해볼 거면 올라가서 하고 싶은 얘기, 오늘 느낀 것도 얘기하고 다양하게 여러 가지 시도를 하고 여러 가지 장치도 동원해보고 기타도 쳐보고 다 해도 상관없어. 완전 그냥 자기 마음대로 하는 거니까. 근데 만약 이걸로 돈을 받고 싶다, 직업으로 삼고 싶다면 관객들이 기대하고 온 웃음을 줘야지. 그리고 건조하게 생각해요. 제가 사사건건 상처받지 않는 이유는 그거예요.

그래도 힘들 때 있지 않아? 어떻게 헤쳐가고 있어요?

나는 스페셜 쇼를 정말 많이 봐. 본 걸 보고 보고 또 봐. 그리고 다양한 코미디언의 쇼를 봐. 특히 대형 스타디움이 아닌 펍이나 코미디 클럽에서, 객석이 아주 가까운 그런 공간에서 하는 스페셜 쇼들이 나한텐 너무 낭만적이고 힘이 돼. 레전드 코미디언들의 공연 보면서는 경이로움을 느끼고 이제 막 스타덤 오른 코미디언들 공연 보면서는 '이 사람은 이 소재를 이렇게 썼구나, 이렇게 꺾었구나' 자극을 받아. 아예 음원으로 갖고 다니면서 이동 중에 계속 들어. 텍스트가 좋으면 그냥 음원으로만 들어도 웃기거든. 내가 힘들어하기엔 나는 아직 한 게 너무 없고, 스탠드업에 실망하기엔 스탠드업 세계가 너무 다채롭고 매력적이야. '이 농담이 싫으셨어요? 그럼 이 농담은 어떠세요?' 계속 계속 추천해줄 수 있을 정도로. 나는 그냥 농담을 정말 정말 좋아해. 좋은 농담이 내 기댈 곳이야.

아름다운 이야기다…… 그런데 스탠드업 코미디가 엄청 경쟁적인 신이기도 하잖아.

난 그걸 엄청 좋아해. 승부욕이 있어가지고. 오픈마이크 처음 시작했을 때 그 공연장에 투표 제도가 있었어. 그날 가장 웃긴 사람한테 코인을 넣는 거야. 항상 이런 마음이었어. '오늘 무조건 1등 한다.' 초반에 한 3~4개월을 되게 빡세게 열심히 했었지. 그때 태도가 나한테 약간 자동화가 걸린 거 같아.

스트레스 안 받아?

스트레스 받는데, 그 스트레스가 좋아.

음…… 좋다……

뭐야 얘. 어쨌든 입시 때도 나는 경쟁을 좀 좋아했어. 일반고에 다녔는데 특별반이 있고 일반반이 있었어. 특별반은 더 좋은 독서실에서 자습을 할 수 있는 거야, 아예 건물 자체가 따로 있어. 나는 그냥 그걸 좀 좋아해. 코미디 신의 경쟁을 즐기려면 특유의 약간 못된 게 있어야 되나봐.

못된 건가?

내가 봤을 때 못된 것 같아.

못됐어? 좀 좋은 것 같아.

지금 내 좋음과 네 좋음이 조금 다른 것 같은데……

원라이너°라는 전략

오픈마이커와 레귤러, 그러니까 아마추어와 프로 사이의 가장 큰 차이점이 뭔 것 같아?

셋업이랑 펀치라인.

맞아, 아마추어들은 그 구조로 하는 사람 정말 드물어.

셋업은 무조건 짧아야 되고 펀치는 강해야 되고.

나는 원라이너가 특히나 남성적인 그런 장르라고 생각했는데, 왜냐면 국내 힙합 서바이벌 같은 면이 있다고 느껴졌거든. 랩 배틀처럼 경쟁적이고, 내가 잘 모르는 특정한 형식을 잘 따를수록 잘한다는 인식이.

소윤은 처음에 원라이너 방식을 매력적이라고 느꼈던 포인트가 뭐야?

° one-liner, 한 줄짜리 농담이라는 뜻이다. 최대한 짧고 간결한 문장으로 예상 밖의 결말이나 언어유희를 담아 웃음을 유발하는 방식이다. 보통 한 문장에서 세 문장, 30초 이내의 짧은 표현이다.

처음엔 재밌다고 생각 안 했어. 처음에 앤서니 제슬닉 보면서 한 번도 안 웃었어. 근데 내가 무대를 하다보니까 원라이너가 엄청 유리한 부분이 있다는 걸 알게 된 거지. 일단 짧으니까, 이거 망해도 다음 농담으로 도망가면 돼. 스토리텔링은 내가 딱 처음에 한두 문장을 깔았어. 근데 반응이 안 좋아, 그러면은 식은땀이 뻘뻘 나. 왜냐하면 이걸 앞으로 5분 동안 끌고 가야 되잖아. 그러니까 처음엔 살아남으려고 원라이너를 택했지.

그렇구나. '스토리텔러보다 원라이너가 진짜'라고 생각하는 분위기가 있나? 하고 혼자 생각했거든.

원라이너가 완전 클래식한 느낌이 있긴 하지. 안에 들어와서 봤을 때 열광하는 분위기는 아니야. '이게 기본이자 궁극이다' 나는 그렇게 생각하지. 근데 어디까지나 잘하는 사람에 한해서. 엄청 단순해. 장르의 문제가 아니라 장르를 잘하느냐 못하느냐의 문제지. 원라이너를 한다는 자체만으로 인정해주지는 않아.

그렇지, 뭐든지 그렇겠지. 나는 《스탠드업 나우》[◦] 읽으면서도 그런 도식이 재밌었거든. '다른 도구들을 가지고 하는 개그보다 스툴에 마이크 하나만 두고 하는

[◦] 최정윤, 《스탠드업 나우 New York》, 왓어북, 2018.

스탠드업 코미디가 진짜, 그중에서도 원라이너라는 텍스트로만 하는 개그가 더 진짜.' 이런 식으로 어떤 위계가 있다고 느껴져서.

원라이너가 많은 무기를 버리고 한다는 면에서 리스펙이 있겠지. 예를 들어 '나카'라는 게 있거든. 얼굴 표정 쓰는 거야. 나카, 성대모사, 공감 없이 텍스트로만 승부를 본다는 면에서 리스펙이 있긴 하지. 근데 그것도 좋은 농담일 때 하는 거지. 힙합 하는 사람들이 오토튠 쓰는 사람 무시하듯이, 딱 그 정도인 것 같아요.

한국 신에 원라이너 비중이 높은 편이긴 하지?

어. 우리는 10명 중에 한 명이 원라이너면 영미권에서는 100명 중에 한 명이라고 들었어. 나는 요즘에 스토리텔링도 시도하고 있긴 한데 어려워. 사람들이 내 얘기에 엄청 설득되고 공감할 줄 알고 이야기했는데 생각보다 내가 되게 이상한 생각을 하고 있었더라고. 그래서 아예 확 그 페르소나로 가는 게 나한테는 맞는 것 같아.

거기에 맞게 스타일도 데드팬°°으로 한 거야?

°° deadpan, 무표정하고 감정을 드러내지 않는 얼굴이나 말투로 유머를 구사하는 방식을 뜻한다. 직역하면 '죽은 얼굴'이며, 진지한 표정으로 웃긴 말을 할 때 주로 사용된다. 대표적인 데드팬 스타일의 배우·코미디언으로는 미국 시트콤 〈팍스 앤 레크리에이션〉의 에이프릴 역, 오브리 플라자 Aubrey Plaza가 있다.

내가 표정을 풍부하게 할 수 있으면 풍부하게 했겠지.

아니 나는 표정도 엄청 잘 통제하고 있는 거라고 잘 쓴다고 생각해서. (웃음)

못하니까 안 하는 거지.

웃는 타이밍 같은 거 엄청 계산해서 하는 거 아냐? 엄청 잘한다고 생각했는데.

전혀 아니야. 그냥 하는 거야. '이때쯤 한번 웃어줘야지' 이런 생각 전혀 없어. 표정은 그냥 원래 없는 거고. 평소에도 무표정 아니면 놀람, 그 정도지.

비관주의자의 낙관

위악적인 페르소나를 어느 정도 의도하는 편이야? 채식주의자, 페미니스트라는 마이너리티 정체성을 가지면서도 코미디에서는 PC함(political correctness, 정치적 올바름)을 지향하지 않는다는 식으로 얘기한 적 있는 것 같아.

그런 말을 했나? 나는 '위악'이 곧 '언피시'라고 생각하지 않아. 나는 사실 페미니즘의 코어가 성 역할과 문화적 각본을 비판적으로 사고하는 거라고 생각해. 페미니즘 공부하면서 그게 제일 재미있었고. 문화적 각본에 그런 것도 있잖

아. 페미니스트는 강간에 대해 농담하지 않는다. 근데 만약에 내가 강간 농담을 한다면 그것부터가 사람들이 생각하는 문화적 각본을 비트는 거잖아. 강간 농담 한다고 해서 뭐 다 장땡은 아니야. 무조건 재미가 있어야 된다고 생각해.

위악적인 농담의 어떤 면이 좋아?

예상치 못해서 웃길 때도 있고, 파격적이어서 웃길 때도 있고, 나름 진실이 담겨 있어서 웃길 때도 있고, 농담의 코어가 결국 죄책감이어서 웃길 때도 있고, 이유는 많지. 근데 위악적이라고 해서 다 좋아하는 건 아니고, 독기 가득 차서 과시적으로 위악적인 거는 '왜 저래……?' 좀 시큰둥하게 듣지.

나는 항상 비관주의자의 낙관적인 농담을 좋아해. 아리 샤피르Ari Shaffir 되게 좋아하는데, 그 사람이 정말 안 어울리게 스페셜 제목을 〈아메리카스 스윗하트AMERICA'S SWEETHEART〉로 짓고 무대에 꽃을 빽빽하게 채워놨어요. 그다음에 이래. "오늘 나는 정말 긍정적인 이야기를 하려고 합니다. 모든 것에서 긍정적인 부분을 찾아볼게." 그다음에 911이랑 마약중독 얘기하거든. 나는 항상 사람들이 좋다고 얘기하는 것에서 가장 비관적인 부분을 얘기하고, 가장 비관적인 것에서도 긍정적인 걸 찾아내는 데서 오는 낙차가 재밌는 것 같아. 엄청 성스러운 데서 속된 걸 찾고, 엄청 속된 것에서 성스러운 걸 찾고. 그게 재밌어.

그리고 원라이너가 거기에 특화되어 있어. 낙차가 있어서 웃기거든. 처음에는 전략적으로 원라이너를 택한 건데 하다보면서 미덕이 발견된 거지.

네 편 아니면 내 편, 친구 아니면 적, 피해자 아니면 가해자 같은 흑백논리나 이분법이 항상 갑갑했거든. '그게 다가 아닌데, 뭔가 찝찝한데', 그런 생각이 들었는데 스탠드업 코미디는, 특히 원라이너는 그걸 계속 꼬는 작업을 하잖아. 쟤가 피해자인 줄 알았는데 알고 보니까 가해자이고 가해자인데 사실 피해자인 일면도 있고.

그런 라인 되게 많다, 생각해보니까.

그런 게 나한테는 가장 재밌는 거지.

페르소나와 솔직함

페르소나가 강한 편이잖아. 무대마다 페르소나를 좀 다르게 설정하기도 해?

거의 비슷해. 무대마다 다르게 할 수 있을 만큼 그렇게 순발력이 있지 않아.

처음에 페르소나 설정을 어떻게 했어?

내가 가지고 있는 면을 극대화하면 되는 것 같아. 나의 아주 너디nerdy한 일면이 있는데 그걸 극대화하고, 외관상으로 봤을 때 드러나는 것들을 과장하는 거지. 되도록 내 특성 중에 내가 능숙하게 다룰 수 있는 특성을 다루는 편이지. 그게 편리하니까.

소윤이 당황하는 거 보고 싶다. 진짜 굵힌 로스팅은 뭐가 있었어?

나 당황 많이 해. 최근에 남자친구랑 둘이서 "우리 한번 서로 로스트 해보자" 해서 재미로 서로 공격을 했어. 남자친구가 선공을 했는데 거기서 K.O.당해가지고 내가 "그만하자……" 했어. 사랑이 있어야 로스트를 한다는 게 진짜 맞는 말이야. 나에 대해서 너무 잘 알고 있으니까 욕이나 비속어, 비하 이런 거 한마디 없이 정곡을 찌르는 거야. 그게 너무 치명적이어서 더 할 수가 없었어. 내가 이 얘기 하면 동료들도 "그래서 남자친구가 뭐라고 했는데?" 물어봐. 절대 얘기 안 하지. 왜냐하면 그게 나한테 코어니까.

뭔지 너무 궁금한데 안 물어볼게. 요즘 스탠드업 코미디 워크숍 홍보물 같은 걸 보면 '솔직함'이라는 키워드를 많이 본 것 같은데, 오히려 어떤 코어를 비밀로 간직하고 있어야 더 좋은 코미디를 할 수 있다는 생각도 든다. 나는 무대에서 취약해지는 경험을 많이 했기 때문에 아무것도 없이 무대에 서는 코미디언들에게 기본적으로 연민을 느끼거든.

아니, 완전 웃기고 멋져 보일 줄 알고 무대 서는 사람들을 연민하다니 그게 더 잔인해.

(웃음) 근데 나 의외로 관객으로서는 좀 냉정한 편이야. 호스트할 때는 관객이 이미 나의 반응을 살피고 있기 때문에 표정에 신경을 쓰지만. 안 웃길 때 안 웃는 것도 훈련이 필요한 것 같아. 나는 내가 호스트하는 공연에서 '여기까지 나왔으니까 웬만하면 웃으세요~^^' 이런 협박도 많이 하고 관객으로 갔을 때도 억지로 더 웃고 그랬거든. 근데 그게 지속 가능하지 않은 것 같아.

공연자와 관객이 서로를 훈련시킬 필요가 있어.

맞는 얘기야. 내가 웃어주느라 힘들잖아? 그럼 그다음에 공연 가기가 힘들어져. 그거 다 노동이어서. 그래서 나도 어떤 농담을 하고서 관객들이 좀 안 웃으면 처음에는 "혹시 이해를 못한 거예요?" 이랬는데 지금은 그래. "이해는 했는데 웃어주기 싫은 거잖아요. 그게 뭔지 저도 알아요" 하고서 그냥 넘어가.

공연자와 관객이 서로를 훈련시킬 필요가 있는 것 같아.

공연하는 건 계속 재밌어?

새 농담을 하면 재밌고 맨날 하던 거 또 하면 재미없어. 내가 새로 만든 농담이 내가 생각해도 너무 재미있으면 빨리 가서 해보고 싶어. 오픈마이크에서 여러 번 해보고 더 큰 무대에서 해보고 이 실험 과정이 재밌어.

미국 가면 좋겠다. 언제 갈 거야?

5년 안에는 무조건 갈 거야.

진짜 멋지다. 재밌을 거 같아. 금방 가겠다.

그래? 느낌이 와?

느낌이 와. 넌 사람들이 좋아할 만한 것들을 너무 많이 가지고 있는 것 같아.

익힘책 8. **원라이너 연습**

현재 유튜브에 영상으로 올라와 있는 소윤의 원라이너 예시를 보자. 표정, 관객 반응과 함께 봐야 진짜 웃긴 건데 이렇게 해부해놔서 죄송하다. 원소윤의 인스타그램(@barefoot_won)을 팔로우하면 그의 공연 정보를 볼 수 있으니 언젠가 꼭 직접 가서 보길 바란다.

1. **제가 지난주에 소개팅을 했는데 저한테 이상형을 묻는 거예요.**
   가방 들어주는 남자가 좋다고 하니까 바로 들어주더라고요. (셋업)
   근데 안 돌려주는 거예요. (펀치라인) 가방이 없어요. (태그)
2. **남녀 사이에는 친구가 없다고 생각합니다.**
   저는 사실 여자와 여자 사이에도 친구가 없다고 생각해요. (셋업)
   그냥 제가 친구가 없어요. (펀치라인)
3. **제가 지난주에 크롭티를 샀어요.**
   관객한테 디엠이 온 거예요. 어디서 샀냐고 물어볼 줄 알았거든요. (셋업)
   몇 살 때 산 거내요. (펀치라인) 무례한 사람들이 존나 많아요. (태그)

> ♣ **태그:** 펀치라인 다음에 덧붙이는 말. 웃음이 끝나기 전에 또 다른 웃음을 잇게 만드는 보너스 대사. 노래방의 서비스 추가 시간 같은 거라고 생각하면 된다.

[연습 1] 브레인스토밍

내가 농담하고 싶은 주제에 대해 떠오르는 모든 것을 적어보자.

> ← 찐따성 ──────────── 잘나감 →
> 왕따 오타쿠 너드 아싸 모범생 반장 인싸 퀸카 일진

- 각각의 인간 군상이 어떤 특징을 가지고 있는지, 어떤 특성으로 구별되는지 고민해보자.
- 이들이 가진 특성이나 고정관념에 대해 쭉 적어보자.

[연습 2] 미스디렉션 생각해보기

솔직히 좋은 농담을 쓰는 데는 왕도가 없다. 그리고 내가 많이 안 써봐서 모른다. 좋은 예시를 많이 보고 많이 써보고 무대에서 실험하는 수밖에 없어서 안타깝다. 그래도 다음을 정리해보는 것으로 시작해보자.

- ○○○(브레인스토밍한 주제)에 대해서……
— 사람들이 기대하는 내용:
— 내가 반전을 주고 싶은 내용:

[연습 3] 원라이너 예시 많이 보고 참고하기

원라이너의 대표적인 기법과 예시들을 소개한다. 참고하여 감각을 익히길 바란다.°

° 다음의 글을 참고했다. Omri Marcus, 〈10 Ways to Write One-Liners〉, 《HuffPost》, 2010.5.18. 한국어 번역 및 해설은 저자의 구성이다.

1. 말장난: 같은 단어나 발음을 다르게 활용

"염산을 뿌리는 건 잘못된 일이죠, 어떤 사람의 눈에는. Throwing acid is wrong, in some people's eyes."
—지미 카

영국 코미디언 지미 카는 범죄자, 사이코패스에 가까운 위악적인 페르소나로 원라이너 농담을 만든다. "어떤 사람의 눈some people's eyes"은 신체 부위와 시선이라는 이중 의미를 가질 수 있어서 성립하는 한 줄짜리 농담이다.

"지난 2년을 여자친구 살인자를 찾는 데 보냈어요…… 아무도 안 하려고 하던데요. I've spent the past two years looking for my ex-girlfriend's killer …… but no one will do it."
—앤서니 제슬닉

위악적인 페르소나와 원라이너 하면 빠질 수 없는 코미디언이 앤서니 제슬닉이다. 소윤이 좋아한다고 해서 그의 공연을 처음 찾아보게 되었다. 웃음이 터지는 일은 거의 없었고 오히려 점점 더 깊은 정색의 세계로 들어가게 되는 경험이었다. 관객으로서의 나를 보호하기 위해 방어적으로 그의 농담을 분석하느라 머리가 바빠졌는데, 그건 새로운 종류의 재미였다. 제슬닉은 "다크 유머가 다른 어떤 것보다 더 큰 웃음을 줄 수 있어서 끌린다"며 덧붙였다. "사람들이 부적절한 것에 온몸으로 웃는, 그저 '하'가 아니라 깊고 본능적인 웃음 말이다."°

° Nathan Rabi, 〈Anthony Jesselnik on roasting, ripping off Jack Handey, and giving the devil his own TV show〉, 《AV CLUB》, 2013.3.12.

2. 역설: 사람들이 기대하는 상황의 반대로 전환

"난 인내심을 좀 키워야 돼…… 지금 당장. I need to develop some patience …… immediately."

―드미트리 마틴

드미트리 마틴은 〈위 베어 베어스〉의 아이스 베어 역할을 한 배우이자 작가, 감독, 만화가, 뮤지션, 코미디언이다. 스탠드업에 기타를 연주하거나 만화를 활용하는 그는 전통적인 원라이너라기보다는 대안적 스타일을 구사하는 코미디언에 가깝다. 다채로운 구성에서도 짧게 치는 농담을 잘 구사한다.

3. 정의하기 유머: 함축적으로 다르게 표현하기

"하이킹은 오줌 싸도 되는 곳에서 하는 그냥 걷기야. Hiking is just walking where it's OK to pee." / "글리터는 문구계의 헤르페스야. Glitter is the herpes of craft supplies."

―드미트리 마틴

사람들이 익히 알고 있는 A에 대해 "A는 B다"라는 식으로 새롭게 정의하는 방식이다. 비유, 과장을 통해 '그거 말 되네'라는 반응을 이끌어낼 수 있다. 앞선 예시처럼 '건강하고 멋진 하이킹', '반짝이는 글리터'처럼 흔히 긍정적인 수식어가 잘 어울리는 대상을 새롭게 정의해 꺾거나 반대로 음울한 개념을 뒤집어보는 것도 좋다. 참고로 헤르페스는 아주 잘 전파되고 잘 안 없어지는 바이러스의 일종이다. 아직 없다면 축하한다.

4. 상황 유머: 일상적이고 평범한 상황을 비상식적 전개로 꼬아 버리는 구조

"TV에서 낚시 방송하는 거 본 적 있죠? 물고기를 잡았다가 다시 놔 줍니다. 그 사람들은 물고기를 먹고 싶은 게 아니에요, 그냥 어딘가에 늦길 바라는 거지. You know when they have a fishing show on TV? They catch the fish and then let it go. They don't want to eat the fish, they just want to make it late for something."

—미치 헤드버그 Mitch Hedberg

미치 헤드버그는 활동 당시 거의 사이비 교주 수준으로 추종자들을 몰고 다녔다. 지금도 많은 원라이너 코미디언들이 그의 영향을 받았다고 말한다. 헤드버그는 약물중독 문제로 2005년 사망했는데, '창작적인 측면'에서는 '책임감 있는 복용'을 하고 있다는 인터뷰를 남기기도 했다. 터무니없고 엉뚱한 농담들을 보고 있자면 약물이 효과가 있긴 있었던 것 같다.

5. 고정관념 기반 유머: 대중적 편견이나 고정관념을 인용하거나 반대로 비트는 방식

"아프리카에 모기장이 많았더라면 어땠을까요. 우리는 매년 수십만 의…… 모기를 에이즈로부터 구할 수 있었을 겁니다. If only Africa had more mosquito nets. Then every year we could save millions……of mosquitos from dying needlessly of AIDS."

—지미 카

여러모로 상당히 어두운 유머인데, 일단은 아프리카에 각종 질병이 창궐한다는 고정관념을 바탕으로 한다. 보통은 모기장이 말라리아를 옮기는 모기들로부터 인간을 지킬 것이라고 생각한다. 이를 꺾어 에이즈를 옮기는 인간에게서 모기를 지키는 방향으로 반전을 준 것이다.

6. 공감대 기반 유머: 특정 문화나 생활 습관에서 생기는 무언의 공통 감정을 짚는 유머

"제 남편은 필리핀-일본계, 저는 중국-베트남계 혼혈이에요. 그리고 우리는 같이 있는 시간의 100퍼센트를 한국인 욕하면서 보내요. My husband is half-Filipino, half-Japanese. I'm half-Chinese and half-Vietnamese. And we spend 100 percent of our time shitting on Korean people." ―앨리 웡

아시아 사람이라고 다 같지 않고, 우리끼리는 더 구체적으로 서로를 싫어한다는 점을 보여주는 좋은 라인이다.

7. 극단적 상황 유머: 금기시되거나 극단적인 상황을 농담화하여 충격과 웃음을 동시에 유도

"어렸을 때 부모님에게는 총이 있었어요. 부모님은 저희 5남매를 보호하기 위해서는 총이 필요하다고 했죠. 물론 나중에는 없앴어요. 4남매를 보호하기 위해. 거짓말 안 할 게요, 있는 동안은 재밌었어요. 나중엔 꽤 잘 다루게 됐거든요. When I was a kid, my parents had a gun. My parents said we had to have a gun. Gotta have a gun to protect their five children. Of course, they eventually got rid of it... to protect their four children. I'm not gonna lie, it was fun while it lasted. I was getting pretty good towards the end." ―앤서니 제슬닉

집에 총기를 소지하고 있었다는 이야기로 시작해서 본인 때문에 5남매가 4남매가 되었다는 사실을 암시한다.

11장
새로운 전제를 만들어라

스탠드업 코미디언 김서연

이태원에서 〈퀴어 코미디 나잇〉(이하 〈퀴코나〉)을 진행할 때였다. 처음에는 그저 퀴어들이 방 밖으로 나와 시간 맞춰 모였다는 사실이 감격스러웠다. 심지어 무대에서 웃긴 얘기를 나누며 좋은 시간을 보내다니! 팍팍한 삶에서 최고로 기다려지는 날들이었다. 그러나 두세 달이 지나자 점점 초조해지기 시작했다. '이걸로 입장료를 받기는 어렵겠는데?' 나와 가까운 사람들은 내가 얼마나 돈에 환장하는 자본주의 괴물인지 알 것이다. 그러나 레즈비언 창작자의 전형성에 어울리기 위해 돈 욕심이 많아 보이지 않게 연기하는 중이다.

서연의 공연을 처음 본 날도 안빈낙도를 수행하기 위해 인디 음악가 친구의 공연에 참석한 날이었다. 공연의 부대 행사인 오픈마이크에 참여한 서연의 코미디를 보고 나는 당장 〈퀴코나〉에 그를 모셨다. 퀴어, 그중에서도 으뜸가는 나무위키 '논란' 탭의 분량과 자살률을 자랑하는 트랜스젠더 인구의 자랑스러운 일원 서연의 코미디는 감격스럽게도…… 확실한 셋업-펀치라인 구조와 형식을 갖추고 있었다. 드디어 이 척박한 땅에서도 유료 관객을 모을 만한 코미디언이 탄생했다! (인 그래도 가난하고 피곤한 퀴어들을 화나게 하고 싶지 않았기 때문에 여전히 입장료는 받지 않았다.)

서연의 공연 차례에 관객 데시벨은 확연히 높아졌다. 고급 안목을 가진 친구들은 서연의 공연을 보고 "저 사람 누구야? 너무 잘한다"라며 눈을 흘겼다. 나는 극성스럽게 각종 코미디 클럽과 인권단체에 서연을 추천했고, 섭외가 성사되면 "진짜 잘하죠~ 〈퀴코나〉가 낳은 스타예요!"라며 허위 사실을 유포했다. 당연하게도 그의 농담은 온몸으로 혐오를 거슬러 스스로 만들어낸 것이다.

서연은 1년도 채 활동하지 않은 신참 코미디언이지만 그가 가진 농담 세트는 매우 특별하다. 이게 얼마나 귀한 자원인지는 아는 사람만 안다. '나만 아는 밴드'와 서연의 차이점은 작품의 하이라이트를 스포티파이나 애플뮤직에서 들어볼 수 없다는 것이다. 어쩌다 재능을 먼저 알아봤다는 자부심으로 서연에게 인터뷰를 청했다. 평일에 인공지능 개발 연구를 하는 직장인 서연은 대체공휴일을 맞아 우리 집 근처로 와줬다. 직장인 점심 메뉴인 한식과 중식을 패스하고 여성 선호 주말 브런치를 먹으며 대화를 시작했다. 물론 둘 다 배가 차지 않아 집에서 추가로 빵을 한 바구니 시켜 먹었다.

딱 떨어지는 논리성

서연님이 수학을 전공했다는 건 알고 있어요. 그 안에서 어떤 분야예요?

기하학이에요. 중학교 때 삼각형, 동그라미, 고등학교

때 벡터 이런 거 나오잖아요. 제가 대학에서 했던 건 훨씬 눈에 안 보이고 추상적이죠.

프랙털? 그냥 아는 단어 말해봤어요.

프랙털은 좀 달라요.

바보한테 설명한다고 생각하고 말해주세요.

설명하기가 어려운 게, 이게 왜 중요한지에 대해서 사실 완벽하게 이해를 못하고 있어요. 이게 물리학에서 나온 기하학이거든요. 그 물리적인 아이디어를 알아야 이게 왜 등장했는지를 알 수 있는데, 저도 완벽하게 이해는 못했고……

뭐야.

위치-속도 그래프 기억나세요? 사물이 운동하는 걸 평면에 그래프로 그릴 수 있잖아요. 차원이 높아지면 평면이 아니라 또 이렇게 구부러지고…… 지금은 독자적인 그냥 수학 분야가 된 거고……

포기할게요. 그 분야 이름이 뭐예요?

사교 기하학.

어머, 되게 외향적으로 보여.

그 사교는 아니야…… 우리 지도 교수님이 학내 소식지에서 인터뷰할 때 "사교 기하학은 여러 가지 분야들이 모이는 사교적인 학문이다" 막 이러시긴 했어요. 근데 사실 그 한자가 다르거든요.

다르겠지…… 교수님이 그냥 아재개그를 한 거네요.

개그인지 그냥 설명하려고 그런 건지 모르겠어요.

형식상 아재개그죠 그건.

하긴 그렇네요.

원래 수학 좋아했어요?

원래 좋아했어요.

어떻게 그럴 수가 있지?

제가 수학을 좋아하는 이유는 논리적인 전개를 좋아해서예요. 그래서 수학뿐만 아니라 서사 매체를 다 좋아해요. 소설, 영화, 드라마 보는 걸 좋아하는데 실험적이거나 감정묘사 위주거나 추상적인 건 잘 못 봐요. 서사가 약하면 보기 어려워요. '이게 이래서 이렇게 됐고, 저게 저래서 저렇게 됐고'가 딱 떨어지는 논리성이 좋은 거예요.

수학을 좋아하는 다른 이유는 '어? 여기서 배운 게 여기서 이렇게 만나네? 이어지네?' 그럴 때 재밌거든요. 비슷한 이유로 제가 마블 유니버스를 엄청 좋아했어요. 〈캡틴 아메리카〉, 〈아이언맨〉, 〈토르〉 이야기가 따로 있다가 만나서 뭔가 만들어지잖아요. 〈왕좌의 게임〉도 각 가문들의 이야기가 만나서 새로운 국면이 만들어지고. 그런 거대한 세계관이 있는 서사를 좋아해요. 저는 수학도 좀 그런 식으로 이해를 한 것 같아요.

'트랜스-젠더' 농담

내가 첫눈에 반한 서연의 농담 세트는 이렇다.

"저는 트랜스젠더입니다. 젠더는 성이고 트랜스가 이름입니다. 제가 미국 교포 출신이거든요. 저희 아버지도 트랜스젠더세요. 저는 정확히는 트랜스젠더 2세인 거죠. 미국은 여자가 결혼하면 성이 남편 성으로…… 바뀐다? 전환된다? 그래서 어머니도 성이 전환됐어요. 원래 바이섹슈얼이셨는데 결혼하면서 바이젠더가 되셨어요. 여동생이 한 명 있는데 걔는 시스젠더예요. 저희 집에서 동생이 제일 건강하고 멘털도 좋고 돈도 잘 벌어요."

이 농담은 '트랜스-젠더'라는 정체성 이름을 '이름-성'의 영문식 이름 표기라고 가정한다. 이름 자체가 정체성인 가족 구성원들은 각 정체성이 가진 스테레오타입(혹은 진실)을 특징으로 가지고 있다. 예를 들어 앞서 공개한 도입부에서는 사회의 주류인 '시스젠더'가 더 건강하고 돈도 잘 번다는 사실을 포함하고 있다.

> 시연님 코미디의 형식에서도 수학의 논리성이 보이는 것 같아요. 특히 이 '트랜스-젠더' 세트는 완전 《수학의 정석》〈명제〉 단원이잖아요. 이 문장이 조건이니까 그다음 문장이 참, 이런 식으로 쭉쭉 전개되죠. 너무

흥미로웠어요.

근데 저는 그렇게밖에 못 해요. 원라이너 코미디언들을 보면 농담을 계속 뽑아내서 툭툭 던지잖아요. 1번 농담, 2번 농담, 3번 농담이 별개로 있어요. 저는 그걸 오히려 못 해요.

원라이너 방식에서는 서사 자체를 생략하는 경우가 많죠.

네. 근데 저는 스토리텔링식으로 해야 돼요.

짧아도 여러 문장이 하나의 세계관으로 뭉쳐야 되는구나.

맞아요. 그래서 무슨 얘기를 할 때 명분이 필요해. "이 얘기가 왜 나와야 돼?"에 답을 할 수 있어야 해요. 뜬금없이 하라고 하면 잘 안 나와요.

그러면 '트랜스-젠더' 세트의 목적은 뭐였어요?

그건 말장난에서 시작하긴 했네요. 젠더가 '성性'이라는 의미인데 '성姓'으로 트위스트를 주고, 이게 이름이니까 성을 공유하는 가족으로 구성하면 뭔가 이야기가 되겠다, 그런 식으로 시작했어요. 웃긴 거 하나가 있어, 그럼 앞뒤에 뭘 붙여야 하지? 이렇게요. 보통 그 농담은 퀴어 행사에서만 해요. 퀴어 용어뿐만 아니라 맥락을 알아야 성립하는 거라서. 시작하기 전에 이런 말을 꼭 붙여요. "저 퀴어 잘 모르는데……" 이러면서 일단 모르는 척을 해. 그래놓고 대뜸 "저는 트랜스젠더입니다" 하면 웃더라고요. 결국에 하고 싶은 건 웃기는 거죠.

코미디라는 장르 자체의 목적은 분명하잖아요. 수학으로 치면 방정식처럼, 등호 뒤에 답이 정해져 있고 앞에 함수를 만드는 느낌이네요.

그렇죠. 'x는 0이다'가 나오게 하는 계산 과정을 거쳐야 하니까. 그리고 그 방정식이 어떤 조건에서 성립하는지 논리적으로 변주하는 것도 좋아해요. 그 자체로는 틀린 문장의 전제를 비틀어서 말이 되게 만드는 거죠.

트랜스젠더를 향해 비아냥댈 때 하는 '트랜스 강아지'라는 단어가 있잖아요. 농담에서는 일단 그걸 말이 되는 조건이라고 전제해요. 그러면 '산책시켜드려요'가 다음에 오는 게 자연스럽죠.° 이 부분만 보면 말이 되는데 한 발 떨어져서 보면 이상한 구조를 만들어요.

한국 퀴어에게 차별금지법과 좋은 코미디를

'**동**성애에 반대'하는 게 보수 개신교 세력의 최신 유행이자 최고로 중요한 의제가 되어버린 한국에서 퀴어로 사는 건

° 서연의 '트랜스 강아지' 농담은 익힘책 9에서 자세히 다룬다.

피로한 일이다. 우리에겐 '성적 지향이나 성정체성을 이유로 한 부당한 차별은 없어야 한다'는 황당할 정도로 당연한 권리만큼 웃을 일도 많이 필요하다. 소수자로 사는 게 안 그래도 피곤한데 웃을 일이라도 있어야 하지 않겠나. 비슷한 맥락에서 퀴어들은 코미디에 유리한 입지를 가지고 있다. 살아가기 위해 웃어넘기는 기술을 알아서 습득했기 때문이다.

코미디라는 장르에 원래 관심이 있었어요?

농담하는 걸 좋아해요. 사석에서도 뭔가 건덕지가 생기면 그 농담을 꼭 해야 돼요. 누가 한 말을 비틀거나 우리가 10분 전에 했던 얘기에서 가져와서 뒤에 붙이는 식으로 농담을 많이 하거든요.

원래 재능이 있었네.

그게 사실 코미디에서 많이 쓰는 기법들이더라고요. 사실 코미디라는 게 한국인 입장에서, 특히 우리 세대는 거의 개콘, 웃찾사잖아요. 그런 것만 봤지 스탠드업 코미디는 뭐 성인이 돼서 접한 거고. 사실 스탠드업 코미디도 영상으로 보면 저는 별로 재미가 없어요. 일단 외국 거는 자막으로 스포를 당해. 자막 타이밍이 중요한데 잘 안 맞는 경우가 많죠. 그리고 혼자 텔레비전으로 보는 거랑 현장에서 관객들과 같이 웃으면서 보는 것도 다르니까. 쇼츠로 짧게 보면 '이 사람

재치 있네' 정도는 인식이 돼요. 하지만 넷플릭스 스탠드업 코미디 스페셜 같은 걸 즐겨 보지는 않아요. 오히려 그냥 드라마 시리즈를 더 많이 보죠.

드라마 시리즈는 큰 서사 안에서 작은 조크를 많이 치잖아요. 마블 시리즈에서도 그렇고.

엄청 많이 나오죠. 사실 이제 식상할 정도가 됐지만. 어쨌든 그런 방식들이 재미있는 것 같아요.

그러면 어떻게 스탠드업 코미디를 해야겠다고 생각하게 됐어요?

제가 학사 졸업하고 바로 대학원 진학하고 지금 회사생활 하고 있으니까 커리어는 창작과 거리가 멀어요. 그런데 항상 창의적인 걸 좀 하고 싶었어요. 그래서 밴드도 했었고. 주변에 영화 만들고 글 쓰는 친구들 많으니까 '나도 저런 거 하고 싶다', '평소에 농담 같은 거 많이 하고 반응이 좋은데 무대에서 해봐도 되지 않을까?' 생각했어요.

제가 스탠드업 코미디를 많이 본 건 아니라서 일반적인 스탠드업 문법을 잘 모르다보니까 '내가 평소에 어떤 농담을 하지?'를 우선 정리해봤어요. 저는 대화 도중에 나오는 단어로 말장난을 자주 하거든요. 나중에는 단어만 비틀지 않고 관용적인 표현이나 사람들의 논리, 특히 혐오표현을 비슷하게 가져와서 노는 식으로 쓰게 됐어요. 그러면서 처음 만든

게 아까 말씀하신 트랜스-젠더 이름 농담이었고.

**너무 감격스러운 이야기다. 〈퀴코나〉 다음의 무대
경험은 어땠어요?**

그다음부터 코미디 오픈 마이크에 의욕적으로 참여하다가 취업 시기에 마음의 여유가 사라져서 멈췄어요. 직장에 적응하고서부터는 한 달에 한 번씩은 하려고 해요.

어떤 관객을 웃겼을 때 제일 좋아요?

저는 사실 퀴어로 묶이지 않은 일반인이라고 해야 하나? 일반 코미디 무대 경험은 많이 없어요. 퀴어 행사에서 하는 게 편하죠. 일단은 내 코미디를 100퍼센트 이해할 수 있을 거라는 약간의 안정감이 있고. 무엇보다 퀴어 앞에서 하고 싶다는 생각이 드는 이유는…… 이 사람들이 너무, 좋은 걸 많이 못 봤어요.

아 진짜 슬픈데 너무 공감돼.

퀴어들끼리는 그냥 공감대만 형성해도 웃음이 나와요. 그런데 저는 공감 코미디 별로 안 좋아해요.

**저도. 거기서 하나가 더 있어야지. 요즘 유튜브 스케치
코미디는 거의 '현실 고증 100퍼센트' 해서 '싱크로율
쩔게' 만드는 공감 콘텐츠가 대부분이잖아요.**

사실 공감 안 돼요. 그냥 '그런 사람들이 있구나' 정도지. 퀴어의 경우에는 자기랑 비슷한 생각을 하는 사람이 사실 많

지 않고 맨날 그 밥에 그 나물이잖아요. 낯선 사람이 좀 그럴 듯한 무대에서 "너도 그래? 나도 그래~!" 이런 얘기를 해주니까 얼마나 반가워. 솔직히 반갑긴 하잖아요. 그래서 이해는 해요. 그런데 '더 좋은 걸 봐야 되는데? 더 발전해야 되는데? 여기서 머무르면 안 되는데?' 이런 생각이 좀 들어요.

왜 그렇게까지 사명감을 가지는 건데요.

몰라요. 좀 사명감이 생겨. 창작물을 많이 보다보니까 식상한 거 말고 낯선 것, 새로운 것에 대한 욕구가 있죠. 코미디 신에서도 사람들이 새로운 거 했으면 좋겠다는 생각을 항상 하거든요. 요즘 들어 더, 보고 싶은 걸 주로 보려는 사람들이 많잖아요. 그러니까 뭐가 나올지 예상이 되는 것.

그렇죠, 보장이 되니까 마음이 편한 거.

저는 예상을 뛰어넘는 걸 보고 싶어요. '날 놀라게 해봐, 내가 기대하는 거 말고 다른 걸 보여줘.' 그게 좋거든요. 다른 사람한테도 그걸 좀 알려주고 싶은 마음이 있어요. 특히 퀴어들이 더 좋은 걸 봤으면 좋겠어.

맞아. 더 누려야 한다, 우리 아이들. 저도 주로 그런 마음으로 해요. 저는 제대로 된 코미디 세트가 없거든요? 대신 제가 호스트하는 오픈마이크에 누가 나와도 그걸 즉흥적으로 받아서 웃길 수는 있어요. 저는 그 장을 만들고 장내를 정리하는 걸 좋아해요. 내가 불러

모은 얘네를 좀 봐, 이렇게.
코미디 큐레이팅을 하고 싶은 거구나.
맞아요. 이런 것도 먹어봐. 얘가 맛있게 만들었대. 이런 식으로.

내 농담에 독을 탔어

트랜스젠더라는 이슈 자체가 퀴어나 페미니스트 커뮤니티 내부에서도 금기시되었잖아요. 논쟁적일 필요가 없는데 그렇게 되어버렸죠. 이 소식을 헤테로들도 들은 것 같더라고요? 어떤 남성 원라이너 코미디언이 "제가 센 거 해볼까요?" 이런 식으로 말한 다음에 "트랜스젠더, 트랜스지방" 이런 식으로 풍자님에 대한 코미디를 하는 걸 봤어요. 전 그게 트랜스젠더를 조롱하는 농담이라서가 아니라 단순히 말장난에 그친 농담이라서 아쉬웠거든요. 반대로 서연님이 트랜스젠더라는 개념을 조각내서 하나의 세트로 만든 게 정교해서 너무 좋았어요.

당사자성이 만능은 아니지만 없으면 할 수 없는 것들이 있긴 한 것 같아요. 당사자성 없이 하기에는 사람들한테 정보가 없어. 알 수가 없으니까, 지금의 환경에서는 추상적으로 갈 수밖에 없는 것 같아요. 나는 내가 그렇게 살고 있으니까 트랜스 농담을 할 재료가 훨씬 많은 거죠. 그래서 그게 어떻게 보면 코미디언으로서 내 무기가 돼요.

"이것 봐라 나 특이하지~?" 이게 아니라 까다로운 재료를 엄청 잘 다룰 수 있는 요리사 같은 느낌이야. 복어 요리 전문 자격 소지자처럼? 원하면 독을 좀 탈 수도 있고.

맞아. "나 그 독 먹고도 살았어~ 그거 나한테서 나온 독이야."

그런 거죠. 그래서 트랜스 혐오가 좀 있는 게 오히려 코미디 하기 좋아. 사람들이 적당히 혐오를 해야 뒤집을 수 있어. 최근에 앨리 윙도 봤는데, 섹스에 대한 농담은 이미 너무 많아서 이제 예상 가능한 게 되어버렸다고 해야 하나? 섹스에 대한 금기를 건드린 케이스가 많이 생기다보니까 그렇게 새롭지 않은데, 트랜스는 그런 건 아직 없는 것 같거든요. 뭘 해도 새롭거든요. 그냥 다 트랜스젠더가 나타나기만 해도 일단 신기해해. 그래서 이 시장을 좀 나 혼자 누리는 느낌? 넓은 바다인데 물고기가 나 혼자야. 플랑크톤 엄청 많고.

코미디를 시작하고 나서 트랜스 혐오를 대할 때 달라진 게 있어요?

농담으로 만들 수 있을 정도로는 소화가 된 이야기여야

코미디가 가능하니까. 혐오발언에 하도 상처받다보니 이제는 잘 상처받지 않아요. 트랜스 혐오자들은 똑같은 논리를 반복하기 때문에 패턴 분석이 되거든요. 저는 트위터에 트랜스 혐오 절기가 돌아오면 또 어떤 새로운 혐오가 있나 봐요. 요즘 트렌드는 뭐지? 하면서 팔로업해야 농담을 짜죠. 이제는 '트랜스 강아지'도 좀 옛날 게 됐어요.

혐오의 트렌드를 파악하는 거구나. 완전 혐오 트렌드 코리아 2025다.

그거 괜찮네요. "올해는 아무래도 트럼프 정부 때문에 중국인이나 이슬람 쪽 혐오 대비하시면 좋을 것으로 보입니다." 기상캐스터처럼.

비공감으로 연대하기

'에겐녀', '에겐남', '테토녀', '테토남'이라는 용어를 접한 적 있는가?[o] 헤테로들이 짝짓기 시장에서 MBTI처럼 서로를 손쉽게 파악하기 위해 만들어낸 개념이다. 요즘은 헌팅포차

---

[o] 인스타툰 작가 '내쪼' 블로그, '에겐녀 테토녀 구분법(완전판)', 2024.4.15. https://m.blog.naver.com/windoowmymind/223415825044; 인플루언서 '이상수' 블로그, '테토남 구분법 특징 이상형 연애 대시 방법 (+에겐녀 특징)', 2024.8.31. https://blog.naver.com/azalea1_1/223567342802

에서 "저 에겐남인데 혹시 테토녀세요?"라는 질문을 하는 진풍경도 벌어진다고 한다. 나는 최근 길거리에서 친구 사이로 보이는 남성 두 명이 "그 누나는 완전 에겐에겐 하잖아"라는 식으로 대화하는 걸 직접 목격한 적도 있다. 실제 트랜스젠더의 삶에 대해서는 관심 없으면서 또 호르몬 이름은 어디서 들어가지고 자기들 좋을 대로 써대는 헤테로들의 작태를 보고 가장 처음 든 생각은 '꼴값이다', 다음엔 '제법인데?'였다. 태어날 때 주어진 성별로 젠더가 고정되지 않는다는 걸 걔들도 알고 있었던 것이다! 8년 전 호르몬치료를 시작한 서연과도 이 주제를 가지고 수다를 떨었다.

> 트랜스젠더 인권에는 별 관심 없으면서 자기들 연애하기 편하려고 이런 개념을 만든 게 너무 얄밉고 웃기지 않아요? 그리고 유성애자들과 제가 여기서 만난다는 생각도 했어요. 제가 평소에 하는 부치-펨 농담과 공유하는 세계관이 너무 비슷해서.

재밌더라고요. 근데 그 분석은 너무 진심이야. 즐기고 있지 않아. 그 게시물 보면 글쓴이에게 어떤 절실함이 있더라고요. 자신이 서열 최하위 에겐녀인데, 그래서 이렇게 노력을 해야 한다는 식으로. 그렇게 젠더 스펙트럼으로 분석한 이유 자체가 그걸 파악해야 내가 내 문제를 해결할 수 있다고 생각해서인 것 같아요. 팔리는 게 절실하니까 그렇게까지 분석한 거 아닐까요? 왜 철학자들도 인생이 좀 힘들고 그래야 세상을 뭔가 분석하고 그러니까.

맞아. 인생이 즐거우면 그냥 인생을 살지.

응, 분석할 필요 없지. 코미디도 근데 좀 그런 사람들이 해야 재미있는 것 같거든요. 너무 가진 게 많은 사람들은 재미있게 풀 만한 게 별로 없는 것 같아. 맨날 고추 얘기하고 섹스 얘기하는 것도 식상한 걸 떠나서 재미가 별로 없죠.

제가 본 코미디언 중에 '비데 쓰는 게 너무 어렵다, 항문 섹스하는 것 같아서' 이런 농담을 하는 남자가 있었어요. 저는 그게 거기서 끝나니까 문제라고 생각해요. 여기서 한 걸음 더 가려면 '나 항문 섹스 무서워'가 아니라 '좋아한다'가 돼야 웃기잖아요. 내 정체성을 비틀어서 이상한 걸로 만들어야 되잖아. 이성애자 남자들이 항문에 삽입당하는 공포가 있다는 건 만국 공통으로 누구나 아는 사실이에요. 거기까지만 가면 어떡해. 그것도 일종의 공감 개그인 거죠.

"우리 이런 거 이상하다고 생각하지? 나도 그래. 나도 무서워." 이런 자기 고백의 장이 되는 거죠. 아무런 반전도 없는.

제가 좋다고 생각하는 코미디는 비공감이 돼야 하는 것 같아요. "우리 이거 다 알지? 다 아니까 반대로 해볼게." 위악적인 이야기를 해도 어떤 게 옳은지 각자 알고 있기 때문에 웃을 수 있는 게 좋은 코미디라고 저는 생각해요. 제가 농담에 트랜스 혐오를 가져오는 것도 그게 나쁘다는 걸 우리가 다 안다는 전제를 가지고 있는 거죠. 이게 나쁘다는 전제가 없는 관객 앞에서는 이 코미디가 성립하기 어려운 거예요.

저도 항상 거기서 막히는 것 같아요. 나도 헤테로들
사이에서 되게 유명해지고 싶은 마음이 있죠. 근데 퀴어
관객들이 오는 서커스 텐트 밖으로 나가서 뭘 하면 그냥
"말하는 레즈비언 신기하시죠?" 이렇게 될 것 같아서.
그다음에 뭐라고 말하지?

전제가 달라졌을 때의 농담을 많이 써봐야 할 것 같아요.
그거 너무 중요하다. 한국사회에서는 퀴어 관객과
일반 관객 사이의 전제가 너무 다른 거죠. 근데 어쨌든
코미디를 잘하려면 그냥 '공감됐다고 치고' 그다음에
짜야 되는 것 같아요. 그래야 전제를 비틀어서
장난감으로 가지고 놀 수 있으니까.

그런 면에서 관객이 도와줘야 하는 장르죠. 관객이 거부해버리면 코미디는 성립되지 않으니까. 저는 앤서니 제슬닉처럼 반사회적인 코미디도 해보고 싶어요. 무대에서 안티 페미니스트적이고 성소수자 혐오하는 페르소나로요. 이런 걸 했을 때 "저 사람 왜 저래? 저러면 안 되는 거 아냐?" 이렇게

받아들일 수도 있죠. 그걸 극복할 정도로 웃기게 쓰면 모르겠지만 쉽지는 않으니까.

그런 페르소나도 가능하려면 사람들이 코미디를 많이 봐야 되는 것 같아요. '저거 위악적인 캐릭터구나? 농담으로 하는 거구나' 하는 걸 파악할 만큼 문화가 만들어지면 좋겠어요. 농담의 소재로 삼는다는 게 그 문제를 가볍게 여겨서가 아니라 그 문제에 대해 얘기하고 싶어서라는 걸 관객이 알아주면 좋죠. 페미니즘 얘기를 나누고 싶어서 안티 페미니즘적인 페르소나를 가져오는 코미디의 문법을 사람들이 안다면 저도 할 수 있잖아요.

관객도 도와줘야 되고 코미디 신도 도와줘야 하네요.

그렇게 하려면 사람들이 코미디를 많이 봐야 하니까 결국엔 내가 많이 해야 하는 거죠. 관객과 공연자 사이의 핑퐁이 되려면 결론은 그냥 많이 해야겠다. 많이 하고 싶다. 그리고 나만 많이 하는 거 말고 사람들도 많이 좀 끌어들이고 싶다.

앞으로 더 하고 싶은 거 있어요?

너무 거창한데, 전 판을 좀 키우고 싶어요. 관객들 입장에서도 보러 갈 공연이 많이 없겠지만 코미디 하는 사람들도 설 데가 많이 없어요. 특히 이런 마이너리티적인 코미디언들은 더 그렇죠. 왜 집회 나가면 그 의제랑 상관없는 단체들도 연대하러 오잖아요. 코미디도 약간 그렇게 돼야 하는 것 같아요. 여성, 퀴어, 장애인, 노동자 코미디, 뭐 그런 게 있는지 모르겠지만, 다양한 코미디언들이 대통합해서 마이너리티 코미디 판이 좀 커져야 돼요.

너무 맞아요.

소수자적인 특징을 가지고 있는 사람들이 모여서 각자 코미디를 해요. 그게 어떤 전제를 가진 건지 안다면 비슷한 순간에 웃겠죠. 그렇게 '뭔가 통하는 게 있네' 하고 느끼는 순간이 오면 좋겠어요.

익힘책 9. 퀴어한 논리 구조 만들기

1. 이연연상

바이소시에이션Bisociation은 코미디 이론에서 반복적으로 등장하는 단어다. 한글로는 '이연연상'이라고 번역된다. '외견상 상관없어 보이는 두 가지 요소를 연결해 연상하는 과정'이라는 뜻으로, 인간의 창의성에 대해 분석하려고 애썼던 아서 쾨슬러라는 사람이 만든 말이다. 뜯어보자면 이렇게 이뤄져 있다.

- Bi: '바이섹슈얼'의 그 바이가 맞다. '두 개'라는 뜻이다.
- Sociation: association, '연관/연상'이라는 뜻이다.

종합하자면 두 개(이상)의 연상 체계가 충돌하는 지점에서 창의성이 나온다는 뜻이다. 쾨슬러의 《창조행위The Act of Creation》라는 책에는 이런 농담이 예시로 등장한다.

> "감옥에서 수감자들끼리 카드게임을 하고 있었다. 누군가 밑장 뺀 걸 들키자, 죄수들은 그를 감옥에서 쫓아냈다."

이 농담을 굳이 분석하자면 이렇다.
- M1=게임 규칙: 속이면 쫓아낸다
- M2=사법 체계: 죄지으면 사회에서 쫓아내 감옥에 보낸다
- L=현실 배경: 감옥에서 게임함

* L은 (레즈비언이 아니라) Location, 혹은 Level of Experience의 앞글자를 딴 것이다. 즉 농담이 벌어지는 상황이나 문맥, 현실의 배경

을 뜻한다. M1은 독자가 예측하는 정상적인 맥락이고, M2는 충돌을 일으키는 비정상적 맥락이다. M은 Matrix, 즉 '해석 틀'이라고 생각하면 된다. M1과 M2는 따로 보면 각각 말이 되는 의미 체계이지만 이 둘 사이는 보통 그리 연관 있다고 여겨지지 않는다.

본문에서 소개한 서연의 농담을 같은 구조로 분석하자면 이렇다.

> "저는 트랜스젠더입니다. 젠더는 성이고 트랜스가 이름입니다. 제가 미국 교포 출신이거든요. 저희 아버지도 트랜스젠더세요. 저는 정확히는 트랜스젠더 2세인 거죠. 미국은 여자가 결혼하면 성이 남편 성으로…… 바뀐다? 전환된다? 그래서 어머니도 성이 전환됐어요."

- M1=미국식 작명 구조: 이름 다음에 성이 온다.
- M2=성정체성이 가진 특징과 고정관념
- L='트랜스젠더'가 이름인 상황

부조화 이론과 이연연상은 농담 창작의 출발점이다. 부조화 이론? 일상 속의 퀴어한 순간을 감각할 줄 알면 거의 해결된다. 이연연상? 전혀 어울리지 않을 것 같은 개념들을 굳이 붙여보기도 해야 한다.

[연습문제 1] 일상의 퀴어한 순간을 찾아 기록해보자

하루를 보내며 '이 단어 잘 안 쓰지 않나?' 하고 느껴지거나 왠지 생소하게 느껴졌던 개념, 새로 알게 된 것들을 키워드로 정리해보자.
예시) 고랭지농업, 윤석열, 힙레, 브롱크스, 인급동, 스레드, 우정박, 헌

법재판소, PMSproject management system, NCT

[연습문제 2] **억지 연결 놀이**

세 명의 플레이어가 필요하다. 세 명 모두 이 책을 개인 소장하고 있으면 좋다. 각자 새롭게 알게 된 단어를 우선 공유하고 시작한다. 게임 중에는 사전에 공유된 퀴어한 단어 말고 새로운 단어들을 사용해도 괜찮다.

    A: 주제 단어를 제시한다. (예시: NCT)

    B: 완전히 무관한 단어를 제시한다. (예시: 헌법재판소)

    C: 그 둘을 연결하는 말, 상황, 농담 등을 만든다. (예시: 이번에 NCT 새로운 유닛은 로스쿨 출신으로 만든대. 첫 공연을 헌법재판소 앞에서 한다나봐.)

재미가 없어도 괜찮다. 중요한 건 연결하려는 시도 자체다.

2. 사실이라고 가정하기

서연은 혐오 가득한 세상의 농담 같은 말들을 모은다. 그리고 '그게 사실이라면?'이라는 가정에서 새로운 논리를 만들어 웃음을 만든다. "본인 느낌이 여자 같다고 트랜스젠더면 내가 강아지라고 느끼면 강아지냐?"라고 말하는 누리꾼 '트랜스 강아지'가 있다고 쳐보자. 그의 말이 맞다고 치면 이런 펀치라인이 나온다. "그래서 제가 산책시켜드렸어요."

[연습문제] **내 신념과 정확히 반대되는 첫 문장을 쓰고 이를 수습할 만한 그다음 문장으로 반전을 만들어보자.**

예시1) 저는 계엄이 정말 좋았어요. 마감이 미뤄져도 편집자님이 이해해주셨거든요. 제가 계약한 출판사 이름은 오월의봄입니다. 제가 계엄군이면 제일 먼저 여기 직원들 잡아갑니다.

예시2) 저는 동성애가 싫어요. 그래서 이성애를 합니다. 제가 사랑하는 성별은 부치예요.

12장
모두 잊고 반복하라

유튜버 예지주

무협 영화에는 아마도 이런 장면이 등장한다. 부모의 원수를 갚기 위해 사부를 찾아간 주인공이 몇 계절을 돌고 돌아 혹독한 훈련을 받는다. 모든 기술에 통달한 사부의 마지막 가르침은…… 그간의 가르침을 모두 잊으라는 것이다. 예지주를 볼 때면 무협 영화의 사부를 떠올린다. 많이 읽고 머리를 굴리고 계획하고 재고 따져서 하는 모든 것이 무력해진다는 느낌, 그냥 '저 사람이 제일 고단수가 아닐까?' 하는 합리적 의심. 나는 100절, 101절까지 해서 기어이 웃겨버리는 사람들한테 좀 무력해진다. 이렇게까지 해서 웃겨버리는 사람에게는 그냥 무장해제가 된다. 별로 의도하지 않는 웃음이 가장 강력할 때가 있는 것이다.

나는 예지주 레이디의 밑도 끝도 없음에 완전히 반했다. 그는 말장난을 할 수 있는 대상을 찾으면 절대 놓치지 않는다. 그의 구독자 애칭은 '레이디'이고, 여성에 대한 애정과 사랑을 담아 부른다는 의도를 가지고 있다. 예지주는 세상 모두를 레이디로 대한다. "인권운동의 기본은 이미 그 세상이 온 것처럼 행동하는 것"이라는 데이비드 그레이버의 말처럼 그냥 그렇게 한다. 남자가 오면 남자 레이디, 햄스터 얘기를 하면 톱밥 레이디라고 부른다. '그렇습레다', '뭐레즈?', '부모 레이디 퀴어주셔서 감사합레다' 등 모든 문장에다가 억지로 L, 레즈, 레이디, 퀴어 등을 끼워넣는 말장난을 살다가 한 번쯤 마주치면 피식하고 웃음을 흘릴 수밖에 없게 된다.

예지주의 유튜브채널은 2025년 5월 기준 구독자 3만 1800명, 누적 조회수 1000만회 이상을 기록하고 있다. 그러나 그의 성과를 이렇게만 기록하는 것은 너무 작은 부분만 기록하는 일이다. 예지주의 진짜 대단한 점은 그가 매일 같은 시간에 라이브 방송을 한다는 데 있다. 이쪽 클럽도 주중에는 쉬는데, 예지주는 하루를 제외하고 매일 밤 라이브를 켜고 그 자리에서 레이디들을 기다린다. 도심에서 오랫동안 차를 타고 산골로 들어가야 있는 집에서 사는 그는 오랫동안 벽장이었다. 그리고 자신과 비슷한 사람들을 찾고 싶어서 개인방송을 시작했다.

나는 이 책을 위해 〈금개의 시도〉라는 팟캐스트에서 창작자들과 인터뷰를 진행하는 무리수를 두었는데, 원고를 쓰며 애초의 계획과 달라져 방송에서 나눈 대화는 방송으로 남겼다. 유일하게 예지주와의 대화만 원고로 다시 가져왔다.

예의지상주의 레즈비언

저 방금도 24분 전에 영상 올라온 거 보고 왔어요.

쇼츠는 예약으로 걸려서 나갑니다. 하루에 하나씩은 올려요. 지금은 라이브도 매일 하고요. 그래야 홍보를 하니까.

저의 목적은 더 많은 레즈비언 레이디들이랑 노는 거예요. 생방송만 해서는 절대 새롭게 유입이 안 되거든요. 내가 아무리 방송을 해도 레이디들이 모르면 끝이잖아요. 내가 있음을 알려야 오죠. 나는 레즈비언 레이디들이 혼자 고민하고 있는 게 싫어. 모여서 같이 고민하고 같이 얘기하고 싶은데 그러려면 내가 홍보를 해야 되고 그렇기 때문에 난 또 편집을 해야 되고.

요즘에는 네이버 지식인에서 레즈비언 전문가로 활동하고 있어요. 저를 모르는 사람이 당연히 많을 거 아니에요. 지식인에도 진짜 레즈비언이 많아요. 찾아가서 고민을 들어드려야죠. 제가 봤을 때 지식인에는 학생 레이디들이 진짜 많으신 것 같아요. '제가 레즈비언일까요?', '진짜 여자를 좋아하는 걸까요?' 이런 것도 많고, '여자를 좋아하는데 친구한테 커밍아웃할까요?' 뭐 그런 문제도 있고. 엄청 많아요.

'레이디 퍼스트(lady_1st)'라는 닉네임이 너무 탐나요.

그 아이디는 옛날에 방송하기 전부터 만든 거예요. 제일 처음에 방송했을 때도 그걸 레이디들이 너무 좋아하시더라고요. 그래서 구독자 호칭이 레이디가 된 거예요. 그냥 나의 인생 자체가, 레이디가 항상 먼저잖아요. 내가 지금까지 항상 여자를 좋아했기 때문에.

예지주가 '예의지상주의'의 줄임말이잖아요. 이건

어떻게 나온 이름이에요?

제가 광주 사람이거든요. 광주에서 제일 유명한 산이 무등산이에요. 그래서 '무등산 지킴이' 해서 '무지'라고 했는데, 카카오 이모티콘 캐릭터 중에 무지가 있어요. 카카오를 이길 수가 없어요. 무인양품도 있고. 그래서 바꿔야겠다고 생각했는데 본명처럼 세 글자로 만들고 싶었거든요. 저는 이상형에서 제일 중요하게 생각하는 게 예의예요.

이상형뿐만 아니라 모든 인생 자체가 일단 예의를 지키는 게 중요해요. 나도 당연히 못 지킬 수 있지만 지키려고 노력하는 사람이기 때문에. 레즈비언들 매번 이상형 물어보잖아요, 그러면 매번 예의 얘기를 하는 거예요. 저는 진짜 예의 안 지키면 바로 끝. 청학동 레이디, 진짜 선비언이에요.

그런데 아무리 예의가 없다 해도 어떤 이유가 있을 수도 있잖아요. 저는 그걸 좀 궁금해하는 편이에요. 왜 그렇게 했는지. 그게 또 예의일 수도 있잖아요. 너무 한 방에 끊어낼 수는 없으니까. 이 사람이 왜 이렇게 예의 없게 굴었는지 이유는 좀 알아야죠. 이유 없이 했으면 끝인데 이유가 있을 수도 있으니까. 식당이나 마트에서 종업원에게 무례하거나 길에다 침 뱉거나 이런 거는 절대 못 참아요.

저 길에 껌 뱉은 적 있어요.

레? 갑자기 왜? 충격 고백 아니에요, 이거는?

갑자기 과거가 생각나서……

그럴 수도 있죠. 어렸을 때는 그랬을 수도 있어요. 이제 안 그러면 되고. 인간이 실수는 할 수 있으니까.

맞아요. 이제 안 그러겠습니다. 대국민 사과드립니다.

아니 저한테 말 안 해주셔도 돼요. 대국민? 소국민일 수도 있어요. 우리는 소수자니까 소국민일 수도 있는데 대국민까지 가면 좋죠.

또 어떤 게 예의 있는 거예요?

예를 들어 깻잎 논쟁에서 깻잎을 잡아주는 건 괜찮아요. 예의적으로, 아니 인간이 깻잎을 못 떼고 있는데 잡아주는 걸로 뭐라 하는 건 좀 그렇죠. 근데 떼서 주는 건 좀 그래요. 그건 애인 레이디한테 예의가 아니니까.

그럼 새우 까주는 건요?

그것도 예의가 아닙니다. 아니 새우를 굳이 왜 까줘요. 내가 까서 내가 먹기도 힘든데. 그건 각자 하는 게 예의죠. 근데 만약에 새우를 되게 잘 까는 달인이다, 손가락으로 하는 건 다 잘하는 만능 레즈비언이라서 3초 컷으로 하나씩 깐다, 그러면 괜찮아요. 근데 한 사람만 까주는 건 안 되죠. 전문가라는 걸 밝히고 그 테이블에 있는 사람들 거 다 까주면 괜찮죠.

소통에서 나오는 웃음

'휴대폰 잠금화면으로 레즈비언 맞춰보기'라는 콘텐츠는 어떻게 시작하게 된 거예요?

레이디들 아이디어였겠죠. 전 레이디들과 소통을 많이 하니까 레이디들 의견을 엄청나게 많이 반영하거든요. 왜냐하면 나는 방송시간을 진짜 친구들이랑 노는 것처럼 생각해요. 아이템도, 편집도 레이디들이 낸 의견으로 바로 해요. 제가 하는 거의 모든 활동이 혼자 한 게 아니라 모두가 재미있게 만든 거예요. 갑자기 이상한 거 생각나면 제가 해보고, 레이디들도 댓글 달면 제가 재밌다고 생각하면서 뭐가 만들어지는 거니까.

제 친구들 배경화면도 한번 판별해주세요.

부담스럽긴 한데 한번 해볼게요. (첫 번째 사진을 본다) 오케이. 고양이가 20마리 정도 있네요? 레즈비언이에요. 위에 LG유플러스 보이시죠? L과 G가 다 있습니다. 레이디, 걸스라는 뜻이죠. 러빙 유, 플러스까지 하면 너무 좋다는 거네요. (다음 사진을 유심히 본다) 지금 보시면 배터리가 많이 부족해요. 레즈비언들은 보통 배터리가 없습니다. 앱을 많이 해서 그런지 모르겠지만. 레즈비언이요. (다음 사진) 오케이. 약간 청록색 드레스를 입은 레이디가 있고 배터리는 50퍼센트네요. 이건 바이 레이디예요. 왜 그런지는 모르겠지만 느낌이 바로 바이 레이디.

(내내 웃는다) 전 이런 게 진짜 웃겨요.

이게 사실은 진짜로 그냥 아무 말을 해야 되거든요. 그게 제일 어려워요. 진짜로 맞추는 게 아니고 무논리로 계속 말해야 되는 거잖아요. 엉터리로 의미를 부여해야 돼요. 전 의미 부여가 세상에서 제일 어려워요. 트위터에 보면 '어머니 레이디 퀴어주셔서 감사합니다' 이런 거 되게 좋아하시더라고요. 근데 트위터 하는 분들이 의미 부여를 되게 잘하시는 것 같아요. 제가 무심코 '이성애자 비언'이라고 말실수한 건데도 무슨 젠더가 어떻느니 어쩌고저쩌고 해서 막 전복한다느니. 제가 진짜 그렇게 의미를 의도한 것처럼 말씀하시더라고요. 그렇게 해서 트위터 레이디들이 좋아하신다면 저야 상관은 없지만 '왜?' 이렇게 되는 건 있죠. 해명을 하기도 이상하고.

저는 제가 한 말이나 뭔가가 화제가 돼도 당연히 그걸 나중에 알아요. 레이디들이 알려주셔야 알아요. SNS에서 좋은 피드백이 있든 안 좋은 일이 일었든 진짜 한 1년 뒤에 '그런 일이 있었구나' 알게 되는 정도예요.

정신건강에 너무 좋은 SNS 사용이네요. 트위터에는 말을 조각조각 맥락 없이 하게 되니까 오해하려면 얼마든지 오해하고 왜곡해서 공격할 수 있거든요.

저는 SNS를 진짜 홍보용으로만 써가지고…… 저에 대해 뭐라고 하는지 크게 관심이 없으니까. 그리고 엄청나게 화제가 되거나 매일 쉬지 않고 이상한 글이 올라온다면 그거에 맨날 집착했을 것 같은데 그렇지도 않거든요. 또 저는 라이브도 해야 하고 촬영하고 편집도 해야 돼서 신경 쓰기 어려워요. 구독자들 의견은 신경 쓰죠. 예를 들어 펨 부치에 대한 농담도 '이건 너무 편견을 조장하는 것 같다'고 하면 균형을 맞추고 다음에는 더 신경 쓰죠.

라이브 방송에서 웃긴 부분을 편집하는 감이 되게 좋으신 것 같아요. 당연히 편집자가 따로 있을 줄 알았거든요. 이 정도 규모 유튜버라면 보통 그렇게 하니까.

편집이나 업로드는 혼자 다 하죠. 그런데 레이디들이 말하는 대로 해요. 이거 재밌다, 편집하라는 것도 있고. 그것도 시도인 거예요. 해봐야 사람들이 뭘 재밌어하는지 아니까. 반응이 오는 걸 보고 또 하는 거죠. 레이디들이 같이 재밌으니까 좋잖아요. 레이디들도 저랑 같은 생각인 것 같아서 아이디어도 편하게 많이 주시는 것 같아요.

유난히 내성적이었던 레즈비언

녹음 전에 청취자분들께 질문을 받았는데 헤어 스타일에 대한 질문이 꽤 있었어요.

제가 진짜 소심하고 낯을 많이 가려요. 미용실 가면 머리를 어떻게 해달라고 주문을 못 해요. 상세하게 뭘 해달라고 하는 게 너무 어려운 거예요. 미용사 레이디가 뭐라고 하든 그냥 '네'라고 해요. 한번은 친구랑 미용실에 갔는데 앞머리를 일자로 잘라보라는 거예요. 그래서 진짜 용기내서 일자로 잘라달라고 했어요. 미용사 레이디가 "일자로 잘라드릴까요?" 확인하셨는데 제가 "일자가 아니면 어떻게 되나요?"라고 되물었어요. 뭐 어떻게 돼요. 거울에 대고 2대 8 가르마로 타주시면서 "이렇게……?" 보여주시는데 그건 안 되겠다 싶은 거예요. 그럼 일자로 잘라주세요, 하고 나서 그 후로 계속 똑같은 머리를 하고 있어요. 미용실 자체도 3개월에 한번씩 가고, 가도 바꿔달라고 주문을 못 하니까.

코로나 이후로는 집에서 셀프로 자르고 있어요. '주문도 못 하는데 잘됐다' 이러면서. 이게 나의 실력이기 때문에, 내가 미용을 배우지 않았기 때문에, 그 후로는 그래서 똑같은 거예요. 제가 가위손도 아니고 어떻게 스타일링을 할 수가 없잖아요. 예전엔 주문을 못 해서 똑같고 지금은 집에서 내가 자르니까 똑같습니다. 한번은 구독자 레이디가 머리 잘라보라고 핑킹가위를 선물해줘서 그걸로 잘라본 적도 있어요.

**아니 핑킹가위라는 거 진짜 어이없어. 왜 만들어진 거지.
대체 왜 그 모양으로 뭔가를 잘라야 하는 건데.**

아니 제가 만든 건 아닌데 언젠가 한번 핑킹가위 회사에 건의를 해볼게요. 근데 그냥 가위로 그 모양을 내려면 너무 손목을 왔다 갔다 해야 하니까. 손목 건강을 위해서 만든 게 아닐까요.

레즈비언한테 좋은 가위네요. 이해하게 됐어.

갑자기요. 아무튼 앞머리 질문은 해결이네요.

머리는 언제부터 짧게 잘랐어요?

고등학교 1학년 2학기 때. 아직도 기억나요. 그 전까지는 단발이었고, 완전 초등학생 때는 허리까지 왔어요. 고등학교 입학하고 셔틀버스 타려면 빨리 일어나야 하니까 머리를 짧게 잘랐어요. 그러고 학교를 갔는데 친구들이 "야, 너 용 됐다" 이렇게 하는 거예요. 여고를 다녔어서 머리 짧은 사람이 별로 없었거든요. 관심을 받으니까 좋은 거예요.

학창 시절에 어떤 스타일이었어요?

원래도 낯을 많이 가렸어요. 중학교에서 고등학교로 올라가는데 중학교 친구가 딱 한 명 같이 온 거예요. 진짜 작은 학교에서 몇백 명이 있는 큰 학교에 왔는데, 새로 누구랑 친해지기가 힘들어서 진짜 죽을 것 같은 거예요. 그 한 명 같이 온 친구도 심지어 다른 반이 돼서 새로 사귄 친구들 무리에 들어간 거예요.

계속 혼자 있어야 되는데 '이거 큰일 났다' 싶었어요. 진짜 소심해서 짝꿍이랑도 말을 못 하고 있으니까. 그래서 맨날 책 읽고 있었어요. 나중에 친구들이 "진짜 책 좋아하는 사람인 줄 알았다"고 했거든요. 그런데 진짜 아니에요. 친구가 없으니까 뭐라도 소품처럼 필요했던 거예요.

근데 딱 일주일 지나고 친구들을 사귀었어요. 맨날 책 읽는 척하니까 애들도 저한테 관심이 갔나봐요. 나중에 "너 맨날 똑같은 데 보고 있더라?" 이러더라고요.

저는 혼자 있으니까 옆을 안 봤거든요. 괜히 나를 이상하게 생각하거나 친구 없다고 생각할지도 모르니까 난 옆을 안 보고 책을 봤어. 그러다가 제가 진짜 용기를 낸 거죠. 왜냐하면 솔직히 친구가 없이 살 수는 없잖아요. 그날이 기억나요. 야자시간에 엄청 어두웠는데 비가 막 왔어요. 반 친구들이 다 같이 '우리 무서운 얘기할래?' 이렇게 된 거예요. 그때 진짜 용기를 내서 내가 한다고 한 거예요. 저는 일부러 무서운 얘기가 아니라 웃긴 얘기, 반전이 있는 얘기를 준비했어요. 그전부터 네이버에서 무서운 얘기 이런 거 읽는 데 관심이 있었거든요. 이 타이밍이다 싶었어요.

무서운 이야기를 하고 주말이 지나고 학교에 왔는데 친

구들이 말을 걸어주더라고요. 그러니까 더 용기가 생겨서 짝꿍한테 마이쮸 주면서 말 걸고. 근데 짝꿍 레이디가 완전 친구가 많은 애였던 거예요. 그래서 저도 친구가 거의 전교 쪽으로 엄청 생겨버린 거예요. 계속 어디 가서 줄줄이 인사하고, 그 옆에 있는 애가 나를 귀여워하고. 그때 타이밍도 좋았고 용기내길 잘한 거죠.

처음 일주일 정도는 나만의 콘텐츠가 있었어요. 너무 어렵지만 반에 있는 모두와 한 번씩은 얘기해보자는 미션이 있었어요. 친해지지 않더라도 얘기는 한 번씩 평등하게 해보자. 어차피 다 레이디들이니까.

청소년 퀴어 시절

그래서 고등학교 때 연애도 했습니까?
당연히 못 했죠. 저 완전 벽장이었어요.
그럼 언제 정체성을 깨달았어요?
유치원 때부터 선생님을 좋아했어요. 근데 유치원에 남자친구도 있었어요. 그건 이름만 남자친구였던 거죠. 걔가 저 때문에 제가 못 먹는 채소 먹고 토한 적도 있거든요. 근데 좋아하진 않았죠, 암만 해도 남자 레이디니까. 나를 위해서 토도 했고 인상 깊기는 했지만 내가 좋아한다는 감정이 기억나는 건 선생님이었어요. 그 후로 초등학교부터도 매년 레이디들만 짝사랑했어요. 그땐 레즈비언 이런 건 모르잖아요. 사람들은 다 남자랑 사귀라고 하는데 나의 마음은 여자를 좋아하니까, 뭔가 나만 다르니까 당연히 숨기게 되는 거죠.

근데 초등학교 6학년이면 잘 몰라도 좀 빠른 애들이 있잖아요. 친구 중에 그런 애가 있었는데 제가 여자 좋아하는 거를 걔가 바로 눈치를 채고 "야, 너는 레즈비언이다. 근데 나는 호모포비아야" 이렇게 얘기하는 거예요.

6학년이 진짜로 그 단어를 얘기했다고요?

어디서 찾아봤는지 저한테 채팅으로 그 단어를 얘기했어요. 근데 저는 제가 레즈비언이라는 게 싫었던 거예요. 나는 다르다는 걸 인정하게 되는 느낌이고. 그땐 호모포비아가 뭔지 몰랐거든요. 검색해서 뭔지 알았죠. 그 단어가 무슨 뜻인지 알고 나서 나를 레즈비언이라고 부르지 말아달라고 했어요. 그 친구가 나중에 사과 같은 걸 하긴 했어요. 근데 웃긴 게 걔가 저한테 편지를 썼거든요. 그 편지에 걔 이름 하트 내 이름 이런 걸로 도배가 돼 있었어요. 이상하잖아요. 나는 걔가 나를 좋아하는 줄 알았지. 근데 그 편지 주면서 "이 하트는 친구의 하트다" 이러더라고요.

어머나 그거 제가 중학교 때 맨날 했던 거예요. 한국의 얼, 디나이얼이잖아요. 일기장에 한 페이지 내내 여자애

이름 쓰고 하트로 도배해놓고 마지막에 '난 절대 레즈비언은 아니다' 이렇게 쓰면 마치 모든 게 해결되는 것처럼.

눈 가리고 아웅이네요. 진짜로요. 저는 성격이 소심해서 계속 벽장이었던 것 같기도 해요. 누가 나한테 아무리 레즈비언이라고 하고 자기는 호모포비아라고 하고 난 상처받았어도 다른 레이디가 또 있잖아요.

세상의 반이 레이디야.

그리고 중학교는 또 새로운 세상이고. 전학생 레이디들도 오고. 어느 날은 전학생 레이디가 분식집 앞에서 백 원을 빌려달라는 거예요. 뭐 먹고 싶은데 백 원이 부족하다고. 친구니까 백 원 빌려줄 수 있잖아요. 그래서 "알겠어" 하고 딱 빌려줬는데 갑자기 볼에 뽀뽀를 하는 거예요. 그냥 쪽 한 게 아니라 막 혀, 혀를 대서 침이 진짜 묻었다니까요. 어떻게 한 건지는 모르겠지만 하여튼 혀를 어떻게 좀 한 거잖아요.

나는 그게 좀 싫어야 되잖아요. 갑자기 한 거고. 그런데 약간 이 느낌이, '와……' 이런 느낌인 거예요. 드라마처럼 세상이 밝아지고. 너무 황홀한 느낌이고 나도 모르게 나오는 리액션이 걔한테 보였나봐요. 걔가 민망하니까 침을 닦아주더라고요. 그때 '맞구나, 나는 진짜 여자를 좋아하는 게 맞구나' 하고 점점 더 깨달았죠. 근데 또 소심하니까 계속 벽장이었어요. 대학 때까지 나름대로 티 안 낸다고 생각하면서 살았어요. 현실에 순응해야 하나 계속 속으로 엄청 싸우면서. 내가 레즈비언 뭐 이런 거를 하면 어떻게 될까, 저 어릴 때는 지금이랑 완전 다르고 또 시골이니까. 저는 산에 살아가지고 우리 집에 인터넷도 잘 안 됐어요. 커뮤니티를 하거나 이런 것도 아니라서 그런 것도 아예 모르고. 그냥 나 혼자 있는데 '나만 다르구나' 그런 마음이 들어서 마음속에서 계속 싸웠어요. '아닐 수도 있지 않아?' 레이디를 좋아하는 마음이 엄청 확실하면서도.

나이가 많아질수록 다른 애들도 머리가 크잖아요. 그래서 제가 하는 게 좋아하는 사람이 하는 행동이란 걸 애들이 아는 거예요. 그때 "혹시 너 나 좋아하는 거야?" 이렇게 하는 사람들도 많았어요. 그때마다 아니라고 했죠. "아니? 뭔 소리야, 미쳤어? 당연히 친구라서 좋지" 근데 이래도 다 알잖아요. 완전히 발뺌인데. 그렇게 갑자기 미친 듯이 너무 부정을 해버리니까 이상할 거 아니에요.

그렇게 발연기를 하면서도 한편으로는 나한테 조금만 호감을 표하고 귀엽다 하는 사람은 "쟤 레즈비언이네" 이렇게 생각하고 그때부터 혼자서 짝사랑했어요. 학교 바뀔 때마다, 반이 바뀔 때마다 짝사랑 상대가 바뀌었던 것 같아요.

그러다가 대학 가고 바로 취업을 해버렸거든요. 바로 사회생활을 하니까 엄청 바빴어요. 나를 돌아볼 시간이 없었단 말이에요. 엄청 바쁘다가 거기가 이상한 일자리여서 어쩌다 쉬게 됐는데 그러니까 시간이 많아졌어요. 그때 할 게 없어서, '잠깐만! 지금 레즈비언 이런 거 좀 찾아볼까?' 이러면서 나에 대해 생각할 시간이 생긴 거죠. 내가 계속 이렇게 살아야 되나 그런 고민도 하고.

혼자라고 느끼지 않았으면

그렇게 벽장으로 살았다보니 레즈비언이 뭔지 찾고 싶어도 어디서 찾아요. 그냥 완전히 세상에 나 혼자 있는 느낌이었어요. 그때는 아무리 유튜브에 레즈비언을 쳐봐도 별거 없었어요. 야한 동영상이거나 막 외국인이거나. 있어도 너무 잘 사는? 이라고 해야 되나. 좀 걱정 없이, 뭐라고 해야 할까, 커밍아웃 너무 잘돼서, 그냥 자연스럽고 당연한 느낌이라서 저랑은 안 맞는 거예요.

나랑 비슷한 사람이 없었구나.

그러다 어떻게 어떻게 찾아가지고 커뮤니티 사이트에 들어간 거예요. 근데 그 사이트가 또 1년 만에 폐쇄됐어요. 나는 그게 없어지니까 아무것도 없는 거예요. 혼자 나는 왜 이런 사랑만 해야 할까 이러면서 우울함의 늪에 빠졌던 것 같아요. 내가 전생에 뭘 잘못했을까 이런 생각을 하면서. 그러다 안 되겠다, 나를 찾아야겠다, 이러면서 사이트를 또 찾고 하다가 아프리카TV라는 방송 플랫폼이 있다는 걸 텔레비전에서 본 거예요. 친구들한테 "너네 아프리카TV가 뭔지 알아?" 물어보니까 모른대요.

난 벽장이고 아직 커밍아웃은 상상도 못하겠고 나 자신도 정확히 뭔지 모르니까 방송을 해볼까 생각이 들었어요. 내가 방송을 하면 나 같은 사람들이 모일 거 아니에요. 그래서 그냥 하자, 싶어서 하게 됐어요. 그때는 남자 레이디들도 많이 들어오고 게이 레이디들도 오셨어요. 그래서 그때 처음 만든 게 '레즈 게이릿'이라는 단어거든요. 저랑 가족들은 진짜로 산골에 살았고 레즈 게이 이런 건 꿈에도 모르거든요. 그런데 비슷한 사람들을 만나니까 '이거 괜찮은 거네, 안 죽네. 그렇게 큰일 안 나네, 잘못된 일이 아니네'. 그런 걸 방송하면서 깨달았어요. 거기 와준 사람들이 나한테 자기 경험담을 얘기해주면서. 그게 너무 고마워서 저는 지금까지 나도 똑같이 도와줘야겠다는 생각으로 방송을 하는 거예요. 나 혼자라고 생각하는 사람들이 당연히 있을 테니까. 요즘은 또 유튜브도 발달을 많이 했으니까 찾기 더 쉬울 수도 있잖아요. 저처럼 모르는 사람도 있을 거고. 저는 너무 답답했거든요. 인터넷에 레즈비언이라고 쳤는데 내가 나오면 제가 또 알려줄 수 있으니까. 그때부터 계속 방송하게 된 것 같아요. 그게 너무 고마웠어요.

그렇구나. (눈물이 고임)

거의 내 인생을 살린 느낌이니까. (눈물이 고인 금개의 눈을 보고) 에? 여기 휴지 없는데요.

나랑 비슷한 사람을 찾기 위해서 그렇게 시작했다는 게 되게 감동적인 것 같아요. 그런 시절들을 겪었으니까.

그래서 지금도 새벽 방송을 엄청 하는 거예요. 그때가 제일 힘들 테니까. 사회에서 열심히 살고 집에 오면 자기 전이 제일 생각이 많아지잖아요. 그것도 사실 아프리카 때 그 사람들이 알려줬어요. 그 방송 들어온 레즈비언 게이분들이 "야, 퀴어는 방송을 새벽에 해야 된다" 그렇게 말씀하셔서. 요즘도 새벽에, 일주일에 하루 빼고 거의 다 하고 있어요.

생방송과 편집해서 올리는 콘텐츠는 많이 달라요. 생방송에서는 다 같이 뭐든 얘기할 수는 있지만 방송이 끝나면 레이디들은 또 현실을 살아야 하잖아요. 숨겨야 하는 상황도 있을 수 있고. 그래서 저는 편집은 무조건 재밌고 웃긴 것만 올려요. 당연히 악플 달리고 힘든 것도 많죠. 그래도 그런 것보다는 웃긴 것만 올려요. 그냥 잊고 웃었으면 좋겠어서. 너무 진지하게 하면 더 거부감이 들 수도 있잖아요.

원래 웃기는 걸 좋아하긴 했죠?

좀 특이하고 싶긴 했어요. 소심하지만 나만의 뭔가를 하고 싶은 사람이었어요. 그리고 그냥 레이디들이 웃는 게 너무 좋아요. 돈을 잘 벌면 편집자도 고용하고 당연히 좋겠지만 지금은 그냥 혼자서 해요. 저를 홍보해야 레이디들이 또 저를 알고 그럼 또 더 많은 레이디들과 같이 놀 수 있으니까.

저는 엘워드나 레스보스처럼 레즈비언 마을을 만들고 싶어요. 그러긴 어려울 수도 있어서 일단 '레스트 하우스', 레이디들이 인연을 만나거나 여행하고 쉴 수 있는 게스트하우스를 만들고 싶어요.

저도 레이디들과 같이 일하고 시트콤 비슷한 걸 같이 만드는 게 꿈이에요. 레이디들이라고 서로한테 다 관심이 있는 건 아니라서 어렵지만.

같은 퀴어끼리 왜 관심을 안 가지지? 같이 도와주면 좋잖아요. 어차피 우린 다 소수인데. 세상이 차가운데 우리끼리 여기는 따뜻해야지. 만약에 진짜로 그런 거 하시면 저도 도와드리고 싶어요.

너무 좋아요. 우리 길게 보고 또 재밌는 거 같이해봐요.
언제든지 오케이입니다. 나는 같이하는 게 좋으니까.

13장
웃음의 범주를 넓혀라
1인 극장 김은한

당신에게도 '인간 웃음버튼'이 있는지? 바라보기만 해도, 가끔은 떠올리기만 해도 웃음이 나는 사람 말이다. 나에겐 김은한이 그런 사람이다. 은한의 직업은 아무튼 연극인인데, 그의 작업 방식에도 어쩐지 웃음이 나는 별난 구석이 있다. 은한은 본인과 관객, 이야기만 있으면 냅다 공연을 시작한다. 관객이 모여서 불러주기만 하면 거기로 가서 팝업스토어처럼 극장을 오픈해 공연을 마치고 철수한다. 은한은 '매머드머메이드'라는 이름의 1인 극장을 운영한다. '매머드머메이드'의 공연 방문 서비스 '주주총회'의 홍보물에는 이렇게 쓰여 있다. "집, 직장, 작업실, 강둑 등등…… 관심 있으시면 연락 주세요~ 미국 생일잔치의 광대처럼 인터넷 기사님처럼 기쁨 드리도록 노력하겠습니다."

무대에서 은한이 기쁨을 주는 방식은 참으로 기묘했다. 은한은 최소한의 무대 장치로 관객을 이끄는 이야기꾼이다. 그가 안내하는 길로 이리저리 이끌려 가다보면 스트레스가 쌓인다. 경로가 전혀 예측되지 않기 때문이다. 친절한 표정과 재치 있는 말투에 내가 스트레스를 받고 있다는 사실조차 잊게 될 뿐이다. 그러다 스트레스가 해소되는 일순간에는 예상치 못한 곳에 당도해 있는데, 그 재미가 일품이었다.

내가 김은한의 공연을 처음 본 건 〈2022 코미디캠프: 파워게임〉에서였다. 네 명의 배우가 각각 스탠드업 코미디 무대를 선보이는 구성이었다. 은한은 첫 번째 순서로 〈상식적인 접근〉이라는 무대를 올렸다. '지금아카이브'라는, 이름부터 예술 느낌을 주는 극단에서 기획한 코미디 공연이었다. 티켓 사이트가 아니라 배우나 제작자의 인스타그램 프로필의 링크를 클릭해야 볼 수 있는 공연들이 있다. 네이버나 구글 설문 폼 작성과 입금 확인 문자 등의 소중한 과정을 거쳐 공연까지 굳이 찾아가는 관객들에게는 일종의 자부심이 있다. 주류적인, 말하자면 웃찾사적 웃음에는 쉽게 넘어가지 않겠다는 자부심이다.

그러나 은한은 정확히 그 행위를 통해 관객을 실망시켰다. 코미디 극장의 MC가 반복하는 수련회 레크리에이션 강사적 클리셰를 답습해 예술 관객들의 자부심에 찬물을 끼얹은 것이다. 그는 관객의 호응을 유도하기 위해 인위적인 텐션으로 이렇게 외친다. "왼손에 박수~! 오른손에 함성~! 에잇 소리가 너무 작다!" 혹은 망측한 몸개그와 함께 무리하게 캐치프레이즈를 밀어붙이는 식이다. 예를 들어 남사스럽게 허리를 돌리며 "스껄스껄", 가슴 양쪽에 검지손가락을 붙이고 "젖꼭 쥐 빔~!"이라고 외친다. 그런 몸짓에 쉽게 넘어가기엔 너무 예술적이고 비주류적인 코미디 공연에 와 있었던 관객들은 그 당황과 실망을 통해 다음 이야기로 이끌려 들어가게 되었다. 복잡하게 좋았던 공연에 대해 그걸 안 본 사람에게 설명하기는 참으로 어렵다. 그래서 비평가들이 있는 것이다. 이 공연의 구조나 내용에 관해서는 2023년 1월 26일 웹진《연극in》에 게재된 비평가 진송의 〈실패를 위한 실패의 즐거움〉에 매우 잘 정리되어 있으니 꼭 참고하길 바란다. 진송에 따르면 은한의 〈상식적인 접근〉은 "의도적으로 관객들을 웃기는 데 실패하는 극"이며, "치밀함과 정교함, 그리고 코미디의 실패가 야기하는 적막은 스탠드업 코미디에 대한 '상식적인' 예상을 한참 벗어나" 있었다.

    나는 그가 이야기 속 이야기로 관객을 초대하는 방식에 크게 감명받았다. 공연 곳곳에 정교하게 설치된 실패와 성공은 곱씹을수록 재미있었다. 어쩌면 무대에서 기획된 실패를 반복하는 것이 코미디라는 무대 예술에서 가장 중요한 일일지도 모른다. 그를 인터뷰에 초대하는 것만이 "그를 사랑하는 방법이라는 게 분하다".° (*본 인터뷰는 금개의 룸메이트 지안이 보조 인터뷰어로 참여해 질문과 대화에 도움을 주었습니다. 지안의 말은 밑줄로 표시되어 있습니다.)

° 2024년 7월 책방 풀무질에서 열린 은한의 1인극 〈침묵하는 것만이 그를 사랑하는 방법이라는 게 분하다〉를 패러디해봤다. 별 이유는 없다.

연극으로 웃기기

제가 은한님을 〈2022 코미디캠프: 파워게임〉 공연에서 처음 뵈었죠.

맞아요. 지금도 그 공연 얘기하면 다들 "하마터면 나갈 뻔했다" 이래요.

근데 일부러 그렇게 하신 거잖아요.

그렇죠. 그런 것도 당해봐야지. 아니 그러려고 하는 건데~ 사실 같이 공연했던 동료들한테 많이 힘을 얻었어요. 동료가 "상처 줘도 나중에 다시 꿰매주면 되는 거 아닌가" 이렇게 얘기해서, '아, 그럼 관객들한테 스트레스 잔뜩 주자!' 그런 걸 해보고 싶었죠.

<u>그런 상처를 주고 싶은 마음이 있으신가요?</u>

모르겠네. 공연예술 활동이 기본적으로 상처 주는 거 아닌가?

은한님의 작업에서는 언제부터 코미디가 중요했나요?

배우 입장에서는 기본적으로 웃기면 좋죠. 웃기면 너무 좋잖아요. 근데 연극을 선택한 건, 못 웃겼을 때도 즐겁게 볼 수 있어서? 끝까지 보면 '뭐…… 좋기도 했다!' 이런 순간을 만들어주잖아요. 근데 코미디는 사실 진짜 승부잖아. 안 웃기면 그 시간 전체가 별로 즐겁지 않잖아.

그러니까. 성공과 실패가 너무 명확히 눈에 보이는

장르죠.

그래서 코미디언들 존경하죠. 뭐 보고 나서 재미없다고 욕하더라도 존경은 하죠. 굳이 그러겠다고 하는 사람들을.

약간 진검승부하는 느낌이니까. 근데 전 은한님 공연을 보면 무조건 웃거든요.

고마워요. 그런데 '웃음은 덤이다' 생각하고 작업하는 게 훨씬 좋아요. 보통은 저 혼자 작업하니까 웃음 포인트를 미리 마련해놓지는 못해요. 관객들이 언제 웃는지는 공연을 해봐야 알아요. 이번 인터뷰도 그렇고, 웃음에 대한 얘기를 해달라는 요청을 받을 때 정말 기쁘지만 사실 해줄 수 있는 말이 별로 없어요. '나 이런 거 하고 싶었고 이렇게 만들었다' 정도밖에. 웃음은 사실 나중에 따라오는 거라서.

금개는 인터뷰 사흘 전 은한이 참여한 공연 〈AR연계공연셋업 ; 서울왕립극단 기술융합미래 어쩌구 지원을 받았다고 가정함 X 김상훈〉을 보고 왔다. 진지해 보이는 공연 이름에 '어쩌구'가 들어가는 게 웃기다고 생각했다. 99막 99장의 극이 1000년 동안 영원히 완성되지 않고 셋업만 되고 있다는 터무니없는 설정의 연극이다.

이번 공연도 진짜 웃겼어요.

이번 공연 대사 일부를 외젠 이오네스코의 〈왕은 죽어가다〉라는 작품에서 가지고 왔거든요. 그 작품 자체는 웃을 거리가 별로 없어요. 진지하게 왕이 한 시간 동안 죽는 연극이에요.

한 시간 내내 그냥…… 죽어가?

네네. 아무래도 〈왕은 죽어가다〉니까…… 근데 사실 나는 그 희곡이 좀 웃기다고 생각했어. 왕이 죽어가는 와중에 옆에 왕비 둘 대사가 이런 거거든요. "이제 돌아가시기까지 한 시간 남았어요.", "15분 남았어요." 그런 부조리극이 난 되게 웃기다고 생각했어. 카프카가 웃기다 생각하는 것처럼. 예전엔 〈변신하지 않음〉 뭐 이런 공연도 했는데, 카프카인데 변신을 안 해서 그냥 출근해야 되는 내용……

뭐야, 진짜.

근데 말하다보니까 맞네. 저 원래 코미디 하고 싶었던 것 같네요. 코미디의 다른 방식으로 연극을 선택한 것 같네요. 근데 사실 코미디에서 그런 게 존재할 수 있으면 좋잖아요. 깊은 감각들도 같이 즐길 수 있으면 좋지.

이것까지가 코미디였으면 좋겠다는 바람인 거죠.

맞아요. 전에 오픈마이크 무대에 섰는데 끝나고 주최자가 "은한씨 너무 현대미술 같아요~!" 이런 적이 있어요. 마음이 좀 복잡한 거야. 아무래도 난해할 수 있지. 근데 어차피 그럴 때는 또 도망가는 멘트들이 있어요, 저한테도.

사람들이 난해해할 때!

코미디의 다양성이 필요하다.

와, 근데 저 그거 진짜 많이 써먹어요. 오픈마이크에서 내가 재미없는 것 같으면 '레즈비언 쿼터제로 온 거다'.

쿼터제. (웃음) 근데 쿼터제보다는 외연과 내연을 넓히는 어떤 확장성이라고 생각해요. 왜냐하면 이런 걸 하는 사람도 있어야 다른 사람들도 다른 걸 할 수 있잖아요. 조금 분해. 대안적인 코미디는 1년에 한 번 공연하기도 어렵잖아요. 다양성 확보가 잘 안 되는 거죠. 코미디 클럽에서는 매일 같은 레퍼토리로 열리는데.

〈2022 코미디캠프〉 때는 일본의 조용한 코미디언들한테 영향을 많이 받았어요. 조용히 자기 센스를 발신하는 스타일. 근데 내가 조용한 스타일은 아니니까 어떻게 내 방식대로 해볼까 고민해서 가져온 거죠. 라쿠고(일본의 화술 기반 전통 공연예술)의 방법론을 사용해서 이야기에 어떻게 완급을 줄 것인가 고민했어요. 긴장이나 낙차를 주는 방식에서 코미디가 호러와 비슷하다고 하잖아요.

조용한 코미디는 어떤 식이에요?

이를테면 그냥 길게 문장을 이어가며 독백을 하는 줄 알았는데 옆에서 얘기하는 거죠. "너 사행시 짓고 있구나?" 이런 유의 기법들을 사용하는 코미디언들이 있거든요.

헐. 더 해주세요.

"가끔씩 삶에 대해서 좀 생각해보게 돼. 삶이란 뭐고 죽음이란 뭘까? 나 지금 취업 안 하고 계속 코미디 하고 있는데 좀 울적해져서 집에 가서 엄마가 해주는 밥 먹으면서 크림 스튜에다가 밥 같이 해 먹고 뭐 이렇게 지내고 있었어. 어머니가 집에 있으니까 참 좋더라고. 다음 날에는 잼 바른 빵이랑 밥이랑 같이 먹고 있었는데 그럴 때마다 삶이란 건 어떻게 흘러가는지 잘 모르겠어." 그러면 옆에서 조용히 얘기하는 거죠. "너희 엄마는 밥이 안 넘어가는 반찬만 주시는구나?"

<u>좀 그렇긴 하다.</u>

좀 그렇긴 한데 인터뷰하면서 공연 보니까 신나네요. 은한님의 스타일이 라쿠고 같은 일본 전통 공연예술이나 만담 같은 일본 코미디의 영향을 많이 받았잖아요. 제가 일본 스타일 자체에 친숙하지 않아서 그런지 한국에서 요즘 시도되고 있는 만담도 그다지 재미는 없었어요.

한국에서는 만담 문화가 어쩔 수 없이 잘 안 먹혀요. 보케-츳코미° 구조의 문화가 잘 없기 때문에. 비슷한 사례를

° 일본 만담의 전형적인 역할. '보케'는 멍청하거나 엉뚱한 말이나 행동을 하고, '츳코미'는 이를 지적해 웃음을 유발한다.

생각해보면 〈무한도전〉 시절 박명수씨의 호통 정도? 이상한 짓을 하면 제지하거나 꼽을 준다는 차원이지, 뭔가 말려서 재미를 만든다는 개념이 한국에 잘 없어서. 관객도 한정된 상황에서 다들 자기 방식을 개척하다보니까 아직은 시행착오들이 조금 더 있는 시기인 거죠.

이걸 마냥 재미없다고 말하기 어려운 게, 우리나라의 고유한 만담 스타일이 유실된 지가 오래고 지금 새로 만들어야 되는 상황인 거잖아요. 그 와중에 다양성이 중요할 텐데, 다양한 기반, 웃음의 준거집단이 다양한 사람들이 코미디를 많이 시도하면 좋을 텐데. 아무래도 지금 시도하고 있는 분들은 공채 출신이 많으니까 그 안에서 배워온 것들, 선후배와 동료들의 웃음인 것 같아요. 사실은 한정된 준거집단에서의 웃음인 거죠.

다양한 웃음들이 시도될 수 있는 장이 좀 필요한데 지금 스탠드업 코미디 신에서는 그런 게 거의 불가능하다고 느껴지고, 그렇다고 콩트를 할 수 있는 공간이 많은 것도 아니고. 연극계에서도 짧은 작품을 혼자 만들 수 있는 환경이 아니다 보니. 제가 그런 것들을 조금 시도하고 있는 거죠.

근데 한국은 한국대로 그냥 열심히 한 거예요. 한국에선 방송 코미디, 리얼 버라이어티가 강세였기 때문에 그걸 그냥 계속 열심히 하는 거고. 일본은 조금 더 공연 코미디가 많았으니까. 한국은 판소리가 다섯 마당만 남아 있지만 라쿠고 레퍼토리는 800개, 강담(일본 헤이안 시대 귀족들의 교양 강습에서 비롯된 이야기 공연예술)은 8000개가 남아 있어요.

(놀리듯이) 노 재팬 해야지.

노 재팬이지. 근데 노 재팬 하면은 내가 구원받을 길이 없어. 나 같은 사람들이 너무 구원받을 길이 없어. 나는 꼽주는 것도 너무 싫고 그런 걸 느끼는 것도 힘들고. 그리고 저는 사실 리얼만으로 좀 벅차거든요. 요즘 한국 코미디의 주류는 하이퍼리얼리즘이잖아요. 저는 부캐라든지 잘 고증된 다른 삶을 간접 체험하고 싶지 않고. 그런 게 엄청 재밌지는 않더라고요.

공감을 기반으로 하는 스케치 코미디류를 말씀하시는 거죠.

네. 저는 조금 공감이 안 되더라도 그냥 좀 놀라고 싶은 것 같아요. 계속 놀라고 놀래주고 싶은 열망이 있어요. 공포나 코미디나 다 놀래주는 일이기도 하잖아요. 결국에는 낙차나 반전을 주는 게 놀랍게 하는 거니까. 놀라게 할 방법들을 계속 궁리하게 되는 것 같아요.

기대를 배신하거나 상상해보지 못했던 새로운 것을 경험하게 해주고 싶다는 건가요?

가깝네요. 가깝네요. 네. 정확하네요.

재미와 흥미를 구분하지 않기

연극을 시작한 것도 어릴 적 좋아한 일본 예능과 만담의 영향이 있었어요?

아니에요. 연극을 막상 시작한 거는 고등학교 때 저기 뭐지 예쁜 국어 선생님이……

예쁜 선생님들이 예술계에 진짜 많은 일을 해……

저 국어책 읽는 거 좋아해가지고. 국어책 낭창낭창하게 읽었더니 "너 대학 들어가면 연극해봐라" 그래서 입학하고 다음 날 연극 동아리방 문 열고 들어갔어요.

귀엽다. 선생님 뿌듯하겠다. 좀 궁금했던 게, 저는 무대 밖에서도 은한님이 되게 웃기다고 생각하거든요. (은한: 고마워요.) 유머가 사실 엄청난 사회적 도구이기도 하잖아요. 《남자는 왜 친구가 없을까》에서 읽은 건데, 특히 남성 집단에서 유머가 서열 정리의 도구로 사용되는 경우가 많대요. '이 농담에 못 웃으면 남자 아니야!' 이런 식으로. 은한님 학창 시절에는 관계의 도구로서 유머나 코미디가 어떻게 작용했던 것 같아요?

또 그냥 부조리 얘기하게 되는 게. 중학교 때부터 지금까지 잘 지내고 있는 친구도 사실은 이제 뭐, 〈멋지다! 마사루〉, 〈이나중 탁구부〉, 〈삐리리~ 불어봐! 재규어〉, 〈돌격 크로마티 고교〉, 〈개그만화 보기 좋은 날〉 이런 작품들이 있거든요. (지안: 진짜 최고예요.) (금개: 어리둥절) 네, 그런 거에 웃고 반응해주는 친구들이랑만 지냈다. 같이 웃을 수 있는 친구가 아니면 사귀지 않는다.

겸상도 안 해? 인간도 아니야?

'인간도 아니야'까지는 아니야…… 확실히 좀 격은 좀…… (지안: 떨어져?) 아무래도 조금…… (지안: 수준 이하?) 아무래도 긍정적으로 평가하기 어려운 구석이 있을 수도 있다는 가능성을 남겨두는 것으로 우리끼리 이제 합의를 보려는 생각들을 마음속에 품고 있는 것을 감추지 않았죠.

감추지 않았대. (웃음) 쿠션어 대박.

사실 또 날고 기는 녀석들이 언제나 있기 때문에. "우리 집단이 사실은 정말 웃겨. 남들은 몰라도 말이야." 이런 거죠. 어릴 때 그런 것들도 좀 생각했던 것 같아요. "우리끼리는 개그콘서트에 나오는 유행어로 웃기지 말자" 이런 거. 그런 걸로 웃기는 게 좀 덜 멋지다고 생각했죠. 물론 그렇게 해서 멋진 사람들도 있었지만.

쿠션어 또 깔아주네요.

그럼요. 저 쿠션어가 정말 중요하거든요. 쿠션어가 독기를 눌러주기 때문에 아낌없이 쓰는 게 좋아요. 어릴 때부터 많이 썼어요.

못돼 보이고 싶지가 않아요?

착해 보이고 싶다기보다는 '가능한 한 만인에게 사랑받고 싶다' 이런 열망이 있는 거예요. 왜냐하면 만인이 사랑해주지 않기 때문에. 미움받을 용기는 좀 없는 편이었던 것 같아요. 미움받아서 엄청 재밌으면 상관없는데 미움만 받게 되면 너무 리스크가 크잖아. (손을 괴물처럼 올리며) '우오오아악!' 이랬는데 다들 '음…… 으음……', '은한이는 말이 좀 거칠구나……' 이러면……

안 되지.

<u>그냥 거지 같은 섬°에 버려지는 거지.</u>

그렇지, 곤란하잖아. 아니 그리고 그냥 좀 너무 나대는 것 같잖아. 위악적인 캐릭터로 만드는 웃음은 일진의 웃음 같은 면이 있어요. 그걸 잘하는 사람도 있겠지만 저도 그냥 제가 잘할 수 있는 거, 하고 싶은 거, 내 성미에 맞는 것들을 좇아가다보니까 이런 형태가 된 거지. 정교한 계산에 의해서 만들어진 결과는 아니었던 것 같아요.

<u>선천적으로 심성이 곱다고 주장.</u>

나 심성 별로야. 근데 다들 별로일 텐데 나까지 별로일 필요는 없잖아. 그리고 힙스터 기질도 있어요. 요즘 동료들

° 〈무한도전〉에서 광희의 발연기로 유명해진 대사 "두 번씩이나 이 거지 같은 섬에 버려지다니이이." 지안은 평소 혼자 버려졌다고 느낄 때 이 대사를 자주 인용한다. 내가 청소를 안 하고 데이트를 나가버리거나 할 때처럼 말이다.

중에 꼬인 사람들이 너무 많아서 나는 오히려 안 꼬여야겠다. 이 장르에서는 다들 자기가 변방이라고 생각하니까, 몇천 만원짜리 지원 서너 개씩 받는 연출도 '한 끼 먹을 돈 없습니다' 이러잖아요. 난 '내가 중심이다, 메인이다'라고 생각하는 거죠.

그렇다고 치기.°

응. 그렇다고 치는 거지.

동료들한테 질투심은 안 느끼세요? 뭔가 잘하는 거 봤을 때 질투할 수도 있잖아요.

예전엔 안 했는데, 요즘 들어 동료들이 재밌어서 질투해요.

<u>웃겨서, 아니면 흥미로워서?</u>

뭘까? 근데 둘이 꽤 같지 않나?

아니 웃긴 거랑 흥미로운 거 다르죠.

근데 흥미로우면 전 다 웃긴 것 같아요. 그리고 저희 정도 사람들은 재밌는 거 보면서 이럴 때 있잖아요. (심각하게 안경 쓰고 보는 시늉) "좀 치네?"

필기하면서. 웃는 대신 감탄하고.

° 2023년 은한이 극단 '음이온'과 협업해 올린 〈연극 안 하기 - 연극 했다고 치기〉를 패러디해봤다. 역시 별 이유는 없다.

그렇지. 그거는 사실 이야기의 힘이라고 생각해요. 그래서 유머랑 이야기가 좀 떨어지지 않는 것 같아.

<u>그러니까 유머의 힘과 이야기의 힘을 따로 보지 않는다는 거죠.</u>

그렇죠. 저는 카프카도 웃기다고 생각했고 하이쿠(매우 짧은 일본 정형시), 블랙메탈(북유럽에서 시작된 광폭한 느낌의 음악 장르)도 웃기다고 생각해서 코미디 공연의 소재로 썼거든요.

배꼽 안 빠지는 웃음소리

라쿠고라는 장르 자체가 너무 흥미롭고 이상한 것 같아요. 라쿠고에서 만들어지는 낙차와 스탠드업 코미디의 셋업-펀치라인을 어떻게 비교할 수 있을까요?

스탠드업은 활주로를 잘 만들어놓고 이대로 가기 위함이라면, 라쿠고는 아예 다른 데로 가려고 하는 차이가 있는 것 같아요.

<u>길 자체를 배신해버리는.</u>

네. 그리고 라쿠고는 공연 중에 한 번만 웃겨도 되니까 이야기를 훨씬 오래 데리고 가죠. 확실히 연극적이에요. 라쿠고 중에 목 늘어나는 여자 이야기를 좋아하는데, 그냥 짧

게 해볼까요?

갑자기? 너무 좋아요. (연극이 또 시작됐다.)

세상 어디에나 어리석은 남자들은 있기 마련이라, 쌓아 놓은 것도 없으면서 결혼을 하고 싶다는 남자가 있다. 중매쟁이가 와서 말한다.

"옆마을에 어떤 여인이 있는데, 만나는 사람마다 밤만 되면 도망을 가서 계속 혼자 나이 들고 있어요. 둘이 결혼하면 어떨까요?"

바보 같은 남자는 어리석기 때문에 여자면 다 좋다고, 결혼하겠다고 덥석 중매를 수락한다. 그런데 중매쟁이가 덧붙인다.

"첫날밤에 절대로 부인 쪽을 보시면 안 됩니다. 물론 첫날밤이니까 좋은 시간 보내고 싶겠지만 절대 그러시면 안 돼요."

남자는 그냥 결혼만 하고 싶었던 거니까 별로 상관없다고 생각했다. 첫날밤이 되어 남자와 여인은 함께 방에 들어갔다. 여인을 보지 말라는 당부에도 불구하고 어리석은 남자는 아내를 안고 싶어 살짝 쳐다본다. 누워 있는 아내에게는 얼굴이 없다. 목이 벽을 따라 쭉 올라가서 머리가 천장에 있는 거다. 남자는 헐레벌떡 뛰어가서 중매쟁이에게 따져 물었다.

"이게 무슨 일입니까. 내 아내가 요괴란 말은 없지 않았습니까?"

"그 여인은 밤마다 목이 엄청 길어져요. 그게 그 여인의 유일한 문제점이에요."

"이를 어쩐단 말입니까. 결혼을 물러야 하는 거 아닐까요. 저희 어머니도 제가 결혼한다는 소식에 엄청나게 기뻐하셨는데. 아이고, 파혼을 해야 할 것 같은데…… 너무 무서워가지고 어떻게 같이 지내요."

"파혼하고 집에 돌아가면 어머니가 집에서 목을 길게 빼고 기다리고 계시겠네요."

"네. 어머니도 막상 아들 보내고 나니까 집에서 좀 적적하시대요."

"아이고, 엄마도 목을 길게 빼고 있으면 못 돌아가겠네." 뭐 이런 이야기예요.

좀 어쩌라고…… 하게 되네요. 흥미와 재미가 있기는 해요.

막 배꼽을 잡는 웃음은 아니야.

그렇지, 그렇지. 배꼽을 잡을 필요는 없지. 사실 배꼽 잡는 게 오히려 가짜일 수 있잖아요. 관객으로 갔을 때 공연에서 더 크게 웃게 될 때 있지 않아요?

그렇지, 맞아. 기 살려주려고?

그런 것도 있는데, 되게 무의식 차원에서 발휘되는 거야. 약간 섹스할 때 일부러 신음소리 크게 내는 거랑 비슷한 거 아니야? 내가 이왕 여기까지 왔으니까 즐겨보자.

평소에 집에서 혼자 봤으면 무표정으로 봤을 수도 있을 텐데.

비슷한 것 같아요. 그렇게 깔깔 웃고 나서 집에 가면 뭔가 봤다는 기분이 안 들 때가 있어요. 그런 깔깔 웃음도 좋지만 저는 결국에 이런 감각들을 조금 더 좋아한다는 거죠. 《한편》 유머(16호)에도 썼지만 요즘에는 은은한 웃음에 대해서 계속 생각하게 되는 것 같아요.

오르가슴을 연기한 것 같다는 기분?

모르겠네. 근데 그런 웃음적인 오르가슴을 공연에서 경험해본 적이 있어요? 그러니까 진짜 배 잡고 데굴데굴. "우오아아악~!!!" 이렇게 함성 지르고 데굴거리면서 끊임없이 공연자한테 막 조종당해. 내가 막 흙덩이가 될 때까지 굴러다녀. 사실 그런 경험까지는 없잖아요. 이상적으로 웃긴다면 그런 체험이 좋겠지만 이게 공연예술에서 가능하냐고요. 현대를 살아가는 우리의 산만한 정신 상태에서. 진짜 정신 못 차리는 오르가슴처럼 휘둘리는 그런 웃음은 그냥 친구들끼리 있을 때 많이 생기죠. 공연예술에서는 아무리 웃겨도 그렇게 배꼽을 잡는 경우가 많지 않아요.

진짜 내가 딴생각해서, 존나 웃긴 생각했다, 이런 거 아니면.

꽤 어렵지. 극장에서는 친해지는 게 정말 오래 걸리는 과정이에요. 공연자와 관객이 친해질 시간이 필요하잖아요. 근데 친구들끼리는 이미 모든 시간들이 접속돼 있기 때문에. 왜 그럴 때 있잖아요. "야 그때~" 하자마자 다 같이 웃음 터지는. 공연에서는 그게 어려우니까.

이미 친하니까 난교에서의 오르가슴이 가능한 거지.

그렇지. 근데 공연에서는 (엎치락뒤치락을 연기하며) "후!! 후!!!" 이렇게 안 되지. 이런 건 프로레슬링이나 미식축구 같은 스포츠 경기에서 가능하죠. 나 명백히 보고 싶은 게 있어, 그걸 정확히 보여줘. 그게 되는 거.

요즘은 뭐가 재밌어요?

이번에 〈AR연계공연셋업〉 작업 준비할 때 기획자가 가져왔던 레퍼런스가 칼비노의 〈보이지 않는 도시들〉이었어요. 칼비노가 재밌다, 칼비노를 좀 읽어보자! 오타쿠 쪽으로도 또 얘기할까? 아니면 약간 코미디적인 재미를 얘기하는 걸까?

재미와 흥미를 별로 구분하지 않는다고 해서 뭉뚱그려서 질문해봤어요. 코미디적으로는요?

일본 코미디 공연들은 꾸준히 사서 보고 있고. 거기는

이제 온라인 극장이 잘돼 있으니까. 아까 이야기한 '조용한 만담' 팀 단독 공연을 결제해서 보니까 이 사람들 절반은 그냥 연극하더라고요. 평범하게 연극하다가 만담으로 코미디 약간 하고. 그리고 그 공연에 대한 비하인드나 세계관을 뒷받침하는 이야기를 소설로도 낸대요. 이야기와 코미디라는 걸 장르적으로 명백하게 구분하지 않고 공연한다는 발상 자체가 저랑도 닿아 있는 것 같아서 흥미로워요. 코미디언들이 연극도 할 수 있고 드라마도 쓸 수 있는 건데 우리나라에선 특히 왜 이렇게 구분이 되는 걸까. 그냥 형식 때문에 나눠져 있는 거 아닌가 이런 생각이 들어요.

그리고 동료 코미디언분이 "같이 만담 한번 하시죠" 제안하셔서⋯⋯ 재밌겠다. 할 수 있을까? 이런 생각 하고 있습니다. 왜냐하면 저는 사실 코미디를 만드는 사람이라는 자각 없이 해왔기 때문에. 연극을 10년 했지만 매번 새로운 두려움, 완전 처음부터 시작하는 두려움이 있어요. 막 유명한 미국 남자 코미디언들처럼 "난 웃기지~ 마이크만 잡아도 터지지~ 무슨 단어를 얘기해도 웃길 수 있지" 이런 게 전혀 아니어가지고.

은한님 작업의 목표가 뭐예요?

사람들한테 언제나 기분 좋은 스트레스를 주는 거. 그게 저한테는 제일 즐거운 일이라서.

14장
관객을 당황시켜라
벌레스크° 퍼포머 불잠지

° burlesque, 일반적으로 여성의 성적 매력을 강조한 춤이다. 이 장르에 대한 이야기는 인터뷰 전반에서 다뤄진다.

이름이 불잠지라는 이유만으로 나는 이미 잠지에게 애틋한 마음이 들었다. 아니, 대체 어떤 삶을 살아온 여자이길래?

불잠지의 퍼포먼스에 비하면 그의 이름은 별것도 아닌 수준이다. '과하다'는 말로는 표현이 다 안 되는, 압도적이고 벅찬 차림으로 불잠지는 무대에 등장한다. 어떤 말로 묘사해도 부족하겠지만, 부처의 가르침과 정반대일 것 같은 모양새로 불교 용품이 몸의 특정 부위에 휘감겨 있다든지, 성인용품의 신령이 깃든 왕꽃선녀이려나…… 싶은 차림 등이다. 벌레스크 공연자는 본인의 섹슈얼리티를 활용해 관객을 놀린다. 그러니까 원래대로라면 공연 중에 조금씩 옷을 벗어가며 섹시함을 소재로 관객과 밀당하는 장르다. 그런데 불잠지는 줄 듯 말 듯 놀리는 과정을 거의 생략한다. 그냥 다 준다. 좀 더 구체적으로는 충격을 준다. 그냥 주는 게 아니라 분출하고, 뿜어대고, 불을 붙이고, 쏟아붓고, 젖고, 싸고, 갈아내고, 폭발시킨다. 부적 몇 장과 금줄 같은 것으로 중요 부위를 겨우 가린 채로, 몸에 고춧가루를 붓고 가랑이에 김치를 비비며.

이렇게 과하면 더 이상 섹스가 아니지 않을까? 그의 퍼포먼스는 선을 넘다 못해 금기와 기준에 대해 전면 재고하게 만든다. 섹슈얼리티를 엄청나게 발산하는 무대에서의 이미지와는 반대로 그의 성적 지향성은 무성애자이다. 공연을 준비하거나 무대에 서지 않을 때는 중국어와 영어를 가르치는 교사다. 그가 엄격한 가정에서 자랐다는 정보까지 듣고 나서는 이미 오랫동안 기다려왔던 것처럼 불잠지를 만나고 싶어졌다. 마침내 잠지를 처음 집에 초대한 날, 첫 만남에서 나올 거라고는 기대할 수 없었던 이야기를 밤새 술술 하게 됐다. 자위 스타일과 습관부터 공연장에서의 고충, 관계 맺는 일의 지난함과 정말 하고 싶은 작업에 이르기까지. 잠지는 무대에서 다리를 벌리듯 마음도 너무 빨리 활짝 열었다. 이름을 부르는 것만으로도 약간의 해방감과 재미가 느껴지다니. 나는 잠지의 퍼포먼스를 보고 경악하면서도 그의 콘셉트와 의상과 이야기의 근간이 유머라는 것을 눈치챘다. 공포 영화와 코미디는 관객의 긴장을 예측하고 조율한다는 점에서 유사한 구성을 가지고 있다. 불잠지는 사람들이 공포스러워하는 여성의 신체, 섹슈얼리티를 무기로 관객을 경악하게 하거나 폭소하게 만들었다.

웃기는 게 딱 좋아

나는 잠지 퍼포먼스의 유머가 너무 좋아. 공연장에서도 관객들의 반응이 다 웃음과 연결돼 있었어. 사람들이 경악하면서 엄청 웃더라고.
그러니까. 나를 코미디언의 범주에서 인터뷰에 불러준

거잖아. 나는 그게 정말 칭찬이라고 생각하거든. 솔직히 너무 좋아. 광대로서 극찬이잖아. 나는 누가 나 멋있다, 좋다, 예쁘다, 뭐 이런 거는 그냥 "그래? 좋아" 이래. 근데 "웃기다"가 진짜 천상이야. 나는 누구를 만나서 못 웃기잖아? 그날 잠을 못 자. "오늘은 똥 싸다 만 느낌이네" 이러고.

언제부터 그렇게 광대였어?

엄마가 조금…… 마음이 아프셔. 이런 표현 어떨지 모르겠는데 마음이 되게 아픈 분이야. 엄마가 내 주변에 있는 사람들을 불편하게 만든다고 느낀 적이 있었어. 그걸 내가 무마해야 한다는 마음이 든 거야. 어딜 가나 "성격 좋다"라는 말을 들어야 마음이 놓였어. 그래야 우리 엄마가 실수를 하더라도 나는 용서받을 수 있으니까. 생존 본능으로 웃기는 능력이 생긴 거야. 또 워낙 부모님의 감정 기복을 종잡을 수 없어서 집 안에서도 살얼음판 걷듯이 지냈거든. 분위기를 빨리 읽고 감정을 숨기거나 무마시키거나 어떤 자세를 취해야 할지 시시각각 판단하는 능력이 생겨버린 거지. 사람들을 기분 좋게 만들고 눈치 보는 게 처음에는 생존 욕구였거든. 나중에는 사람들이 나 때문에 웃는 게 즐겁더라고. 결국에는 최상의 기쁨과 보상인 거야. 내가 무슨 말을 했는데 사람들이 막 웃어. 그러면 '이 감정은 뭐지……?' 자기효능감 엄청 올라가고. 너무 즉각적이고.

너 가르칠 때도 웃기는 편이지.

완.전. 학생이 안 웃으면 불안해. 보통 수업하면서 에너지를 얻는 편인데 학생이 안 웃는 수업은…… 힘이 좀 빠지기도 해. 가끔 학생이 나를 웃기는 경우도 있는데, 그러면 내가 안 웃겨도 괜찮아. 나는 웃기려고 너무 애쓰는 사람은 좀 평가하는 느낌으로 보게 되거든. "해봐~" 이러면서. 특히 남자들이 시답잖은 농담으로 웃기려고 하는 거 있잖아. 그런 거 너무 안 좋아해. 약간 금개처럼 이렇게 툭툭 던지는데 웃기거나 아니면 '이 사람 진짜 진지하다……' 싶은데 웃기는 거 있잖아. 학생들 중에서도 그런 경우가 있어.

그런 사람이 제일 웃겨. 정말 성실하게 자기 자신이 되는 것만으로도 웃기는 사람들이 있다고.

진짜로. 되게 조용하고 그냥 조곤조곤 얘기하는데 너무 웃긴 사람들이 있어. 내가 그런 사람들한테 약간 미쳐. 그런 분들은 내가 웃기려고 하지 않고 그냥 웃어. 그런 경우에는 못 웃겨도 괜찮아. 근데 보통 수업에서는 내가 웃기려고 엄청 노력을 많이 하지.

나는 항상 생각하고 있어. 이 타이밍에 내가 이 말 하면 웃기겠다. 바로 막 생각해 혼자. 혼자 상상도 해. 나 상상을 진짜 많이 하거든. 내가 제일 많이 하는 상상은 사람들 웃기는 상상이야. 혼자 연습해. 누구랑 누구랑 있는데 이런 얘기가 나왔는데 그때 이런 얘기 하면 진짜 웃기겠다. 이러면서 잠들어.

'이 학생한테 이런 농담 해야지' 막 이런 것도 평소에 생각해?

미리 생각해놓는 건 아닌데 설명하다가 생각나잖아? 그걸 꼭 해 무조건. 참는 경우는 없어. 웃어주면 너무 고마운 일이고 안 웃어주면 "네~^^;" 이러고 넘어가는 거지.

이 사람의 웃음 포인트를 잘 찾아내는 게 잘 가르치는 데 무조건 도움 되지.

엄청. 그래서 눈치를 엄청 많이 보지. 그러니까 내가 이 말을 하면 웃는가 안 웃는가 확인하려고 화면만 응시하고 있는 거지. 학생들 표정 변화가 데이터가 되는 거야. 이런 사람은 이렇게 웃기면 되겠지? 이런 사람은 당황시키면 웃겠지? 이런 사람은 이 얘기를 해주면 웃겠지? 이 사람은 말장난 좋아하지? 어느 순간부터 그런 걸 엄청 파악해. 가르치는 것도 가르치는 건데 웃겨야 돼. 그래야 나도 재밌고.

광대 성향인 사람이 교사랑 잘 맞는 게 그거야. 나는 교사 동료들이랑 일하면서 모두가 코미디언적 재능이 있다고 생각했어. 그러니까 아예 재미가 없는 선생님은 없어. 아주 재미가 없기는 힘들어. 애들 앞에서 말을 계속하면 레퍼토리가 생기거든. 아무리 재미없는

선생님도 이걸 했을 때 애들이 웃는다는 데이터는 있어.

맞아. 원래 성인 위주로 가르치다가 요새 초등학생들도 가르치거든. 근데 얘네가 웃을 때 주는 희열이 또 성인이 주는 희열이랑 너무 다른 거야. 얘네는 말로 웃기는 것보다 그냥 몸으로 웃겨주면 되거든. 걔네가 내 몸짓을 따라 하면서 막 좋아하면 너무 기뻐.

완전 다른 종류의 퍼포먼스구나.

완전, 완전. 고학년부터는 좀 말로 웃기는 걸 좋아하기 시작하는데 그 전에는 시답잖은 거에 진짜 잘 웃어줘.

약간 그 슬랩스틱한 웃음이 애들한테 특히 괜찮아.

그거는 내가 기꺼이. 근데 성인한테는 그렇게 절대 못 해. 공감성 수치가 와. 성인한테 그런 식으로 웃기면 나 자신한테 떳떳하지 않아.

각설이 벌레스크

상하이에서 오래 지낸 거야?

어렸을 때는 한국에서 살다가 상하이에서 초중고를 다 보냈어. 중국에 살 때는 한국이 우리나라라는 생각도 못 했어. 그냥 태어난 나라, 완전 어렸을 때 잠깐 살았던 곳? 그래도 꼭 돌아오고는 싶었어. 어렸을 때 친구들한테 작별 인사도 못하고 갑작스럽게 이민을 갔거든. 스무 살 때 다시 한국에 왔는데 집이라는 생각은 안 들더라고. 다시 독일 쪽으로 대학원을 준비하고 있었는데 코로나가 터진 거야.

그때 한국에서 벌레스크를 시작했다고 들었어.

맞아. 나는 벌레스크라는 장르 자체를 너무 좋아한다? 왜냐하면 여자는 항상 우리가 원하지 않을 때 대상화가 되잖아, 원하지 않을 때 만져지고. 그런데 벌레스크에서는 '내가 원하는 상태에서 내가 원하는 만큼 너네한테 보여줄 거야. 너네는 나를 만지거나 추행할 수 없어. 내가 이걸 보여준다고 해서 나를 만질 수 있게 초대하는 건 아니야' 이런 식의 선도 확실하게 그을 수 있거든. 가톨릭 집안, 중국 유교 사상에서 자라면서 억압됐던 게 무대에서는 막 나를 비집고 나오니까 너무 자유로운 거야. 나는 술도 안 마시고 담배도 섹스도 안 해. 근데 벌레스크만 하면 아드레날린이 너무 솟는 거지. 진짜 중독되는 거야.

벌레스크도 일종의 연극이야. 내가 무대마다 이야기와 캐릭터를 하나씩 만들거든. 예를 들어 '애국 보수女의 ㄷh환ㅈㅂ 낙ㅌH쑈™♣'라는 제목으로 태극기 꽂고 낙태를 형상화하는 거야. 고어적일수록 재미있어.

고어물 좋아하는구나.

너무너무 좋아해. 내가 공연에서 피나 낙태 같은 모티

브를 사용하는 것도 그 영향이야. 어렸을 때부터 스트레스를 고어물로 풀었어. 부모님이 엄하니까 친구들도 잘 못 만나게 하고 못 나가게 하니까. 방에서 열두 시간 동안 심즈 그냥 죽이고 〈롤러코스터 타이쿤〉에서 사람 물에 빠트리고 토하게 만들고 갑자기 롤러코스터 끊고 계단 없애버리고 그런 짓을 했지. 그때는 고어라는 개념도 없고 징그러운 게 재밌었어.

잠지 공연에는 고어하고 그로테스크한 표현 안에 한국적 요소가 주로 있었던 것 같아.

벌레스크를 하면서 원래 굉장히 작업하고 싶었던 캐릭터가 만신이야. 왜냐하면 무당이라는 것 자체가 여성이 대부분이었잖아. 여성이 두려움의 대상이 되고, 미래를 알려주잖아. 한 나라도 주무를 수 있는 권력을 가진 여자의 이미지를 빌려서 하고 싶은 얘기가 많았던 거야. 그때 한국 무속적인 요소들을 공연 콘셉트에 굉장히 많이 넣기 시작했어. 교회나 성당에 오래 다녔지만 우리 집도 아주 예전에는 무당 할머니네 집 가서 빌고 그랬거든. 한국 사람이라면 무속 신앙이 막 그렇게 멀지 않잖아. 만신을 하고 싶어서 서울예대 계시는 김선영 선생님한테 한국무용을 배웠어. 선생님이 나한테 가르쳐준 게 한국무용 정신, 한국의 정서야.

나는 퍼포먼스에서 중요하게 생각하는 게 많은데 그중 두 개가 이거야. 금기에 대해서 얘기하기, 뭔가를 전복시키기. 그걸 따라가니까 자연스럽게 캐릭터들이 나오더라고. 거기서 정체성이 만들어진 것 같아. 결국에는 내 얘기를 하려면 내가 좋아하는 주제로 돌아가는 것 같아. 나는 그게 한국 여성으로서의 금기라든가 무속적인 어떤 요소 같은 거였어. 그래서 내 의상 대부분이 무당들의 의복에 영향을 받은 디자인이야.

요즘은 계룡산에서 각설이 수련도 받고 있지?

어. 각설이를 시작하게 된 것도 이거랑 다 연결되는 것 같아. 내가 되게 우악스럽게 하는 편이다? 무대 시작할 때 육성으로 "시발새끼들아 소리질러~" 막 이러면서 등장한단 말야. 일단 관객이랑 서로 호흡과 에너지를 주고받는 게 너무 좋아. 그리고 웃기고 싶은 거야. "너네 오늘 다 임신시켜줄게!" 이러면 난리 나고. 난 이게 너무 좋은 거야. 누가 벌레스크에서 그런 말을 해.

근데 나는 그냥 조혜련 스타일로 하고 싶었어. 과한 게 너무 좋아. 〈아나까나〉, 태보 스타일로 하고 싶었거든. 너무 웃기잖아. 나는 그게 좀 내 성향에 맞아서 막 진짜 소리를 꽥꽥 지르면서 해. 벌레스크 하는 사람들이 날 보면 "저건 벌레스크 아니야" 할 수도 있어.

왜냐하면 내가 일단 젖꼭지를 다 까버리기 때문에⋯⋯ 스트리퍼와 벌레스크 퍼포머를 나누는 몇몇 자료의 기준엔 노출 정도도 포함이 되더라고. 난 관심 없지만 말야. 근데 어쩌라고. 난 가끔 필$_{feel}$ 타면 잠지도 까거든. 내가 안전하다고 생각하는 순간에만.

벌레스크이면서 마당놀이, 각설이 공연과 비슷한 형태인 거네.

맞아. 내 공연에 보통 무대가 높이 있지 않기 때문에 관객들이 빙 둘러서 만들어진 공간에서 공연을 한단 말야. 그러니까 이게 마당극의 한 종류가 되는 거야. 한국무용은 공연 때 관객들이 얼쑤 절쑤 하거든. 공연자는 그걸 받아가지고 또 에너지를 뿜어내. 무대를 둘러싼 면이 다 관객석이 되는 거고 그 안에서 퍼포머가 에너지를 주고받는 거지. 내가 하는 게 마당놀이 스타일이었다는 걸 알게 됐어.

나는 마당놀이 하면 각설이가 제일 먼저 떠오르는 거야. 닉네임이 '테크노 각설이'인 DJ Seesea 언니를 너무 좋아해. 언니랑 둘이 같이 뭐를 하고 싶어서 매일 뭐 할까 얘기하다가 "우리 각설이 듀오를 하자" 이렇게 된 거야. 그때까지만 해도 각설이 하면 그냥 거지, 낭인? 이 정도로만 인식하고 있었단 말이야. 그런데 공부하고 알게 될수록 각설이가 내가 하려는 것과 맞닿은 부분이 많은 거야. 권력을 조롱하고, 약자들 한복판에서 사람들을 웃기고. 그때 만난 각설이 선생님이 그런 말을 하셨어. 각설이가 하는 건 "살아 있는 사람들을 위한 굿"이라고. 이거 내가 해도 되는 거구나, 이게 나의 언어가 될 수 있겠구나, 라고 생각했지.

벌레스크 공연은 길어봐야 10분이야. 그것도 진짜 긴 거고, 보통 3분~5분인데 그 안에 내가 말할 기회는 더 없어. 근데 알잖아, 난 웃기는 걸 너무 좋아하잖아. 말이 제일 직접적이니까 주변 친구들이 스탠드업 코미디를 해보라고 하더라. 근데 나는 그렇게까지 멍석 깔아주면 못 해. 그런데 각설이는 그냥 다 해도 되잖아. 중간에 멘트하는 것도 상관없고, 별 이상한 춤을 추고 노래를 하고 서커스를 해도 돼. 진짜 종합예술 세트인 거야. 그렇게 관객들과 호흡하는 시간도 길어지니까 너무 좋은 거지.

모든 걸 할 수 있다는 지점이 흥미롭다. '말로만 웃긴다'와 반대되는 속성이 있는 것 같아. 관객을 웃기기 위해서라면 이것도 저것도 다 가지고 오겠다는 느낌이라서 너무 좋다.

이 여자는 다 해줍니다. 나는 사실 내가 망가진다고도 생각 안 하거든. 나는 그냥 하고 싶은 대로 하는 건데, '저렇게까지?' 이렇게 놀라는 사람들도 있단 말이야. 근데 나는 관객을 위해서 애쓰는 게 아니야. 가고 싶은 만큼 가는 거야. 오히려 너무 가서 사람들이 기겁할까봐 고민하는 거지.

잡지한텐 이 모든 게 별거 아니고 '사람들을 놀래야지,

당황시켜야지' 이런 도깨비 같은 의도가 있다는 게 재밌다. 관객이 불안해할 틈을 안 주고 충격을 줘버리니까.

그게 제일 재밌어. 난 이걸 계속해야 돼. 내 인생은 그냥 이거라는 생각이 들어. 물론 형태는 바뀔 수도 있겠지만 당장은 벌레스크, 각설이 공연을 하는 게 내 인생이라고 생각해서 그냥 그거에 매진하고 있어. 딴 건 생각 안 하고, 그냥 광대야.

유난히 억압적이었던 어린 시절

사람들 벌레스크 뭔지 잘 몰라. 당연하지, 외국 문화고 벌레스크인지 벌림숙희인지 알 게 뭐야. 사람들이 뭐냐고 물어보면 예전에는 뭐 유래나 역사 이런 걸 좀 설명하려고 했는데 지금은 그냥 "벗고 벌리는 거예요" 이래. 이게 사실 외국에서도 의견이 엄청 갈리거든. 벌레스크를 스트리퍼로 볼 거냐, 예술 작업으로 볼 거냐. 대부분 벌레스크 퍼포머들이 스트리퍼로 불리는 거 되게 싫어하지. 이건 아트다, 'Art of tease'(애태우기의 예술) 이러면서. 우리는 500만 원짜리 의상 입고 고급 레스토랑에서 한다면서. 근데 나는 그걸 나누는 게 무슨 의미가 있나 싶어.

성노동자와 선 긋는 거지.

응 그러니까. 창녀가 뭐가 어때서. 내가 이름을 불잠지라고 지은 것도 관습적으로 금기시되는 것들을 입에 올리고 해방감을 느끼면 좋겠어서거든. 고추, 자지, 이런 건 자주 말하고 들리잖아. 여성의 성기, 보지, 잠지 이런 말은 천박하거나 멸칭처럼 사용되고. 심지어는 산부인과도 가기 어렵잖아. 내가 다낭성 난소 증후군이 있다는 걸 모르고 평생 고생하다가 스물일곱 살에 처음 알았거든. 여자들이 자기 성기 자체에 대해서 관심 가지고 얘기하는 게 아직도 잘 안 되니까. 난 어렸을 때 부모님이 야하다고 빨간 신발도 못 신게 했어.

아니 아직도 이해가 안 돼. 뭐 성당 가는 날이니까 좀 여며라, 이런 거면 몰라. 내가 상하이에서 영어 배우려고 교회도 다녔거든. 거기서 도움을 많이 받긴 했지만 여성의 성에 대한 수치심도 같이 심어줬어. 자위 같은 건 여자로서 상상도 하면 안 되는 일처럼. 근데 나는 어렸을 때 유아 자위 중독이었거든. 초등학생 때 어느 정도였냐면 엄마 아빠가 부부싸움 하는데 못 참겠어서 방에 들어가서 자위하고 그랬다니까.

사실 불안할 때 해소하려고 자위 많이 하잖아.

그랬던 것 같아. 아무튼 그 교회에서 성과 욕망에 대해서 수치심, 죄책감을 진짜 많이 심어줬어. 심지어 연애를 많이 하면 할수록 색종이를 막 찢고 이걸 풀로 붙이는 거랑 똑같대. 이미 찢어진 걸 아무리 붙여도 흔적이 남는다며, 순결해야 된다며 여자 신도들이 여학생들을 교육했어.

주님의 순결한 어린양이 되라고.

섹스는 아이를 낳는 행위지 그걸로 기쁨을 얻으면 안 된다는 거야. 왜냐하면 오직 주 그리스도로부터만 기쁨을 얻어야 하기 때문에. 그래서 자위도 안 되는 거야. 기쁨은 세속적인 우상이니까.

성경 보고 자위하면? 주님으로부터 얻는 기쁨이잖아.

맞지. 나 그것도 생각난다. 그때 내가 자위 때문에 너무 고민이어서 교회 친구한테 털어놨거든. 친구가 막 울면서 기도했잖아. 다른 여자인 친구들 다 모여가지고 나를 빙 둘러싸고 머리에 손을 얹고 자위 안 하게 도와달라고 기도했어.

레전드 장면이다. 〈미드소마〉잖아.

그러니까. 억눌리면 더 진화된 모습으로 나와. 이젠 나도 주체할 수 없는 모습으로 나오게 되는 거야. 나를 주체할 수가 없어서 공연을 하는 거야. 무대에서 막 벌리면서 푸는 거지.

억압된 여자들을 위한 굿

여자한테는 뭐만 하면 정숙하지 못하다, 야하다, 창녀

같다, 이러잖아. 어느 순간 '왜 안 돼?' 이런 생각이 드는 거야. "그래요 창녀예요~" 이렇게 하니까 사람들이 당황하잖아. 그게 너무 즐거워. 사람들이 내 이름 부를 때 곤란해하는 것도 재밌어.

창녀라고 계속 얘기하다보면 적어도 주변 사람들의 인식은 달라지지 않을까? 예전에 여성학 공부했을 때도 성노동자에 대한 인식이 되게 안 좋았단 말이야. 그때는 페미니즘이 이런 거구나 이렇게 배웠는데 사회에서 만난 사람들과 얘기 나눠보니까 아닌 거야. 페미니즘으로 뭔가 해방되기도 했지만 또 하나의 족쇄가 되기도 한다는 걸 또 깨달았던 것 같아.

페미니즘이 모두를 위한 해방이라면 나도 해방되어야 하는 거잖아? 그럼 마음대로 할래. 사람들이 별로 안 좋아하는 것도 할래. 그래서 충격적인 쇼를 한 거지. 예전에 퀴어 클럽에서 공연하는데 그날 너무 반응이 좋은 거야. 음악이 안 들릴 정도로 사람들이 소리를 질러주니까 너무너무 신난 거야. 나는 사람들의 비명이 너무 듣기 좋아. 그때 완전 하이 high 타가지고 생리대 뜯고 핥아서 객석으로 던졌어.

그리고 김치쇼 보고는 그렇게 우는 사람들이 많았다. 낙태쇼도 그렇고. 그래서 깜짝 놀랐어.

진짜 굿을 한 거구나.

맞아. 사람들이 그렇게 울고 소리지르는 걸 보면 어쩌면 이런 게 살풀이 굿일 수도 있겠다는 생각이 들어. 일단 하면서 내가 너무 해소가 많이 됐기 때문에. 처음에는 나를 위한 살풀이라고 생각했거든. 사람들이 공연 끝나고 막 울면서 너무 좋았다고 하는 거 보면서 이 사람들한테도 그럴 수 있구나. 그래서 그때 좀 더 책임감을 느꼈던 것 같아.

자신의 계보를 새로 쓰기

나는 불잠지의 휴대폰 배경화면이 이불 작가의 〈portrait for Hydra II〉 사진인 것을 보고 속으로 전율했다. 얼마 후 잠지에게 받은 메일의 보낸 사람 이름이 'Zamzi Bul'인 것을 보고도 작게 환호했다. 퀴어들은 잘 알려진 생물학적 방식을 벗어나 가족을 이루고 혈연을 만든다. 내가 연결되고자 열망하는 인물 뒤로 자신의 계보를 새로 쓴다. 잠지 본인이 의도했거나 선포하지 않았지만, 이런 작은 힌트만으로도 내 눈앞에는 어떤 지도가 그려졌다. 이불만큼 위대해질 불잠지에게 향후 계획을 물어봤다. 이불 작가에 대해 내가 설명하는 것은 크게 의미가 없을 것 같으니 인터넷이나 미술 전공자에게 물어보길 바란다.

원래는 계획을 엄청 정확하게, 월 단위로 세우는 사람이었어. 하루 계획도 분 단위로 세우고 그걸 이행해야 직성이 풀리는 스타일. 그런데 퍼포먼스 시작하고 나서 그런 게 굉장히 많이 줄었어. 공연 일이라는 게 내 마음대로 되는 게 없어. 나라는 존재를 세상 사람들이 아직 잘 모르고, 장르도 너무 생소하니까. 내가 항상 자리를 찾아가야 되거든. "저 이런 거 하는 사람인데 여기 파티에서 하고 싶어요." 늘 이렇게 내 자리를 찾아서 먼저 갔어. 그러면서 예상치 못하게 찾아주는 사람들이 생기고, 계획하지 않은 일들이 벌어지고. 너무 감사하게도 그런 식으로 좋은 일들이 많았거든. 그래서 너무 먼 미래는 생각하지 않는 게 맞다. 왜냐하면 이 길은 아직 가보지 않았으니까.

나중에 비엔날레에서 행위예술도 해보고 싶어. 언더그라운드 신에서도 계속 활동하고 싶고. 일반인들은 아무도 날 몰라도 돼. 근데 적어도 뭔가 이런 행위예술을 알고 좋아하는 사람들은 나를 알았으면 좋겠어. 근데 그게 진짜 전 세계적으로 알았으면 좋겠고. 내가 명예욕이 진짜 강한 사람이거든. 동양권 관객 앞에서 주로 퍼포먼스를 했잖아. 근데 완전히 맥락을 이해하지 못하는 사람들한테 보여줄 때 또 어떤 반응을 보일까 되게 궁금해.

그냥 무대를 많이 하고 싶어. 클럽, 미술관, 인권 행사

안 가리고 진짜 많이 하고 싶어. 오래오래, 죽을 때까지 하고 싶어. 그래서 내 몸을 일단 아끼자, 나를 우선으로 생각하자, 매사에 너무 스트레스받지 말자. 그리고 감사하게도 요즘 좋은 사람들을 더 많이 만나게 되면서 하는 다짐은…… 행동거지 조심하자.

광대들의 숙명적인 과제지. 말조심, 행동거지 조심.

그렇지. 행동거지 조심하자, 말조심하자. 항상 겸손하자. 주변 사람들한테 감사하자. 그냥 이렇게 오래오래 하는 게 진짜 나의 목표야.

60세 불잠지 디너쇼가 너무 보고 싶어.

69세가 좋겠다. 그때가 재밌겠다. 그때 진짜 싹 다 모아서 올림픽체조경기장? 국립현대미술관?

왜 안 웃었는지 알아? 진짜 될 수도 있는 일이라서.

너 잘 포장한다. 너무 영광이다. 불러줘서 고마워.

무대에서
자아를 실험하라

크리에이터, 회사원 세레나

소설 《디트랜지션, 베이비》에는 이런 독한 농담이 등장한다.

"근데 트랜스들의 직업 세 가지 중에 어떤 일 하세요? 컴퓨터 프로그래머, 미용사, 창녀 중에?"°

세레나의 직업은 셋 다 아니다. 그는 고도의 사회성을 필요로 하는 마케팅 업계에서 10년 넘게 일한 회사원이다. 최근 오픈리 트랜스젠더로 외국계 대기업에 이직했다. 트랜스젠더 회사원의 삶을 꿈꾸고 용기를 내게 한 댓글이 있었다. 세레나가 출연한 유튜브채널 〈네온밀크〉 구독자가 남긴 말이었다.

"트랜스젠더들도 낮에 일할 수 있다는 것을 보여주세요."

세레나는 퀴어가 뭔지도 몰랐던 어린 시절부터, 정수리에서 지퍼가 열리고 몸을 누에고치처럼 남겨둔 채 나비가 되어 날아가는 꿈을 꿨다. 어느 날 우연히 튼 텔레비전 속 〈아침마당〉에서 '트랜스젠더'라는 단어를 처음 들었다. 진행자들은 게스트에게 〈순간포착 세상에 이런 일이〉식의 자극적인 질문을 퍼부었다. "부모님이 물려주신 몸에 손대는 게 어렵진 않았나요?" 그의 대답은 이랬다. "어차피 별로 크지도 않았는데요, 뭘." 그렇게 트랜스젠더의 존재를 처음 접한 세레나는 어른이 되어 이태원, 공연장, 유튜브, 회사를 무대로 스스로의

° 토리 피터스, 《디트랜지션, 베이비》, 이진 옮김, 비채, 2025, 65쪽.

이름과 트랜스젠더라는 정체성을 알렸다. "제가 〈아침마당〉을 보고 트랜스젠더라는 단어를 알았듯이 누군가 나를 레퍼런스 삼았으면 좋겠어요."○

세레나를 보며 이 문장을 떠올리지 않기는 어려웠다.

"내가 나를 트랜스젠더로 부르는 것은 자신의 삶과 신체를 창조의 대상으로 삼은 조물주들, 투명한 레이저가 가득한 사무실을 떠들썩한 놀이터로 만드는 익살꾼들, 상상하기를 멈추지 않는 위대한 실천가들의 계보에 나를 기입하겠다는 뜻이다."○○

세레나는 끝없이 자신을 소재로 실험하며 무대에 내보인다. 그의 무대이자 놀이터는 신체나 관계, 이태원 클럽, 유튜브 카메라 앞일 때도 있고 대부분 사무실과 회의실이다. '일단 시작'하는, '해보고 후회하는' 실천가이기도 하다. 떨리는 팬심으로 인터뷰를 청했다. 세레나의 회사 후배였던 규진이 베이비 샤워 때 나를 진행자로, 세레나를 게스트로 섭외하는 바람에 함께 일하는 영광을 누린 적은 있지만 여전히 긴장됐다. 아무래도 미녀와 단둘이 대화하는 건 떨리는 일이다.

○ 팟캐스트 〈게이PC방〉 78화, "[회사원 트랜스젠더] 누군가에겐 내가 '아침마당 트랜스젠더'일 테니까(G: 세레나)", 2024.
○○ 호영, 《전부 취소》, 읻다, 2024, 207쪽.

회사라는 무대

회사원으로 일한 지 오래되셨죠.

오래 일했죠. 2014년 1월부터 일했으니까. 트랜스젠더 여자로 일한 지는 아직 1년이 채 되지 않았어요. 이전 회사에서도 딱히 숨긴 건 아니지만 그렇다고 막 드러내지도 않았죠. 그때는 드러내는 게 약간 촌스럽다는 생각도 있었고. 그렇게까지 당당할 필요가 있나? 그럼 치질 있는 사람은 다 치질 있다고 말하고 다니나? 그냥 다른 사람이 알 필요 없다고 생각했어요. 그러다가 유튜브로 얼굴이 알려지기도 하고, 프리랜서 생활도 해보고 작년에는 이 회사에 오픈리 트랜스젠더로 취업을 한 거죠.

어땠어요? 정말 다를 것 같아요.

진짜 달라요. 180도 달라요. 일단 다른 성별로 다니는 거. 성별이 달라지니까 제 행동, 처신도 달라지고. 들어갈 수 있는 곳도, 얘기하는 사람들도, 사람들이 나를 보는 시선도, 나에게 기대하는 것도 달라요. 다양한 것들이 바뀌었죠. 내가 보여주는 겉모습도 달라졌고.

처음에는 되게 좋았거든요. "드디어 내가 꿈꾸는 나의 모습으로 돈을 벌 수 있게 됐어!" 저는 유튜브를 통해서 쌓아온 이미지가 있잖아요. '선한 영향력', '세상을 향한 친절한 태도', '당당한 트랜스젠더' 이런 모습이 있었어요. 회사에서도 알려진 캐릭터대로 수행해야 된다는 책임감 같은 게 좀 있었어요. 처음에는 그 사명감에 취해서 "그래! 난 당당해져야 해. 난 대한민국을 대표하는 트랜스젠더야!" 막 이러면서. 회사를 가면서도 나 자신이 되게 뿌듯했고 주변 사람들한테 입사 사실을 알리면서도, 팬들한테 알릴 때도 되게 좋았어요. 당당하게 트랜스젠더 회사원으로서 사회생활을 한다는 걸로 감투라도 하나 쓴 것처럼.

감투 맞죠!

처음에는 그랬는데! 시간 지나고 나니까 결국에는…… 그냥 일하는 건 똑같구나. 일은 그냥 힘든 거야. 돈 버는 건 똑같이 힘든 일이고, 내가 여자가 된다고 해서 노동의 본질이 달라지는 건 아니더라고요. 일의 능률이나 능력이 엄청나게 오르는 건 아니구나. 일은 그냥 힘들더라~ 오히려 화장하고 출근해야 돼서 배로 힘들어요.

퀴어 트랜스로서 회사를 다니면서는 어떤 어려움이 있었어요?

전 회사 다닐 때는 원하지 않는 모습으로 회사를 다녀야 했거든요. 다니던 중에 트랜지션을 시작했어요. 매일매일 몸은 변해가는데 옷은 남자처럼 입어야 된다거나, 머리도 웨이브를 넣는다든지 깔끔하게 커트를 한다든지 스타일링을 하고 싶은데 그냥 머리 긴 도인처럼 다녀야 하니까.

머긴부가 됐구나, 의도하지 않았는데.

(웃음) 맞아요. 그냥 머리가 길어버린 부치, 아니면 개성 넘치는 남자애처럼 보이는 거예요. 마치 이게 내 개성이라서, 홍대에서 음악하는 애여서 머리를 기른 것처럼. 화장기 하나 없는 얼굴에 헐렁한 남자 옷 입고 남자 화장실에 가야 하고. 그러면서도 일을 제대로 하려면 사람들과 계속 말을 해야 하는 게 힘들었어요.

이 사람들이 나를 어떻게 볼까, 회사를 다니지 않을 때 나는 트랜스젠더 여성인데. 나는 예뻐지고 싶어서 주말에 시술도 받고 네일도 하고 속눈썹 연장도 하는데. 이런 내 모습을 어떻게 감출 수 있을까? 뭐 뻔한 얘기는 하지 않을게요, 어차피 아실 테니까. 그니까 저도 코르셋 조이는 거 좋아하고 다이어트도 열심히 했어요. (금개: 저도 코르셋 조여요.) 그렇게 내 모습은 점점 더 여자처럼 변해가는데 외양은 남자의 모습으로 다녀야 한다는 게 고통스러웠죠.

지금 회사에서 힘든 거는 매번 좀 당당해야 된다는 게 힘들어요. 내가 만들어놓은 이 높은 자아에 나를 항상 채워나가야 된다는 게. 가끔은 나도 그냥 남자도 여자도 아닌 것처럼, 조용히 자연인처럼 가서 그냥 일만 하고 오고 싶은 날도 있잖아요. 그런 날에도 긴장을 늦추기 어렵죠. 트랜스젠더 여성으로서 회사를 다니기 때문에 협력업체 분들을 만나거나 새로 인사드릴 분이 있을 때 뭔가 사회화된 모습을 보여야 한다는 자기검열 같은 게 있어요. 방금 나 너무 남자 같았나? 체취가 남자 같나? 웃음소리나 목소리가 너무 남자 같지 않았나?

너무 피곤하겠다.

맞아요. 사람들이 진짜로 저를 좋아해주거든요. 제가 트랜스젠더라는 것에 대해 정말 아무렇지도 않게 대하세요. 그런데 그만큼 자기검열을 스스로 하게 돼요.

회사도 공연장 같은 느낌이네요.

맞아요. 매일매일 약간 연극을 하는 느낌이 있어요. 계속해서 내가 나를 연기하는 듯한. 에너지가 두 배, 세 배로 들어요.

애정과 열정의 문제

이전 회사에 다니실 때 드랙을 시작하신 거잖아요. 네온밀크 활동 이전에도 '이런 걸 해도 되겠다'는 생각을 하신 건가요? 아니면 위험을 감수한다는 느낌이었나요?

저는 항상 뭔가를 시작할 때 안 하고 후회하는 것보다는 하고 후회하는 편이에요. 안 하면 너무 궁금하고. '이건 내가 해야 될 것 같은데? 언젠가는 해야 될 것 같은데?' 나 말고 다른 사람이 내가 하고 싶은 걸 하는 걸 보면 약간 샘도 나고. '내가 저걸 하고 있어야 되는데', 약간 그런 좀 디바 의식도 있었던 것 같고.

드랙의 많은 부분이 또 자아도취잖아요. 자기가 원하는 자기의 모습대로 완벽하게 꾸며서 그 모습에 취한 걸 사람들이 우러러봐주고 막 박수 쳐주는 거라서. 그때는 좀 되게 자아도취된 면이 있었던 것 같아요. 그래서 두려움보다는 일단 하고 싶으니까 그냥 했죠. 내 성격대로 한번 해보자! 하면서 그냥 재미로 시작한 거죠. 재미있는 게 최고니까.

네온밀크에서 여러 가지 역할로 활약하셨잖아요. 콘텐츠 기획, 퍼포머, 드랙퀸, 쇼호스트, 에듀테이너, 인터뷰어, 토크쇼 패널 등을 하셨는데 그중에 어떤 걸 할 때 가장 잘 맞는다는 생각이 드셨어요?

살짝 다른 얘기일 수도 있는데, 말씀해주셨던 모든 플레이리스트들이 다 윤호PD랑 둘이서 열심히 브레인스토밍 하다가 "이런 거 되게 재미있겠다, 해보자!" 해서 둘 다 정말 무릎을 탁 쳤을 때 실행했던 콘텐츠들이에요. 다 제가 너무 하고 싶어서 의욕적으로, 마음이 맞아서 했던 것들이거든요. '세레나 하면 어떤 콘텐츠가 최고인 것 같아요' 이런 것보다는 제작할 때 협업하는 사람들과의 케미스트리가 가장 중요한 것 같아요.

그러니까 카메라 앞에 서는 사람, 카메라 뒤에 서는 사람, 같이 출연하는 사람, 스크립트를 짜는 사람들 각각이 얼마나 비슷한 만큼의 열정을 가지고 임하느냐가 제일 중요해요. 편집자가 피사체를 얼마나 애정 어린 눈빛으로 봐주느냐에 따라서 편집의 퀄리티가 달라지고, 출연하는 사람도 카메라 밖에 있는 제작진들과 얼마나 정신적인 교감을 이루고 있느냐에 따라서 꺼낼 수 있는 역량이 달라지거든요.

그런 것들이 잘 스파크가 터졌던 콘텐츠들을 만들 때 정말 짜릿했고 결과적으로 잘되지 않았더라도 너무 좋았어요. 어떤 주제로 하는지도 중요하지만 그 결과물을 만들어내기 위해서 함께하는 사람들이 얼마나 같은 레벨의 커미트먼트 commitment, 애정과 열정이 있느냐도 진짜 중요한 것 같아요. 저는 유튜브 하면서 느낀 건 딱 그거 하나밖에 없어.

저는 협업하는 걸 정말 좋아하거든요. 다른 사람들이랑 친해지고 싶은데 방법을 모르겠을 때 그냥 같이 일하자고 해버려요. 이렇게 세레나님을 인터뷰이로 초대한 것도 친해지고 싶다는 마음이 있었고요. 동료를 찾고 그들과 지속 가능한 관계를 맺는 것에도 되게 관심이 많거든요. 처음에 네온밀크, 윤호PD님과 어떻게 인연이 생겼는지도 궁금해요.

뭐랄까, 비슷한 애들끼리는 어떻게든 만나게 된다는 느

낌도 좀 있어요. 외커(외방커뮤니티)라는 온라인 커뮤니티가 있었어요. 이쪽은 아니고 베스티즈라는 사이트에서 분리돼서 나온 익명 게시판이었는데 거기 사진방이 있었거든요. 자기가 찍은 사진을 올리는 게시판에 윤호가 어렸을 때 캐나다에서 찍었던 사진을 올려놓은 거예요. 그걸 보고 '얘 느낌 되게 괜찮다, 게이 같은데?' 이러면서, 지금으로 치면 인스타 팔로우를 한 거죠. 좀 친해지고 싶다고 생각해서 "너 한국 올 때 내가 사진집 팔아줄게" 이러면서 연락했어요. 프라이드 페어 같은 데서 사진집을 팔아주겠다며. 뭐 한 권도 못 팔았어요. 그래도 인연이 되긴 했죠. 사실 그때는 서로 고깝게 봤을 수도 있어요. '쟤는 뭔데 저렇게 나대지?' 이런 생각 했을 수도 있지 윤호도. 그러다가 서로 드랙 시작하면서 먼발치서 활동을 자주 봤죠. 드랙 페르소나, 콘텐츠 결도 서로 파악하면서 흥미를 가지고 끌렸던 것 같아요.

고도의 포트폴리오 공유 과정 같은 게 있었네요.

맞아요. 그렇네요. 냅다 친해졌다기보다는 서로의 결을 계속 관찰하면서 동료로서 간찰하다가 결정적인 순간에 '같이 해볼래?' 제안한 거죠. 윤호도 어느 정도 결이 맞다고 생각했으니 제안했을 거라고 생각이 들어요.

그래서 뮤즈로서 몇 년을 함께하게 되었군요.

진짜로 행복한 여름이었죠. 저는 진짜 네온밀크 초기 촬영장, 첫 촬영 때의 냄새, 분위기, 흔히들 말하는 조명, 온도, 습도…… 이런 것들이 아직도 생생하게 기억이 나요. 그때 윤호가 무슨 말을 했고, 이때 게스트 누가 나갔고, 걔가 어떤 말을 했고. 그게 아직도 생각이 나요. 그렇게 했으니 어떻게 보면 정말 자갈길 같은 퀴어 콘텐츠 제작 환경이었는데도 오랜 시간 함께할 수 있었던 것 같아요.

드랙 페르소나와 마케팅

문과 직무가 대부분 그렇지만 마케팅에서는 특히 소통이 되게 중요한 역량이잖아요. 사람들 대하는 데에는 크게 스트레스 안 받으시는 편이에요?

그게 진짜 나이가 주는 선물인 것 같아요. 경험이 주는 선물이고. 신입사원 때 저는 회의실에서 누가 말만 걸어도 정수리 끝까지 얼굴이 빨개졌어요. 말해야 할 때 염소 목소리 나오고. 나는 지방에서 올라왔고, 여성스러운 게이고, 외모도 그렇게 뛰어나지가 않고 사람들을 홀릴 만한 게 아무것도 없는 거예요. 처음에 회사를 갔을 때는, 또 제가 대한민국에서 제일 좋은 광고회사를 갔으니까, 너무 또 잘난 애들이 많은 거야. 툭하면 외국 대학 나오고. 누구는 무슨 재벌집 아들 딸이래. (금개: 인턴은 김규진이고.) 그렇죠. 너무 잘난 애들 틈바구니에서 자신감이 없었어요.

그래도 연차가 쌓이면서 나아졌죠. 선배들 일하는 방식을 어깨너머로 배우면서 회사원의 면모를 갖추다가 프리랜서로 일하면서 결정적으로 많이 성장했어요. 이제는 내가 어떤 팀 소속이 아니고 선배 뒤에 숨을 수도 없고. 내 얼굴 드러내놓고 내가 만든 광고를 내가 갖다 팔아야 되니까. 그래야 돈이 나오니까, 얼굴에 철판을 깔았어요. 나이가 드니까 또 얼굴이 뻔뻔해지는 것도 있더라고. 사람도 일도 다 거기서 거기라는 생각이 드니까 자신감이 좀 생겼어요.

원소윤이라는 코미디언도 인터뷰했는데, 그분이 가장 중요하게 언급했던 게 'thick skin'이었거든요.

저 그분 너무 좋아해요. 너무 맞는 말이고, 'thick skin' 하니까 드랙 얘기를 하게 되네요. 저는 드랙을 하면서도 커뮤니케이션 능력이 되게 많이 늘었어요. 심지어 드랙은 마스크를 쓰잖아요. 실제로 피부를 두껍게 만드는 거야. 사람들이 저를 완전히 못 알아봐요. 예전에 드랙을 한 상태로 토요일 밤에 이태원 소방서 앞에서 친구들이랑 놀고 있었거든요. 같이 일하던 회사 팀원분들이 바로 1미터 앞에서 지나가는 거예요. 눈이 마주쳤는데도 저를 못 알아보시더라고요. 그렇게 자기 자신을 숨기면서도 드러내놓는 그런 작업을 하다보니 더 뻔뻔해진 것도 있죠.

또 드랙의 숙명이 공연이잖아요. 공연을 하다보면 진짜 망하는 날도 있고 잘되는 날도 있고. 비욘세가 된 듯이 박수를 받는 날도 있는가 하면 뭐 어디 삼류 개그맨처럼 사람 취급도 못 받는 순간들이 있죠. 또 술 취한 사람들 상대하면서 느는 짬바도 무시할 수 없는 것 같아요. 회사생활과 드랙은 정말 다르지만 그래도 사람 앞에 나선다는 점에서는 똑같잖아요. 그런 연습을 하다보니까 어느 순간 thick skin이 생기더라고요.

세레나 페르소나를 만들 때, 영화 〈죽어야 사는 여자〉의 골디 혼을 참고하셨다고 들었어요. 고전 영화를 좋아하셨나요?

맞아요. 빈티지 글램 스타일 좋아해요. 어렸을 때부터 영화를 되게 좋아했어요. 제가 고등학교를 자퇴했거든요. 자퇴하고 탈색부터 했는데 너무 마음에 안 들고, 할 건 없고, 재수학원은 가기 싫고. 그때 맨날 찾아갔던 곳이 도서관이었어요. 다른 애들 등교하는 시간에 저는 괜히 도서관으로 가서 하루 종일 시청각 자료실에 있고 그랬어요. 당시에는 막 DVD들이 쫙 꽂혀 있었거든요. 넷플릭스 이런 게 없었을 때니까. 영화나 시트콤, 시리즈물 되는 대로 막 섭렵했던 것 같아요. 거기서 집어다가 〈헤드윅〉도 보고, 〈프렌즈〉 같은 시리즈도 보고. 외화를 되게 많이 접했어요. 옛날 영화들, 클래

식한 영화들도 많이 찾아보고. 혼자서 막 사색할 시간이 많으니까 저랑 생각이나 취향이 맞는 사람들을 인터넷에서 많이 찾았죠. 그때는 홈페이지를 운영하면서 재밌는 영화 올려두고 그런 사람들이 있었거든요. 그런 거 찾아보면서 문화적인 바탕? 교양이 늘었던 것 같아요.

그때 B급 감성에 대해서도 많이 배웠어요. 뷔욕이 나오는 영화도 보고, 드랙이 뭔지도 알게 되고, 처음으로 동성애 영화도 보고. 자료실에 안 갖다 놓는 진짜 충격적인 거는 인터넷에서 막 찾아서 토렌트로 불법 다운로드받아서 보는 거예요. 그러면서 하루 종일 충격에 빠지는 거죠. '이런 세계가 있구나', '나랑 비슷한 사람이 어디엔가 있겠구나' 그런 생각을 했어요.

> 어렸을 때 그런 혼자만의 시간을 확보하는 게 너무 소중한 것 같아요. 저도 학교에서 일할 때 혼자 있는 친구들에게 더 눈이 가고 그랬어요.

왕따당할 때는 그렇게 혼자 있는 게 창피하고 싫었는데 학교를 딱 나오고 나니까 혼자 있는 게 그렇게 편하더라고요.

> 세레나에 대해 구독자들이 이야기하는 "세상을 향한 친절한 태도"는 드랙 페르소나와 함께 만들어진 면이 있나요? 아니면 그냥 세레나대로 했는데 그런 평가가 사후적으로 따라온 건가요?

저는 제 본성이 진짜로 착하고 친절해서 애티튜드가 좋게 나온다기보다는 이게 저만의 기술이라고 생각해요. 내가 퀴어라서 세상 사람들이 날 이상하게 볼까봐 먼저 눈치 봐서 친절하게 구는 게 아니라, 전 이게 하나의 협상 기술이라고 생각하거든요. 사람들로부터 내가 원하는 걸 얻기 위해 내가 취할 수 있는 나의 가장 매력적인 모습을 보이는 거예요.

유튜브로 치면 시청자들의 마음을 얻기 위해 내가 세상에 보여주고 싶은 나의 태도를 결정해서 보여주는 작업이었죠. 드랙퀸으로서는 다른 퀸들과 차별화될 수 있는 나의 면모가 뭘지 고민해서 어필한 것 같아요. 스마트함, 친절함? 그리고 기본적으로 좀 쾌활한 성격이기도 한데, 그런 것들이 나만의 무기라고 생각했던 것 같아요. 그래서 그 부분을 더 갈고닦으려고 노력했죠. 저는 제가 진짜로 착해빠져가지고 "어떡해~ 우리 LGBT 가족들 정말 행복하게 살아야 돼ㅠㅠ" 막 이런 마음을 가졌다기보다는, LGBT 내부에서 세레나 하면 보여주고 싶은 이미지가 있었던 거죠. LGBT가 아닌 사람들한테 트랜스젠더 세레나로서 매력적이게 보이는 것도 그들에게 내가 원하는 걸 얻기 위해서 많이 단련한 것 같아요.

취할 수 있는 여러 태도 중에 어떤 것을 결정해서 극대화하기, 어떻게 보면 마케팅이네요.

맞아요. 나를 파는 방법이었다. 저는 그게 저의 가장 큰 장점이라고 생각해요. 커뮤니케이션 능력, 다른 사람들과 컬래버레이션을 하는 방법과 세상에 메시지를 던지는 방법을 아는 것. 제가 강점이라고 여긴 부분을 갈고닦은 거죠.

일상의 틈새 파고들기

원래 긴장도 많이 하고 내향적인 스타일이셨던 거죠.

긴장도 정말 많이 하고 사람들 앞에 설 생각도 안 했죠. 친한 친구도 정말 깊고 오래 사귀는 한두 명밖에 없고 진짜 내향적인 사람이었어요.

코미디언 중에서도 내향적인 사람들 많아요.

맞아요. 드랙퀸 중에서도 내향적인 사람들 많아요. 그 에너지를 한꺼번에 폭발시키나봐.

평소에는 분위기 띄우려고 무리해서 농담을 많이 하는 일이 그렇게 많진 않았겠네요.

예전에는 그렇게 많지는 않았쇼. 그것도 드랙을 하면서 복장에 맞게 텐션을 끌어올린 면이 있어요. 그래도 수줍음은 많았지만 웃기는 것도 좋아했어요. 10대 때는 거의 구제불능으로 내성적이었고, 자퇴하고 따로 준비해서 대학에 갔어요. 대학교 이쪽 모임에 들어갔어요. 트랜스는 없었지만 게

이, 레즈비언들이랑 모여서 노는데 제가 하는 말에 처음으로 웃어주는 거예요. 그분들을 통해서 '아 내가 재미있는 애구나' 하는 걸 처음 알았어요. '나도 섞일 수가 있구나'를 느꼈어요. 거기서 처음으로 좀 사회화가 됐다고 그래야 되나? 그전에는 저는 진짜 왕따였거든요. 혼자 밥 먹고 괴롭힘당하고. 그러다가 대학생활 하면서 이쪽 친구들을 많이 만나고 성격이 많이 바뀌었죠.

그때부터 약간 좀 나도 약간 피어스fierce해질 수 있겠다, 나도 좀 멋있는 걸 해볼 수도 있겠다는 열망을 가지고 있었지만 드랙을 하기 전까지는 할로윈 때 약간 끼부리는 정도였죠. 그러다가 "그냥 해보자!" 이렇게 어느 날 세레나도 하고 네온밀크도 하고 그랬던 것 같아요.

하고 나니까 딱히 그렇게 후회할 만한 일은 없지 않아요?

후회할 만한 일은 하나도 없는 것 같아요. 궁금해서, 하고 싶어서 한 거니까. 그리고 너무나 운 좋게 긍정적인 결과들이 많아서 저는 후회는 안 해요.

친한 친구들과 있을 때, 동료들과 있을 때 텐션이 많이 다른 편이세요?

아무래도 밝은 텐션은 비슷해요. 솔직함이 좀 다르죠. 어쩔 수 없이 어느 범위까지 나를 보여주느냐가 좀 다르죠.

웃기려는 욕심이 있으세요? '웃기 vs. 웃기기' 밸런스 게임에서 어떤 거 고르세요?

저는 완전 웃기기예요. 웃기려는 욕심은 항상 있었고, 그게 저의 큰 장점이라고 생각이 들어요.

어떤 식으로 웃기는 거 좋아하세요?

저는 제 주변 사람들을 잘 관찰하는 편이에요. 관찰해서 그 사람의 웃긴 포인트를 따라 해요. 주변 사람들 성대모사를 되게 많이 해요. 그 사람한테 하지 못했던 얘기도 유머로 승화시켜서 좀 부드럽게 메시지를 전달하기도 하고.

그거 무조건 웃기죠. 주변 사람 성대모사. 그리고 애정이 있어야 할 수 있잖아요.

맞아요. 그렇게 유심히 관찰해서 주변 사람들의 웃긴 순간 포착해서 따라 하는 거랑, 좀 솔직한 거. 다른 사람들도 다 느끼는 것 같은데 말 안 하고 있을 때, 저도 칭찬하다가 (익살스러운 표정과 제스처) "근데 좀 지루하다 야!" 이렇게 던진다든지.

진짜 기분 안 나쁘다. (웃음)

약간 솔직하고 재치 있게 그 상황을 정리해서 웃음 주는 걸 좋아해요. 평상시에도 친한 사람들에게 장난치는 거 좋아하고 평소 애티튜드가 밝으니까 무슨 말을 해도 유머처럼 받아들여질 때가 많죠.

'이건 좀 과했다', '이 말은 하지 말 걸 그랬나' 이런 후회도 광대의 숙명이잖아요.

어렸을 때는 그런 날들이 좀 많았던 것 같아요. 선 넘은 날에는 스스로 다독이잖아요, '그래, 원래 선을 넘을락 말락 해야 재밌는 거고, 넘어서 기분 나빠? 사과하면 돼'. 그런 걸 해보면서 사람들 간의 선을 찾는 연습을 하죠. 다 해봐야 알아요. 요즘에는 좀 오버하지 않으려고 하긴 해요.

질투, 불안, 존재통

다른 퀸들과 비교해서 나의 강점을 만들었다는 이야기를 하셨잖아요. 사실 뭐가 뛰어난 것을 만들려면 다른 사람들 것도 많이 봐야 하는데, 전 질투심이 진짜 많거든요. 예전엔 진짜 질투심 때문에 밤잠을 설치고 힘들었는데, 지나고 보니 질투심 때문에 제 자아가 만들어지기도 한 것 같아요. 걔를 질투하면서 '걔가 아닌 나'에 대해서, 내가 할 수 있는 게 뭔지 생각할 수 있게 되어서요. 우리 말로는 '용심'이라고 하잖아요. 그런 마음이 자주 있으신가요?

너무 심하죠. 저도 질투의 화신이었어요. 저보다 예쁜 애가 막 주목을 받거나, 나보다 더 웃겨서 막 그 술자리를 휘

어잡는다든지, 막 나보다 더 좋은 조건의 회사를 갔다든지, 나보다 드랙퀸으로 더 잘나가. 아니면 같은 LGBTQ 콘텐츠인데 쟤만 무슨 텔레비전 나오고 난리가 난 거야. 그러면 질투심에 눈이 멀 정도로 저도 심했어요.

나는 왜 이거밖에 안 되지? 이런 생각도 한 적 있죠. 아까 thick skin이 경험과 나이 듦이 주는 선물이라고 했잖아요. 그런 질투심을 불 다루듯이 살살 다루는 나만의 노하우가 생겼어요. 질투심이 생겼을 때 이게 무슨 감정인지 알아차리기 시작한 거죠. 나 지금 질투하는구나? 알아챘을 때 남과 비교하기보다는 내가 가진 거에 좀 더 집중하는 방법을 알게 된 것 같아요. 부화뇌동하는 마음에 집중하기보다는 본질을 보려고 노력해요. 겉모습과 현재의 상황만 보고서 누군가를 판단할 수는 없는 거니까. '나도 나만의 시간 속에서 열심히 살았고, 꽤 행복했다' 하는 거죠. 질투가 안 나는 건 아니에요. 그런데 불길이 확 일 때 그걸 잘 다룰 수 있게 되었다. 그것도 나이가 주는 선물이에요.

그러니까 예전에는 있잖아요. 회사에서 저랑 연차가 비슷한 어떤 애가 선배한테 칭찬을 받으면 제 얼굴이 귀까지 빨개져요, 너무 싫어서. 요즘은 물론 제가 칭찬을 해야 하는 포지션이긴 하지만, 비슷한 일이 있으면 '걔가 정말 그런 것 같다' 하고 생각하려고 해요. 진심으로 축하해주고 저 자리에서 내가 꼭 빛나지 않아도 시간이 더 지났을 때 어떻게 될지는 모르는 거니까. 근데 기본적으로 나이 들면 기력도 약해지고 많이 줄어들어서 그럴 일도 많이 줄어요. 그래서 사람들이 그러나봐요. 오래 살고 봐야 된다, 살면 살아진다.

지는 연습을 하는 것도 필요한 것 같아요. 그래, 걔가 나보다 나이도 어리고 이쁘고 지금 내가 사랑하는 사람을 심지어 걔가 쟁취했어. 그럴 때 "그래 그럴 수도 있겠다. 나는 졌다!" 그냥 쿨하게 인정하고 그냥 내 길 가는 것도 좀 필요한 것 같고. 나는 다른 게임에서 이기면 되지.

맞아요. 그 게임만 있는 게 아닌데, 질투에 눈이 먼다고 하잖아요. 세상에 그것만 있는 것처럼 몰입하게 되죠. 저는 질투심이랑 연결되는 게 또 불안이라고 생각하는데, 불안이 많은 것의 원동력이기도 하거든요. 그 불안함을 좀 빨리 해소할 수 있는 방법이 웃기는 것이기도 한 것 같아요. '코믹 릴리프comic relief'라는 말도 있잖아요. 저도 챈들러처럼 침묵을 못 견뎌서 농담하고 이런 스타일인데, 연애 시장에서도 그러는 거예요. 긴장하니까 말 더 많이 하고, 조용하고 얌전하고 예쁜 펨으로 존재하기가 어렵거든요. 세레나님도 연애할 때 그런 텐션이 있으세요?

웃기려는 텐션 항상 있죠. 근데 대외적으로 항상 웃기려다보니까 내가 진짜로 편하고 사랑하는 사람 앞에서는 되레 그렇게 투정을 부리게 되더라고요. 그렇게 못날 수가 없어요. 다른 사람이랑 있을 때는 휴대폰도 한 번 보지도 않고 그 사람한테 집중해서 "그랬어, 그러니까 내가 이랬지~" 이러면서 막 재치 있는 농담 치는데, 사랑하는 사람 옆에서는 그냥 가만히 폰 보고 있는 거예요. 자주 짜증내고. 최근에 〈폭싹 속았수다〉 보면서 정말 마음에 와닿았던 대사 중에 하나가 "다른 사람들한테는 시 쓰듯이 대하면서 정작 내가 사랑하는 사람한테는 낙서장 쓰듯이 썼다". 그 말이 너무 맞는 게 내가 정말 연애하거나 이럴 때는 진짜로 막 조금만 짜증나도 막 짜증 그렇게 냈죠. 그리고 불안을 해결하는 되게 좋은 방법이 있어요. 자낙스 먹으면 돼요.

(웃음) 저는 인데놀이랑 자낙스 먹어요. 그런 불안한
증상 기저에는 그냥 삶의 어려움 그 자체가 있잖아요.
존재통이라고 하잖아요.

(폭소) 그런 단어가 있어요? 존재통?

네. 제가 만든 말은 아닌데, 주변에서는 많이들
써요. 살아 있기 때문에 생기는 고통. 내 존재가
버거워서 정신이 아픈 거죠. 딱히 새로운 상황이나
이유가 명확하지 않은, 이유 없는 정신병 얘기할 때
존재통이라고 하더라고요. 근데 사실 퀴어로 살면 이

존재통이 있을 수밖에 없는 것 같거든요. 트랜스젠더는 더욱이 사회와 불화하는 몸의 경험을 일상적으로 겪으니까 더 그렇지 않을까, 라는 생각이 들어요.

일단은 제가 가진 존재통이 뭔지 좀 생각을 해볼게요. 브라자 답답하고, 화장하는 거 싫고, 호르몬 불안정해가지고 막 조울증 뒤집어지고. 최근에 겪었던 가장 큰 존재통 중에 하나는 작년에 좀 심하게 깨달았어요. 한국 남자들은 나를 평생 진지하게 바라보지 않겠구나. 그들의 언어를 빌려서 쓰면, 내가 '정품'이 아니어서. 내가 임신할 능력이 없고 결혼도 못 하기 때문에 나는 걔네들이 잠깐 놀고 가는 대상일 수밖에 없다, 라는 걸 깨달았어요. 나를 트랜스젠더로 진지하게 연애 상대로 고려하는 사람은 누굴까.

정상성에 가까운 모습으로 연애하는 동성애자 친구들은 주변에 있는데 트랜스젠더가 연애를 잘한다는 건 신화처럼 느껴져요. "트랜지션한 거 아무도 못 알아보고 시집가서 잘 산대" 이런 이야기들. 제가 작년, 올해 두 눈을 시퍼렇게 뜨고 그래도 좀 가장 젊고 예쁜 모습으로 데이팅 시장에 나와 있었거든요. 대한민국 서울의 트랜스젠더로서 바라보는 이 연애 시장은 너무나 참혹하다. 아무리 내가 잘났다 어쩐다 해도, '정품'이 아니라는 취급을 받는구나. 내 눈에 차는 남자들은 하늘의 별도 달도 따줄 것같이 하더니 인생의 전환

점에서는 나를 정말 가차 없이 버리는구나. 이런 생각을 하면서 엄청난 존재통을 느꼈어요.

그 존재통을 이기는 방법은 아직도 모르겠고요. 그래서 나만의 극복 방법…… 없습니다! 그래도 좀 달래는 방법이 있다면 나도 남자들을 좀 용도별로 만나보자. 나한테 밥 사주는 놈, 영화 보여주는 놈, 같이 어디 놀러 갈 수 있는 놈, 술 마실 수 있는 놈, 얼굴이 잘생긴 놈, 몸이 좋은 놈…… 이런 식으로. 그런데 이것도 내가 젊으니까 가능한 거고, 유한한 일이지. 내가 쉰 살 트랜스젠더 여성이 됐을 때, 아무도 나를 섹시하게 바라보지 않을 때 그럼 나는 어떻게 어떤 사람이 되는 걸까? 내가 과연 라이프 파트너를 찾을 수 있을까? 그런 존재통이 있죠. 너무 깊은 얘기인가요?

아니에요, 말해주셔서 감사해요.

그런 게 너무 힘들었어요. 근데 믿는 수밖에 없죠. 내가 계속 좋은 사람이 되면, 좀 더 일도 안정적이고 연봉도 더 오르고, 더 여성스러워지면 언젠가 생기려나, 그러면 내가 행복해지려나. 반신반의하죠. 아직도 모르겠어요. 존재통 못 이겨요. 근데 탐구는 해볼 수 있겠죠. 다르게 해봤을 때 며칠은 괜찮더라, 얼마큼은 가벼워지기도 하는구나, 실험은 해볼 수 있지만. 누구나 다 가지고 있는 것 같아요.

한 명의 동반자를 찾고 싶은 마음이 있으신 거죠?

맞아요. 그런 마음이 있고. 특히 지금 다니는 회사는 '홈 퍼니싱'이 상품인 외국계 회사잖아요. 'Living together', 이런 타이틀을 매일 보고 또 그런 분들이 회사에 굉장히 많으세요. 어려서부터 결혼해서 자녀가 있는 신혼부부라든지, 하여튼 행복한 가정을 이룬 것처럼 보이는 동료분들이 굉장히 많아요. 옆에서 지켜보면서 그런 생각이 들죠. 나는 성적으로 대상화되어야 사랑받는데 저 사람들은 정말 가족이구나. 저런 가족이 있다면 얼마나 좋을까, 관계가 어떤 형태가 되었든 그냥 저런 가족이 있으면 참 좋겠다, 그런 생각이 들죠.

제가 가지지 못한 것에 대한 환상 때문에 그런 걸 수도 있고. 예술가와 평범한 사람이 서로 갖지 못한 걸 욕망하듯이. 한 번쯤은 안정적인 파트너십을 가져보고 싶기는 해요. 또 오래 살고 볼 일이죠. 어떤 사람을 만날지 모르니까.

세레나님의 이런, 사랑을 기다리는 로맨시스트적인 면에 저는 예전부터 마음이 갔어요. 이렇게 깊게 맥락을 얘기한 적은 없으시겠지만. 사랑에 대한 믿음이나 기다림에 관한 이야기를 살짝살짝 하실 때 되게 만나서 얘기해보고 싶은 언니 느낌을 주는……

감사합니다, 그렇게 봐주셔서. 또 안 팔리면 거상(리프팅 효과가 있는 성형수술) 한번 땡기지 뭐~

그럼 세레나님은 어떤 사람한테 끌려요?

저는 광고회사 다닐 때 카피라이터랑 아트디렉터가 사귀는 게 너무 부러웠어요. 그렇게 비슷한 관심사를 공유하면서 서로를 커리어, 성격, 경제적인 면에서 보완해줄 수 있는 사람들. 그러니까 나도 되게 눈이 높은 거예요. 그냥 적당히 어디 놀아나다 만나면 되지 뭘 그렇게 욕심이 많아가지고. 금개님이 미국 문화에서 유머감각에 영향을 받았다는 이야기를 하셨잖아요. 공감이 많이 됐어요. 저도 자퇴하고 어렸을 때 봤던 그 수많은 미국식 로맨스, 이런 거 보면서 사랑에 대한 좀 대책 없는 기준이 생긴 것 같긴 해요.

심지어 〈프렌즈〉의 모든 에피소드 제목은 'The One'으로 시작하잖아요.

맞아요. 영향을 많이 받았죠. 근데 요즘에는 일단 연애에서도 실험을 해봐요. 트랜지션하고 외모나 스타일이 자리 잡은 지는 얼마 안 됐으니까, 여러 사람 만나보자. 조각조각 조금의 장점만 가지고도 만나보고, 버릴 건 버리고. 그래도 타협하지 못하는 기준이 뭔지도 찾아보자.

이런 면에서도 '일단 해보자'는 마음가짐이네요.

맞아요. 저는 그러니까 안 해보고 후회하는 건 절대 못 하는 스타일인 것 같아. 그래서 만족해요. 지금 여자로 회사 다니는 것도 얼마나 재밌어요. 누가 나처럼 다니겠어? 물론 대한민국에 몇 명 있다고 알고 있어요. 근데 누가 나처럼 이렇게 오픈리 트랜스젠더로 인정받으면서 회사 다니겠어? 그건 정말 큰 자부심이에요. 제 인생에서 되게 재밌는 거라고 생각해요.

(에필로그)

우리만의
농담을
발명하자

이걸 다 쓰고 나서야 웃기려는 노력과 누군가에게 잘 보이고 싶은 마음에 대해 제대로 들여다볼 수 있게 되었답니다. 보통은 생각이 먼저 있고 나서 그걸 글로, 책으로 만든다던데 저는 반대의 순서였다고 할 수 있죠. 그래도 다 썼죠? 책 나왔죠? 못 돌아가죠? 감사합니다. 기획 단계에서는 뭔가를 감수하고 저지르는 시도, 누군가와 좋은 관계를 맺고자 하는 마음 자체에 가치를 두고 그것을 애틋해하고 응원하고 싶었습니다. 누가 되었든 나와 함께 농담하고 웃을 수 있다면 동료가 될 수 있다는 열린 마음을 가지자고, 우리만의 농담을 발명하자고 상큼하게 제안하고 싶었죠.

하지만 과연 그럴까요? 저는 이준석씨와도 농담 따먹기를 하며 친구가 될 수 있을까요? 이준석씨가 실리콘밸리에서 일하는 하버드 동기들을 호명하며 유세할 때, 전 국민이 지켜보는 토론에서 온라인 커뮤니티식 '딜 넣기'의 방식으로 혐오발언을 내뱉을 때 정신이 번쩍 들었습니다. 준석씨도 누군가에게 잘 보이고 싶었겠죠? 누군가와 함께 웃고 싶었겠죠? 위험을 감수하고 무모한 시도를 했겠죠? 뭐가 되고 싶은 욕망을 어떻게든 실현하고 있는 거겠죠? 제가 코미디 기술이랍시고 제안한 거의 모든 항목을 그는 이미 매우 잘하고 있습니다. '지각하지 마라'의 경우는 애매하네요. 계엄 선포 직후에 샤워하고 오셔서.

그중에서도 준석씨가 가장 잘하는 것은 능수능란한 드리블입니다. 원하는 곳으로 관객을 데려가기 위해 계속해서 우리의 집중력을 흩뜨리죠. 주제의 본질에 대해 깊게 파고들어가야 할 때 '높은 수위'의 발언으로 충격을 주고 거기만 멍하니 쳐다보게 만듭니다. 누군가를 조롱하는 일도 서슴지 않으면서요. 그는 기술자입니다. 지금도 저는 그다지 좋아하지도 않는 사람에 대해 너무 많이 이야기하고 있습니다.

하지만 기술만으로는 충분하지 않습니다. 다른 사람과 세상을 대하는 태도가 훨씬 중요하다고 생각하지만, '적정 코미디 태도'보다는 '적정 코미디 기술'이 더 잘 팔릴 것 같아서 제목을 이렇게 지었습니다. 저랑 아주 다른 입장을 가진 사람도 혹하게 만들 수 있을 것 같았거든요. 예를 들어 저와는 정치적으로 아주 다른 것을 지향하는 사람들에게도 가닿고 싶은 마음이 저에게는 있습니다. 친구가 되기에는 비위가 조금 상하는 사람들에게도 닿을 수 있는 좋은 방법이 창작이고 코미디이겠지요. 우리가 서로의 존재를 존중하고 이야기에 집중할 수 있는 환경이라면 뭔가 대화가 이뤄질 수도 있겠죠. 여기까지 얘기하다보니 생각난 건데, 이준석씨는 독자도 코미디언도 아니고 정치인입니다. 본인의 정체성과 발화의 맥락을 파악하는 것은 코미디언에게도, 정치인에게도 꼭 필요한 자질이라네요.

코미디를 진심으로 아끼고 사랑하는 사람들을 만나다 보니 알게 되었어요. 많이 웃기고 더 유명해지는 게 좋다는 양적인 접근으로도, 약자를 향하지만 않는다면 시도에 의의가 있다는 접근으로도 다 설명할 수 없는 어려움이 코미디에는 있습니다. 모든 이분법적인 경계를 흩뜨리며 웃음 뒤에 있는 본질에 대해 고민하게 하는 것이 좋은 코미디가 하는 일이겠지요. 말하자면 코미디는 논바이너리입니다. 남자와 여자, 잘함과 못함, 좋음과 나쁨과 같은 기존의 테두리를 알면서도, 열악한 조건 속에서도 이걸 쥐고 어떤 다른 가능성을 창조해보는 것입니다.

코미디는 무엇보다 관계 맺기에 관한 장르입니다. 웃어줄 사람이 없으면 성립이 안 되니까요. 시도나 존재 그 자체만으로 의미 있는 코미디는 없습니다. 마음, 힘의 방향, 이해관계, 생존의 조건 등이 경합하는 와중 어떤 기적적인 순간에만 '우리'로서 웃을 수 있습니다. 반대로 실패할 수도 있겠지요. 어쨌든 간에 일방적인 '샤라웃shout-out'만으로 유지되는 관계는 없습니다. 이름을 불러주는 것은 시작에 불과합니다. 상대가 원하는 방식으로, 나의 경계를 지키며 시시각각 면하는 서로를 계속해서 헤아려야 뭔가를 주고받으며 관계가 맺어진다고 할 수 있겠죠.

그래도 기회가 있는데 샤라웃을 하지 않을 수는 없습니

다. 영광의 자리에서 벅찬 감사를 전하는 장면은 얼마나 감동적인가요. 저는 가끔 시상식의 멘트와 수상 소감만 서너 시간씩 보며 눈물을 흘립니다. 연예대상 같은 걸 받지 않는 한 저에게 그런 기회는 없을 거라고 생각했는데 책을 쓰면 되는 일이었네요. 가성비 좋은 접근이 있었네요. 겨우 책 한 권 써놓고 별꼴이 반쪽이다, 유난이다, 라는 생각이 들더라도 어쩔 수 없습니다. 제가 쓰겠다고 하면 대부분 책에 들어가더라고요. 대박이지요? 여러분도 책을 써보십시오.

까먹고 언급 못한 분들 중 제가 책을 쓰는 데 도움을 주었거나 아무쪼록 깁 지분이 있다고 생각하시는 분들은 너른 양해 부탁드리며 haleyeah@naver.com으로 연락 부탁드립니다. 여기에 이름이 쓰여서 불쾌하신 분들도 연락 바랍니다. 그리고 유감이네요.

저를 발견하고 기다려준 오월의봄 이다연 편집자님께 감사합니다. 퀴어한 삶과 희극적인 태도에 대해 이렇게 깊이 이해하는 편집자를 만나 함께 일하는 행운을 누린 것이 복되고 기쁩니다. 역시 파트너로는 부치가 최고인 것 같습니다. 상상 가능한 모든 방법을 동원해 깁 주셔서 감사합니다. (그런 깁은 아닙니다.) 출간 전 연재를 진행한 〈오!레터〉 전반을 맡아주시고 언제나 전폭적인 응원과 도움을 주신 신연경 마케터님, 책의 디자인 전반을 맡아주신 조하늘 디자이너님께도 무한한 사랑과 감사를 전합니다.

　흔쾌히 일러스트 작업을 맡아주신 다자이 유상무님께 감사드립니다. 메일 답장을 받은 날 너무 기뻐서 눈 쌓인 산책로를 폴짝폴짝 뛰어다녔습니다. 퍼포먼스 작업에 대한 이야기를 활자매체로, 그것도 남의 책에 남긴다는 건 어찌 보면 '밑지는 장사' 같은 일이지요. 그럼에도 저를 돕는 마음으로, 이 이야기가 어딘가에는 도움이 될 것이라는 믿음으로 흔쾌히 이야기를 나누어주신 여섯 명의 인터뷰이들 원소윤, 김서연, 예지주, 김은한, 불잠지, 세레나님께 다시 한번 고개 숙여 감사드립니다. 하마글방, 무늬글방의 지기들과 동료들에게 감사를 전해요. 원고를 함께 검토해준 아키나, 나래, 예인, 진선, 고맙습니다. 〈금개의 시도〉와 함께해준 시문, 한솔, 안담, 정성은, 윌리엄, 김보은, 최예나, 아키나, 나래, 적절, 노고추, 이랑, 김규진, 라니, 이슬아, 이휜, 시시선, 루나파크, 예지주님께도 존경과 감사를 보냅니다. 중복되는 분들은 두 번 감사합니다.

　추천사를 써준 이슬아 작가와 저의 오피스와이프 아장맨에게도 감사합니다. 저속노화 선생님이 하루에 섭취하는 당분보다 적은 고료를 받고 놀라우리만치 긴 원고를 읽은 다음 부담 백 배의 짧은 글을 써야 하기에 추천사 작성은 너무한 요청입니다만 흔쾌히 수락해주셔서 감사해요.

좁아터진 기숙사, 야간자율학습 시간의 화장실, 낡은 여관방, 꽉 막힌 고속도로와 비행기 놓치기 직전의 공항 게이트에서도 쉼 없이 웃을거리를 찾아내는 나의 오랜 친구 수민과 규림, 미림, 민지, 보경, 예진에게. 시 쓰고 책 읽고 공부하고 즐기는 인생이 어떤 건지 알려준 서정, 소연, 예린과 다솜에게. 불가능한 걸 꿈꾸고 약속하고 망하고 병들고 죽은 다음에도 밥 먹고 노래하고 뛰고 웃는 좋은 날들이 있음을 알려준 명휘, 나래, 준희에게. 아침밥과 차를 나눠 먹고 쉴 새 없이 농담하며 매일 새롭게 삶을 배우게 하는 지안과 진송에게. 숲과 나무가 주는 위로를 알게 해준 김지석 선배에게. 박계원, 김주희, 윤정설 선생님께, 선오와 혜림에게 감사합니다.

이 책이 만들어지는 기간에 나와 가장 가까운 거리에서 오래 고통받은 진선에게. 내가 무엇을 원하는지도 모른 채로 간절히 필요로 하던 것을 줘서 고마워.

여기까지 읽으셨다면 대충 짐작하시겠지만 저는 상당히 관계 의존적인 사람입니다. 웬만하면 모두와 친구가 되고 싶어요. 누군가의 친구 자리에 있고 싶어서 공연과 방송을 만들었고 이 책도 썼습니다. 불안하고 문란하고 번잡하고 버거운, 별의 별걸 다 하며 법석을 떠는, 과하고 난해하고 뻔뻔하고 똑똑하고 탁월한, 갑자기 벅차오르고, 창피해하고, 들키고 싶지 않아 하고, 위태롭고 안타깝고 괴로운, 바짓가랑이를 붙잡는, 뭘 시작하는지도 모르고 뭔가를 시작하는 퀴어들. 좋아하는 언니와 본인이 주인공인 소설을 쓰는, 헤어진 여자친구에게 편지를 쓰는, 망한 섹스를 하는, 사랑에 미친, 사랑할 때 최악이 되는, 피해의식 있는, 정신병과 함께 살아가는, 이미 죽은, 놀리고 싶은, 헛소리하는, 결혼하고 싶은, 임신하고 출산하고 육아하는, 질투하는, 이별한, 대리운전을 하러 가는 길의, 해외에서 외화벌이 중인, 프라이드가 없는, 자기 자신을 미워하는, 각종 예술을 하는, 일하고 사랑하고 먹고 노는 이상하고 멋진 사람들이 다 내 친구들입니다. 어디 내놓기 가끔 좀 부끄럽긴 해도. 그리고 이걸 끝까지 읽어버린 당신에게도 슬쩍 손을 내밀어봅니다. 좋아하는 영화 〈우리는 매일매일〉에 나온 활동가 어라님의 말을 빌리며. "뭐가 무서워, 친구가 이렇게 많은데."

적정 코미디 기술

초판 1쇄 펴낸날 2025년 6월 18일
지은이 금개
펴낸이 박재영
편집 임세현·이다연
마케팅 신연경
디자인 조하늘
제작 제이오
펴낸곳 도서출판 오월의봄
주소 경기도 파주시 회동길 513 203호
등록 제406-2010-000111호
전화 070-7704-5240
팩스 0505-300-0518
이메일 maybook05@naver.com
X(트위터) @oohbom
블로그 blog.naver.com/maybook05
페이스북 facebook.com/maybook05
인스타그램 instagram.com/maybooks_05

ISBN 979-11-6873-149-3 03810

이 책은 저작권법에 따라 보호받는 저작물이므로 무단전재와 복제를 금합니다.
이 책 내용의 전부 또는 일부를 이용하려면 반드시 저작권자와 도서출판 오월의봄에 서면 동의를 받아야 합니다.

책값은 뒤표지에 있습니다. 잘못된 책은 바꾸어 드립니다.

만든 사람들
책임편집 이다연
디자인 조하늘
그림 다자이 유상무